本专著受国家林业局-联合国开发计划署 / 全球环境基金资助，特此鸣谢！

大兴安岭地区
湿地保护地方性立法研究

陈维春 · 著

中国经济出版社
CHINA ECONOMIC PUBLISHING HOUSE
· 北 京 ·

图书在版编目（CIP）数据

大兴安岭地区湿地保护地方性立法研究/陈维春著
.--北京：中国经济出版社，2021.12
ISBN 978-7-5136-6777-7

Ⅰ.①大… Ⅱ.①陈… Ⅲ.①沼泽化地-自然资源保护法-立法-研究-大兴安岭地区 Ⅳ.①D927.352.260.4

中国版本图书馆 CIP 数据核字（2021）第 260837 号

责任编辑 罗 茜
责任印制 马小宾
封面设计 任燕飞装帧设计工作室

出版发行 中国经济出版社
印 刷 者 北京艾普海德印刷有限公司
经 销 者 各地新华书店
开　　本 710mm×1000mm 1/16
印　　张 15.25
字　　数 232 千字
版　　次 2021 年 12 月第 1 版
印　　次 2021 年 12 月第 1 次
定　　价 78.00 元
广告经营许可证 京西工商广字第 8179 号

中国经济出版社 **网址** www.economyph.com **社址** 北京市东城区安定门外大街 58 号 **邮编** 100011
本版图书如存在印装质量问题，请与本社销售中心联系调换（联系电话：010-57512564）

目录

第一章

湿地保护的基本理论

第一节　湿地的定义、分类与特征

一、湿地的定义

湿地是地球上最重要的生态系统（森林、海洋和湿地）之一，是介于水体和陆地之间的生态交错区。地球上不同海拔高度地区和不同纬度带都有形式各异的湿地，它们的形成过程、土壤类型、水文特征和植被等各具特色，从而产生了不同的生态效益。同时，湿地还具有极强的经济功能和文化功能，特别是在生物遗传资源多样性、野生动植物栖息、水源涵养及水质净化等方面，其优势甚至强于森林和海洋生态系统。

（一）生态学意义上的湿地定义

一般而言，湿地是一种以水饱和为主导因素的土地，它决定着底层的发展性质，以及底层和其表面上动植物群落的类型。大多数湿地有一个共同的特征，即底层至少定期被水饱和或覆盖。1954 年，美国鱼类及野生动植物管理局对美国的湿地进行了一次普查，并在 1956 年发布的《第 39 号通告》中将湿地定义为“被暂时的、间歇的或永久性的浅水层所覆盖的低地”。① 1979 年，美国为了对湿地和深水生态环境进行分类，对湿地内涵进行了重新界定，即“湿地是陆地生态系统和水生生态系统之间的过渡地

① SAMUEL P. SHAW，C. GORDON FREDINE. Wetlands of the United States，Their Extent and Their Value to Waterfowl and Other Wildlife，CIRCULAR 39［M］. Fish and Wildlife Service，United States Department of the Interior，United States Government Printing Office，Washington，1971.

带，其潜水面经常位于或接近地表，或者被浅水所覆盖”。美国鱼类及野生动植物管理局对湿地的定义，为美国发现的湿地类型的生物限值概念和术语提供了描述标准。此外，其他国家也将该定义作为本国湿地定义和分类的基础。一些地方的管理机构对湿地有管辖权，它们可能以不同的方式和范围定义、描述湿地，以达到其管理目的。

1986 年，美国学者 W. J. Mitsch 等在 *Wetlands* 一书中对湿地做出了如下系统的评述：①湿地的明显标志是有水存在；②有不同于其他地区的独特土壤；③生长有适应多水环境的水生植物；④积水水深和时间长短不一；⑤通常位于陆地和水域之间的边缘区域；⑥面积差异较大；⑦分布广泛，从内陆到沿海、从农村到城市都有分布；⑧受人类活动影响强度各地不同。[①] 1986 年，英国学者 E. Maltby 在其著作 *Waterlogged Wealth* 中将湿地定义为“由水支配其形成、控制其过程和特征的生态系统的集合，即在足够的时间内足够湿润使得具有特殊适应性的植被或其他生物发育的地方”。[②]

由于湿地和水域、陆地之间没有明显边界，加上学术界对湿地的研究重点不同，造成对湿地的定义一直存在分歧。生态学上对湿地的定义大体上可分为两种：其一，狭义的湿地定义认为湿地是陆地与水域之间的过渡地带；其二，广义的湿地定义则把地球上除海洋（水深 6 米以上）外的所有水体都视为湿地。

（二）法律意义上的湿地定义

1.《湿地公约》对湿地的定义

1971 年 2 月，苏联、加拿大、澳大利亚等 36 个国家在拉姆萨尔签署了《关于特别是作为水禽栖息地的国际重要湿地公约》（以下简称《湿地公约》）。《湿地公约》中将湿地定义为天然或人造、永久或暂时之死水或流水、淡水、微咸或咸水沼泽地、泥炭地或水域，包括低潮时水深不超过 6 米的海水区。[③] 这一定义也包含狭义湿地的区域，有利于将狭义湿地及附

---

① 朱建国，王曦. 中国湿地保护立法研究［M］. 北京：法律出版社，2004.

② 同①.

③《关于特别是作为水禽栖息地的国际重要湿地公约》第 1 条第 1 款。

近的水体、陆地形成一个整体，便于保护和管理。

2. 国外法律对湿地的定义

虽然为保护湿地专门立法的国家不多，但是从仅有的专门立法国家的法律及其他国家的相关法律可以看出，各国法律对湿地的定义或立法所保护的对象并不相同。有些国家是依据本国具体的湿地类型做出法律意义上的湿地定义，而有些国家则直接引用了《湿地公约》中对湿地的定义。

韩国《湿地保护法》中对湿地的定义近似于《湿地公约》中的定义，即所谓湿地，是指被淡水、盐水或咸水永久性或季节性淹没的区域，多指内陆湿地和海岸湿地。内陆湿地指陆地或岛屿上的湖泊、沼泽及河口区域，海岸湿地指涨潮时高水位线与退潮时低水位线之间的区域。①

1986 年的美国《湿地资源储备法》规定，湿地是指在一个频率和持续时间内被地表水或地下水淹没或饱和时支持，在正常情况下不支持，含水湿土占主导地位的土地，一个典型适合饱和土壤条件生活的水生植物普遍的陆地。② 美国明尼苏达州《湿地保护法实施条例》对湿地的定义最为全面，总的定义术语为 75 项，如果加上其中的小项，定义术语有近 100 项。例如，“湿地”是指在陆地和水系之间变迁，地下水位通常在地表附近或陆地被浅水覆盖的土地。“退化湿地”是指由于人类活动，如排水、流域的改道、填充、挖掘、污染径流和富营养化或附近高地的人为改造等，只能提供最低限度湿地功能和价值的湿地。“含水湿土”是指在生长季节饱和、淹没或蓄积足够长时间在上部形成厌氧条件的土壤。“受影响的湿地”是指某个湿地已经部分或全部受到影响。“非湿地”是指未能满足使用美国陆军工程兵团湿地说明手册作为管辖湿地的分类标准的山地区域或以前转变的区域，以及使用美国湿地和深水栖息地分类认定的深水栖息地。“殖民前湿地”是指明尼苏达州在成立时存在的湿地或公共水域。“替代湿地”是指恢复或创造的或第 8420. 0526 章指定的湿地，或替代湿地区域的等价物，或受影响而丧失湿地功能的公共价值等。

① 韩国《湿地保护法》第 2 条第 1、第 2、第 3 款。
② 美国《湿地资源储备法》第 3902（5）节。

乌干达《国家环境（湿地、河岸和湖滨管理）条例》[①] 规定，湿地是指永久或季节性被水淹没，植物和动物已经适应的区域，包括沼泽、河口区域、泥炭地、山地沼泽、河岸、植被、阻碍排水区域或黑色盐碱地。

3. 我国法律对湿地的定义

我国正在制定专门的湿地保护法律，故法律层面的湿地定义缺失，但我国已经颁布的有关湿地保护的部门规章和地方性法规与规章对湿地做出了界定。例如，我国国家林业和草原局于 2013 年颁布并于 2017 年修订的《湿地保护管理规定》提出，湿地是指常年或者季节性积水地带、水域和低潮时水深不超过 6 米的海域，包括沼泽湿地、湖泊湿地、河流湿地、滨海湿地等自然湿地，以及重点保护野生动物栖息地或者重点保护野生植物原生地等人工湿地。[②] 此外，我国诸多有关湿地保护的地方性法规或规章也对湿地做出了规定。如《北京市湿地保护条例》规定，本条例所称湿地是指天然或者人工形成的河流、湖泊、库塘、沼泽等常年或者季节性、带有静止或者流动水体、适宜喜湿野生生物生存的地域。[③]《内蒙古自治区湿地保护条例》规定，本条例所称湿地是指自治区行政区域内的国际重要湿地、国家重要湿地和自治区人民政府根据国家有关规定确认并公布的河流、湖泊、沼泽和沼泽化草甸、库塘等。[④]

本书中的湿地，是指内蒙古大兴安岭重点国有林管理机构管辖范围内的湿地自然保护区、湿地公园、森林公园、湿地保护小区和根据有关规定确认并公布的常年或者季节性积水、适宜动植物生存、具有一定面积和生态功能的地带或者水域，包括河流、湖泊、沼泽、沼泽化草甸等自然湿地和库塘等人工湿地。

二、湿地的分类

（一）《湿地公约》的湿地分类

1971 年，《湿地公约》全面详细地将最具有代表性的湿地生态系统划

① 乌干达《国家环境（湿地、河岸和湖滨管理）条例》第 1 部分第 2 条。

② 《湿地保护管理规定》第 2 条。

③ 《北京市湿地保护条例》第 2 条第 2 款。

④ 《内蒙古自治区湿地保护条例》第 2 条。

分为3个大类，即海洋/海岸湿地、内陆湿地和人工湿地，以及35个亚类。

海洋/海岸湿地包括：①浅海区域；②海床；③珊瑚礁；④岩石性海岸；⑤沙或鹅卵石海岸；⑥河口水域；⑦潮间带；⑧咸水沼泽；⑨红树林/潮间带森林；⑩海岸性咸水湖；⑪海岸性淡水湖；⑫三角洲。

内陆湿地包括：①永久性河流/溪流/小河；②时令河：间歇性河流/溪流/小河；③永久性淡水湖；④季节性、间歇性淡水湖；⑤永久性咸水湖或沼泽；⑥季节性、间歇性咸水湖；⑦永久性淡水沼泽/池塘；⑧季节性、间歇性沼泽/池塘；⑨泥炭藓沼泽；⑩苔原/高山湿地；⑪ 灌木湿地；⑫林下沼泽；⑬淡水泉（包括绿洲）；⑭地热湿地。

人工湿地包括：①鱼虾养殖鱼塘；②农用池塘/储水池塘；③灌溉地（包括稻田）；④季节性泛洪农用地；⑤盐田/盐碱滩；⑥水库/拦河坝/坝区；⑦砾石场/烧砖场/取土场；⑧污水处理厂；⑨运河。

（二）美国的湿地分类

美国鱼类及野生动植物管理局认为湿地的特点是其表面常年或经常覆盖着水或充满了水，是介于陆地和水体之间的过渡带。从分类标准来看，湿地必须具备以下三个特征中的一个或一个以上：①至少在一段时期内，土地上主要生长着水生植物；②基质主要为不排水的氢化物土；③基质为非土壤，在每年生长季节的某个时候，被水浸透或被浅水覆盖。[①] 美国的湿地分类系统的分类结构是分级的，从系统和子系统在最一般的层次上分为类、子类和优势类型。[②]

美国明尼苏达州的《湿地保护法》则依照美国鱼类及野生动植物管理局对湿地的分类标准做出了较为全面的规定。

（1）“类型1湿地”是指季节性淹没的水池或平地。该类型湿地的土

① COWARDIN L M, V CARTER, F C GOLET, et al. Classification of Wetlands and Deepwater Habitats of the United States. U. S. Department of the Interior, Fish and Wildlife Service, Washington, D. C. Jamestown, ND: Northern Prairie Wildlife Research Center Online. http: //www. npwrc. usgs. gov/resource/wetlands/classwet/index. htm (Version 04DEC1998), 1979: 7.

② COWARDIN L M, V CARTER, F C GOLET, et al. Classification of Wetlands and Deepwater Habitats of the United States. U. S. Department of the Interior, Fish and Wildlife Service, Washington, D. C. Jamestown, ND: Northern Prairie Wildlife Research Center Online. http: //www. npwrc. usgs. gov/resource/wetlands/classwet/index. htm (Version 04DEC1998), 1979: 8.

壤是被水覆盖的或在不同季节期间被水覆盖，但在植物生长季节的大部分时间其排水效果是良好的，未被水覆盖。类型1湿地位于洼地以及溢流沿河道的滩地，其上生长的植被依照季节和洪水时间的不同有很大变化，主要包括滩地双子叶植物及草本植物。

（2）“类型2湿地”是指内陆淡水草地。通常类型2湿地的土壤在植物生长季节的大部分时间内是没有积水的，但至少其表层拥有几英尺[①]的水。该类型的湿地植被主要包括青草、莎草、灯心草及各类阔叶植物。该类湿地既可以是浅水池、沼泽、农田，也可以是陆地一侧边缘的浅水沼泽。

（3）“类型3湿地”是指内陆浅水区域。通常类型3湿地的土壤在植物生长季节覆盖水并且水深可达6英尺或更多。该类型的湿地植被主要包括草、芦苇、水葱，以及香蒲、慈菇、梭鱼草、荨麻等其他湿地植物。该类湿地既可以充满浅湖水池，也可以是位于内陆的边缘或灌溉土地的渗漏区。

（4）“类型4湿地”是指内陆深处沼泽。通常类型4湿地在植物生长季节，覆盖着6英尺到3英尺或更多的水。该类型的湿地植被主要包括香蒲、芦苇、穗冲和野生稻。在开放区域，该类型的湿地可能还存在水池草、稚虫、金鱼藻、水蓍草、水草、浮萍、睡莲或圆叶萍蓬草等植物。这些深处沼泽既可以完全填充浅水池、积水洼、水槽，以及泥沼，也可以在凹陷处储存水。

（5）“类型5湿地”是指内陆地区开放的淡水、浅水塘、水库。类型5湿地水深通常少于10英尺，并且其边缘种植了类似于类型4湿地所种植的挺水植物。

（6）“类型6湿地”是指灌丛沼泽。通常类型6湿地在植物生长季节被水覆盖，其水深多达6英尺。该类型湿地生长的植被主要包括桤木、柳树、风箱树、山茱萸和湿地水蜡树。这种类型的湿地通常存在于流动缓慢的溪流处及偶尔存在于洪泛区。

（7）“类型7湿地”是指森林沼泽。类型7湿地的土壤在植物生长

---

① 1英尺等于0.3048米。

季节至少覆盖几英尺的水并且水深通常达 1 英尺。类型 7 湿地通常存在于流动缓慢的溪流处、平原、高地，以及浅水池处。该类型湿地生长的树木主要包括落叶松、侧柏、黑云杉、冷杉、红枫、黑岑树。北方常绿沼泽通常有一层厚厚的苔藓层覆盖。落叶沼泽经常作为浮萍和荨麻的支持层。

（8）“类型 8 湿地”是指沼泽。通常类型 8 湿地的土壤覆盖着水，并且表面覆盖着苔藓。类型 8 湿地存在于浅水池、高地、流动缓慢的溪流处。该类型湿地的植被为木本或草本或二者兼具，包括石南灌木、苔藓和莎草。在北方，该类型湿地通常种植羽叶、拉布拉多茶、小红莓、苔草、羊胡子草，可能散落地生长着黑云杉和落叶松。

（三）中国的湿地分类

我国对沼泽、滩涂等湿地的研究经验丰富，在实践中形成了具有中国特色的湿地分类系统。根据《中国湿地保护行动计划》，我国湿地主要分为以下 5 种类型：

1. 沼泽湿地

中国的沼泽约 11.97 万平方千米，主要分布于东北的三江平原、大小兴安岭、若尔盖草原及海滨、湖滨、河流沿岸等，山区多木本沼泽，平原为草本沼泽。我国较大湖泊周围，一般都有宽窄不等的芦苇沼泽分布。另外，无论是外流河还是内流河，在中下游河段往往有芦苇沼泽分布。

2. 湖泊湿地

中国的湖泊具有多种多样的类型并显示出不同的区域特点。据统计，我国大于 1 平方千米的天然湖泊有 2711 个，总面积约 90864 平方千米。

3. 河流湿地

我国流域面积在 100 平方千米以上的河流有 50000 多条，流域面积在 1000 平方千米以上的河流约 1500 条。因受地形、气候影响，河流在地域上的分布很不均匀。绝大多数河流分布在东部气候湿润多雨的季风区，西北内陆干旱少雨，河流较少，并有大面积的无流区，不产流的面积约 160 万平方千米。

4. 浅海、滩涂湿地

中国滨海湿地主要分布于沿海的 11 个省区和港澳台地区。海域沿岸约有 1500 多条大中河流入海，形成浅海滩涂生态系统、河口湾生态系统、海岸湿地生态系统、红树林生态系统、珊瑚礁生态系统、海岛生态系统等六大类 30 多个类型。目前，对浅海滩涂湿地开发利用的主要方式有滩涂湿地围垦、海水养殖、盐业生产和油气资源开发等。

5. 人工湿地

中国的稻田广布亚热带与热带地区，淮河以南广大地区的稻田约占全国稻田总面积的 90%。近年来，北方稻区不断发展，稻田面积有所扩大。全国现有大中型水库 2903 座，蓄水总量 1805 亿立方米。另外，人工湿地还包括渠道、塘堰、精养鱼池等。

三、湿地的特征

（一）系统的生物多样性

由于湿地是陆地与水体的过渡地带，因此它同时兼具丰富的陆生和水生动植物资源，形成了其他任何单一生态系统都无法比拟的天然基因库和独特的生存环境，特殊的水文、土壤和气候产生了复杂且完备的动植物群落，湿地对于保护物种、维持生物多样性具有难以替代的生态价值。

（二）系统的生态脆弱性

湿地的水文、土壤、气候相互作用，形成了湿地生态系统环境主要素。每一个要素的改变都或多或少地导致生态系统的变化，特别是水文，当它受到自然或人为活动干扰时，生态系统稳定性就会受到一定程度的破坏，进而影响生物群落结构，改变湿地生态系统。

（三）生产力高效性

湿地生态系统同其他任何生态系统相比，初级生产力较高。湿地生态系统每年平均生产蛋白质 9 克/立方米，是陆地生态系统的 3. 5 倍。

（四）效益的综合性

湿地具有综合效益，它既具有调蓄水源、调节气候、净化水质、保存物种、提供野生动物栖息地等基本生态效益，也具有为工业、农业、能源、医疗业等提供大量生产原料的经济效益，同时还有作为物种研究和教育基地、提供旅游资源等社会效益。

（五）生态系统的易变性

易变性是湿地生态系统脆弱性的特殊表现之一。当水量减少以致干涸时，湿地生态系统演替为陆地生态系统；当水量增加时，该系统又演化为湿地生态系统，水文决定了系统的状态。

第二节 湿地的价值与功能

湿地既是人类最重要的环境资本之一，也是自然界富有生物多样性和较高生产力的生态系统。它不仅具有丰富的资源，还有巨大的环境调节功能和生态效益。各类湿地在提供水资源、调节气候、涵养水源、均化洪水、促淤造陆、降解污染物、保护生物多样性，以及为人类提供生产、生活资源方面发挥了重要作用。

一、湿地的价值

（一）湿地的公共价值

湿地的公共价值必须根据湿地的功能确定，具体包括：地表水和地下水污染物的过滤，污染公共水域的营养物质的利用，海岸线保护，地下水补给；洪水和暴雨雨水的滞留，减少潜在洪水；公众休闲与教育，狩猎和捕鱼区、野生动物观赏区以及自然风景区；野生稻和蔓越莓的种植，水产养殖；鱼类、野生动物、本地植物的栖息地；枯水流量的增加；碳固存以及其他公共用途。

（二）教育与科研价值

湿地的生态系统特殊、动植物群落多样、濒危物种多等特性，使其在科研中有着重要地位，湿地为教育和科学研究提供了对象、材料和试验基地。一些湿地保留着生物、地理等方面的演化进程信息，其在环境演化研究、古地理研究方面有着重要价值。

二、湿地的功能

（一）湿地的生态功能

1. 维持生物多样性

湿地的生物多样性在保护动植物方面有着非常重要的地位。依赖湿地生存、繁衍的野生动植物种类极为丰富，其中有许多是珍稀物种，湿地是濒危鸟类、迁徙候鸟及其他野生动物的栖息繁殖地。在40多种国家一级保护鸟类中，约有1/2生活在湿地。中国是湿地生物种类最丰富的国家之一，亚洲有57种处于濒危状态的鸟类，在中国湿地已发现有31种；全世界有鹤类15种，中国湿地鹤类占9种。中国许多湿地是具有国际意义的珍稀水禽、鱼类的栖息地，天然的湿地环境为鸟类、鱼类提供了丰富的食物和良好的生存繁衍空间，对物种保存和保护物种多样性发挥着重要作用。湿地是重要的遗传基因库，对维持野生物种种群的存续、筛选和改良具有商业意义的物种均具有重要意义。如中国利用野生稻杂交培养的水稻新品种具备高产、优质、抗病等特性，在提高粮食生产方面产生了巨大效益。

2. 调蓄洪水，防止自然灾害

湿地在控制洪水、调节水流方面功能十分显著。湿地在蓄水、调节河川径流、补给地下水和维持区域水平衡中发挥着重要作用，是蓄水防洪的天然“海绵”。我国降水的季节分配和年度分配不均匀，天然湿地和人工湿地能储存降雨后或河流的过多水量，从而避免洪水灾害的发生，保证工农业生产有稳定的水源供给。

（二）湿地的经济功能

1. 提供丰富的动植物产品

中国鱼类产量和水稻产量都居世界第一位。湿地提供的莲、藕、菱、芡及浅海水域的一些鱼、虾、贝、藻类等都是营养丰富的副食品；有些湿地动植物还可入药；有许多植物还是发展轻工业的重要原材料，如芦苇是重要的造纸原料。湿地动植物资源的利用还间接带动了加工业的发展。中国的农业、渔业、牧业和副业生产在相当程度上要依赖湿地提供的自然资源。

2. 提供水资源

水是人类不可缺少的生态要素，湿地是人类发展工农业生产用水和城市生活用水的主要来源。我国众多的沼泽、河流、湖泊和水库在输水、储水和供水方面发挥着巨大作用。

（三）湿地的社会功能

湿地具有旅游、娱乐等方面的功能，中国许多重要的旅游风景区都分布在湿地区域。滨海的沙滩、海水是重要的旅游资源，不少湖泊因自然景色壮美秀丽而吸引着人们前往。城市中的水体在美化环境、调节气候，为居民提供休憩空间方面有着重要的社会效益。

第 二 章

我国湿地保护现状及存在的问题

湿地是地球上三大生态系统之一，具有极强的经济功能、生态功能及文化功能，其在生物遗传资源多样性、野生动植物栖息、水源涵养及水质净化等方面的优势甚至强于森林与海洋生态系统。因此，湿地保护越来越受到社会各界的高度重视。

第一节 湿地保护的重要意义与历史贡献

一、湿地保护的重要意义

湿地既是地球上广泛分布的包括沼泽、湖泊、滩涂、河流、库塘等在内的特殊类型水土资源，也是由水、土壤、大气、生物等自然要素共同构成并维系生态平衡的生态系统，更是动物、植物、微生物等生命物体赖以生存的物质基础；同时，湿地所具有的蓄洪调峰、净化水质、保护物种、增加碳汇、调节气候、提供丰富生产生活物资等功能，以及在自然科学研究、保护人类文化遗存、开展生态旅游等方面的作用，为人类社会的发展提供了广阔的生态空间和丰富的物质资源基础。

我国国土面积辽阔，湿地类型多样，资源禀赋丰厚。湿地在缓解我国人地关系紧张、保障社会稳定有序发展、提供动植物产品及矿质原料、促进我国工农业经济健康发展、保护生物遗传资源多样性、维系自然生态系统平衡、调蓄洪水、缓解旱情、涵养水源、净化水质、提供清洁水源、保障用水安全、调节气候、增加碳汇、控制全球气候变暖趋势、开展湿地科学研究、保存与弘扬我国湿地自然与历史文化遗存、统筹山水林田湖草系统治理等方面，都具有非常重要的意义。

二、湿地保护的历史贡献

（一）湿地为我国扩大耕地面积、保障粮食安全、发展畜牧水产养殖做出了巨大的贡献

我国是世界人均耕地占有水平较低的国家，我国人均耕地占有水平仅相当于世界平均水平的40%。① 新中国成立初至20世纪80年代，湿地围垦成为扩大耕地，发展粮、油、棉等农产品生产的主要途径。20世纪90年代中期以前，为确保我国农产品供应及粮食战略安全，大面积的沼泽、滩涂、湿草地被开垦成农田、草场、池塘，以发展农畜水产品，特别是我国西部地区内流河流域沿岸的滩涂、沼泽、湿地，为我国耕地面积的扩大、粮棉油生产做出了巨大贡献。

（二）湿地丰富的动植物及矿物质资源，为我国提供了大量的生活物资和生产原料

湿地是地球上动植物类型最丰富、物质生产能力最强的生态系统之一，有类型丰富和数量众多的野生动植物资源供人类直接食用或用于加工，或用于发展养殖。我国水产品生产总量已高达6.172×10^7吨；其中基于浅海及滩涂养殖、淡水湖库池塘养殖及捕捞的湿地水产品产量为4.772×10^7吨，约占水产品生产总量的77.32%。湿地对我国水产品生产的发展起着至关重要的作用。② 湿地还生长着大量莲藕、荸荠、茭白、莼菜、荷花等水生蔬菜、水生花卉供我国农产品市场消费或为养殖业提供饲料原料。

泥炭是我国泥炭沼泽蕴藏的主要矿产，被广泛应用于农业、化工、医药、能源等领域。湿地是我国重要的原盐及其他矿产的储藏和生产基地。我国有70%以上原盐产自沿海滩涂和内陆盐湖。我国内陆盐湖中不仅赋存大量食盐、芒硝、天然碱、石膏等普通盐类，还富含硼、锂等多种稀有元

---

① 张晓松．中国人均耕地面积减少到1.4亩，为世界40%［EB/OL］．［2006-04-11］．http：//news.xinhuanet.com/politics/2006-04/11/content_ 4412457.htm.

② 农业部渔业渔政管理局．2014年中国渔业统计年鉴［M］．北京：中国农业出版社，2014.

素。我国已是全球第二产盐大国，海盐产量居世界首位。

（三）湿地蕴藏的丰富水能和油气资源，保障了我国能源工业的稳定健康发展

我国是世界上水能蕴藏最多的国家，达 6.8×10^{8} 千瓦，因此开发江河湿地水电能源，成为我国发展能源工业，特别是发展绿色能源工业的重要内容。截至 2014 年底，全国水电装机容量已突破 3.0×10^{8} 千瓦，占世界水电装机总容量的 27%，世界排名第一位。

我国从在松嫩平原沼泽发现著名的大庆油田开始，陆续发现了辽河油田、大港油田、胜利油田、吉林油田等大型油田，这些油田有力地保障了我国的能源供给与安全。

（四）湿地水资源供给能力与水环境净化能力是维系我国社会经济发展的重要命脉

我国众多的沼泽、湖泊、河流、水库在蓄水、输水、储水、供水方面对我国社会经济发展发挥着巨大的作用。各类湿地是蕴含、汇集并为工农业生产与居民生活提供水资源的主要阵地。特别是当发生区域性干旱缺水或者工农业生产与居民生活需要紧急调取水资源时，湿地成为提供上述应急水源或者长期计划调水水源最好也是唯一的选择。因此，保护湿地、维护湿地水源，特别是保护好湿地水源水质，直接关系到缺水地区经济社会的可持续发展。

湿地还是最为重要的水源涵养地和过滤水体、降解毒素、净化水质的理想场所。以科学合理的方式利用湿地资源，保留或重建充分面积的湿地，保护湿地过滤和净化水体污染物的“自然”功能，对于保障与促进我国未来经济社会发展有重要的意义。

（五）湿地可以调蓄洪水，防御洪涝灾害，为经济发展和居民生活提供安全保障

湿地多为低洼汇水区域，是天然水资源调蓄库，具有蓄洪调峰、调节区域水文动态平衡的功能。我国各江河水系或其沿岸均有大面积湖泊、沼泽、水库等湿地分布，这对蓄洪调峰、防御洪涝灾害、保障城乡居民生产

生活安全具有举足轻重的作用。研究表明，湿地具有巨大容水性能，如沼泽湿地的可容水量为 8100 立方米/公顷；湖泊由于水面辽阔，上游过量洪水进入湖泊即可迅速消散，从而起到减缓水流流速、延迟洪峰入境的作用。我国天然湖泊和人工水库，对蓄滞洪水、减少洪涝对周围地区工农业生产和居民生命财产造成损失起着非常重要的作用。

（六）多样化的湿地生态类型，有效地维持着自然界生物多样性及遗传物种基因资源的丰富性

我国既是世界上湿地类型最为丰富的国家之一，也是湿地生物遗传资源多样性最为丰富的国家之一。湿地不仅为各种野生动植物栖息、繁衍提供了适宜的环境与场所，而且作为重要的生物遗传基因库，对维持野生物种种群延续，筛选和改良具有高产、抗病等优良特性的生物物种，也具有非常重要的意义。湿地不仅为人类对自然界生物资源的认识与开发提供了遗传资源多样性基础，同时更为维持自然界生态系统平衡提供了保障。

我国 40 多种国家一级保护鸟类中，约有 1/2 依赖湿地生存；有些湿地是世界上某些鸟类唯一的越冬地或迁徙的必经之地，如在江西鄱阳湖越冬的白鹤数量占全球白鹤总数的 95%以上。随着近十几年我国主要湿地保护地保护成果的显现，一些以我国湿地为重要栖息地或中转地的水禽的种群数量大量增加（如朱鹮、丹顶鹤、遗鸥等），分布范围也在逐渐扩大（如遗鸥从主要分布在蒙陕边界盐沼地带，扩大到东部天津滨海滩涂）。

（七）沼泽湿地的碳汇功能，对调控区域性及全球气候变暖趋势具有非常重要的抑制作用

我国泥炭地面积为 10440.68 平方千米，其中泥炭沼泽面积占 70.72%，为 7383.65 平方千米，储存着 15.03×10^{8} 吨的有机碳。我国泥炭沼泽湿地中泥炭的积累速率为 0.32 毫米/年，一年中可为我国堆积约 58.47×10^{4} 吨泥炭，折合 20×10^{4} 吨有机碳的储量。泥炭沼泽湿地是陆地生态系统中碳积累速率最快的生态系统之一，其吸收碳的能力远超过森林，在固定与降低

土壤向大气碳排放方面起到了非常重要的作用。① 所以，保护泥炭沼泽及控制泥炭资源的肆意开发，对于控制区域性气候变暖，以及我国政府履行《联合国气候变化框架公约》的责任，展示我国作为在全球事务中的负责任大国的形象的重要作用可见一斑。

（八）湿地生态系统、生态景观科研潜力大，生态旅游舒适性强

我国湿地面积居世界第四位，湿地生态系统类型齐全，生物多样性极其丰富，科学研究与科学发现的潜力巨大。有效保护和充分利用我国湿地资源的自然科学价值及人文科学价值，对我国自然科学与人文科学的发展以及提高我国在世界科学研究领域的地位，具有非常重要的意义。

湿地具有自然观光、旅游、娱乐方面的功能，我国许多湿地，特别是国际重要湿地、国家重要湿地以及国家湿地公园等，风景秀丽、气候宜人、生物多样性丰富、生态系统结构神奇复杂，具有很强的发展生态旅游和野外科学考察、探险的优势。湿地除可直接创造可观的生态旅游经济效益外，还具有极其重要的文化价值、科学研究与探秘价值。

第二节　我国湿地的历史变迁与湿地保护方式

一、新中国成立以来我国湿地的历史变迁

我国湿地总面积曾达 6570×10^4 公顷，占国土面积的 7%，占世界湿地面积的 11%，我国是世界上湿地面积最多的国家之一。② 但是，随着我国最近 60 年农业经济、工业经济，特别是 30 多年城镇经济的快速发展，我国湿地面积迅速萎缩。第二次全国湿地资源调查结果显示，全国面积≥8 公顷的湿地总面积为 5360.26×10^4 公顷，其中自然湿地面积为 4667.47×10^4 公顷，湿地率为 5.58%，③ 低于世界各国湿地率 6.4%的平均水平。近

① 湿地百科课题组．湿地生态服务功能之：碳汇与碳源［EB/OL］．http：//www.shidi.org/sf_0387FAE1BEAE428599C3E30872405133_151_principle.html.

② “地球之肾”：我国湿地的现状与生态恢复［EB/OL］．［2011-04-23］．http：//www.lunwenf.com/shengwulunwen/4776.html.

③ 国家林草局．中国湿地资源简况：第二次全国湿地资源调查［R］．2013-12.

10 年来，我国湿地面积实际上减少了 339.63×10^4 公顷，减少率为 8.82%，其中自然湿地面积减少了 337.62×10^4 公顷，减少率为 9.33%。[①]

新中国成立以来，我国湿地面积减少主要经历了四个阶段：第一阶段是新中国成立至 20 世纪 60 年代初期，为了解决粮食单产水平低下、粮食自给严重不足的问题，我国开始开荒种田的农垦活动；第二阶段是 20 世纪 60 年代中期至 20 世纪 70 年代中期，伴随“上山下乡”运动的开展，我国在荒滩、荒水、荒草地带开展了大规模的垦荒种植活动；第三阶段是 20 世纪 80 年代中后期至 20 世纪 90 年代中后期，我国开始农业综合开发活动，包括面向沿海滩涂和内陆湖泊沿岸“荒滩”的水产养殖开发，面向东北三江平原、松嫩平原和科尔沁草原的草本沼泽、沼泽化草甸的大面积开荒；第四阶段是 21 世纪初至今，全国各地特别是东部经济相对发达地区的各种工业开发区建设、城镇扩张或城市新区建设、道路交通设施建设，以及旅游景区建设，在涉及新增用地时，首先考虑的是占用被列入“未利用地”的沼泽、河流、滩涂及其他草地。除上述四个阶段我国湿地在大面积有组织的开发情况下迅速缩减之外，民间私开滥垦现象造成的湿地面积损失也很严重。

二、我国湿地保护的主要方式

我国湿地保护主要采用 3 种方式：自然保护区、国际重要湿地名录、湿地公园。此外，湿地保护小区、湿地多用途管制区以及森林公园、风景名胜区、水源保护地、水利风景区、海岸公园等，也在一定程度上起到了保护湿地的作用。

（一）自然保护区

我国第一个自然保护区——广东肇庆鼎湖山国家级自然保护区建于 1956 年。直至 1994 年国务院发布《中华人民共和国自然保护区条例》，我国才有了真正意义上的自然保护区制度。《中华人民共和国自然保护区条例》将“内陆湿地”明确为自然保护区的一个类型，这样我国有相当数量的湿地，特别是自然湿地被纳入自然保护区范围，自然保护区成为自然湿地保护的有效方式。我国湿地类型自然保护区数量已多达 660 个。

---

① 国家林草局．中国湿地资源简况：第二次全国湿地资源调查［R］．2013-12.

（二）国际重要湿地名录

国际重要湿地名录是《湿地公约》要求缔约国必须采用的一种湿地保护的专门方式。重要湿地一经指定，则由湿地所在地湿地保护行政主管部门或相关行政管理部门承担相应保护责任。我国重要湿地分为国际重要湿地、国家重要湿地和地方重要湿地。截至 2015 年底，我国被列入《国际重要湿地名录》的湿地已有 49 个。我国国家重要湿地只在制定《中国湿地保护行动计划》时指定了一批，总计 173 个。地方重要湿地则由地方政府参照国家重要湿地标准自主做出安排。

（三）湿地公园

湿地公园是《国务院办公厅关于加强湿地保护管理的通知》（国办发〔2004〕50 号）发布后出现的一种新的湿地保护形式，也是近 10 年来发展比较快的一种湿地保护形式，是国家湿地保护体系的重要组成部分。我国已经批建的国家湿地公园有 705 个、国家城市湿地公园 53 个、地方湿地公园 110 多个，湿地公园的建设与管理在保护湿地方面起着重要的作用。

（四）其他保护方式

除上述 3 种主要方式外，由不同行政主管部门批准建立的湿地保护小区、湿地多用途管制区、国家森林公园、国家风景名胜区、国家水利风景区、国家海岸公园、水源保护地等，在一定程度上也起到了保护湿地资源与生态环境的作用。

第三节　我国湿地保护与管理的现状与问题

一、我国湿地保护与管理的现状

我国中央政府和地方政府以及社会各界在天然湿地保护与管理方面开展了许多有益工作，并收到了有目共睹的保护成效。但是，随着我国工农业及城乡经济的快速发展，天然湿地特别是位于人口密集或人地关系紧张、水资源相对紧缺，以及工农业生产分布密集区域，尚未被划入自然保护地进行保护的天然湿地，依然面临着土地不断被开垦、占用、破坏，或是湿地水资源因得不到保障导致干涸、萎缩甚至消失，或是湿地环境质量持续下降或湿地生态系统逐渐退化，或是湿地野生动植物资源逐渐枯竭等方面的严重威胁。

（一）天然湿地仍持续在遭受开垦、占用

第二次全国湿地资源调查之前，我国天然湿地面积持续减少，一直是我国湿地保护及其功能可持续发挥所面临的最主要的威胁之一。

尽管自20世纪90年代初我国政府加入《湿地公约》，并开始启动实施全国范围的湿地保护工作以后，天然湿地保护已经取得了许多可观的成果，但由于没有健全的湿地保护法律制度，盲目开垦、填埋湿地或者未经科学论证就进行湿地改造的现象仍然存在，天然湿地因人为因素而逐年减少的趋势并没有得到根本的遏制。第二次全国湿地资源调查结果显示，10年间我国湿地面积继续减少了 339.63×10^4 公顷，减少率为8.82%，其中自然湿地面积减少 337.62×10^4 公顷，减少率为9.33%。

（二）生态用水得不到保障，使部分湿地陷入保护困境

首先，我国生产生活用水与生态环境用水间的矛盾冲突日益加剧。在我国水资源总量有限的情况下，工业用水与生活用水大幅度增加，使水源地供水压力加剧，水源地生态可持续发展压力持续加大。据《中国水资源公报》，2014年全国“三生”用水总量达到 6095×10^8 立方米，比2004年增加约10%，其中工业生产用水增长总量为 500×10^8 立方米，生活用水比2004年增长了18.5%。但是，城市环境用水及河湖湿地补水的常态生态用水总量增长率却一直在1.5%~2.0%。[①]

其次，地方政府在天然湿地，或者湿地类型自然保护区内修建道路、水库、堤坝、沟渠或围海、填海等工程设施，切断或拦截天然湿地的正常生态水源供给，改变了湿地原有的自然生态特征，给湿地生态用水保障造成巨大障碍，导致湿地自然生态系统的改变或退化，对野生动植物栖息环境造成破坏和导致生物多样性的丧失。

---

① 水利部2004年与2014年的《中国水资源公报》，参见 http：//www.mwr.gov.cn/zwzc/hygb/szygb/。

（三）湿地环境污染、质量恶化的趋势仍未得到根本控制

湿地是“地球之肾”，对于输运、稀释、降解、过滤进入水体的各种污染物具有非常重要的作用。但是，污染不断加剧导致水质恶化、生态功能退化的问题仍然是我国湿地面临的最严重的威胁之一。

首先，进入21世纪以来，我国主要江河水系、湖泊和沼泽因工业废水、城市污水的过量或不达标直接排放，或突发性污染事件的发生，以及地表径流夹带有害垃圾和化肥、农药残留的倾入，导致其水质并未得到根本改善，甚至有些河流或河段的水质有继续恶化的趋势。

其次，我国近海海域、河口三角洲、沿海滩涂等沿海湿地，由于陆源污染物随地表径流进入河口海域，以及20世纪90年代以来沿海地区过度发展海水养殖等原因，使得部分滨海湿地或者近海水域的污染问题仍然相当严重。

总之，我国天然湿地面临的污染问题依然非常严重，湿地持续污染的直接后果：①导致天然湿地降解、过滤污染物的“地球之肾”功能下降，为生产生活提供清洁水源的能力降低或被彻底摧毁，部分地区甚至直接造成对当地居民生命健康的严重伤害；②导致天然湿地生物生产能力的下降，特别是由于污染物中有害元素在生物体内的富集，致使生物产品的质量严重下降，给地方经济带来损失的同时，也给消费者的生命健康造成潜在的威胁；③导致天然湿地生物遗传多样性明显减少，特别是部分区域因重金属残留或富营养化加剧，生物多样性结构发生改变，区域生态系统平衡遭到严重破坏；④因湿地水环境质量下降，影响工农业及城乡居民生产生活用水水源，进一步加大了“三生”用水之间的矛盾，严重影响到湿地生态用水平衡。

（四）湿地生物多样性及生物资源保护形势依旧不容乐观

湿地生物遗传多样性的变化是湿地生态环境质量状况变化的重要标志，而天然湿地的流失、水源的不足、水质的污染或是外来物种入侵都对湿地生物多样性有着直接的影响。尽管近些年我国各级政府已加大对湿地自然保护区的保护管理力度，同时也加大了对其他重点天然湿地的保护管理力度，但是天然湿地生物遗传多样性保护所面临的形势依然十分严峻。

首先，生物多样性已经并且继续受到严重威胁。例如，三江平原既是丹顶鹤、冠麻鸭等珍稀动物的重要栖息、繁殖场所，也是鲟鱼、鳇鱼等名贵鱼类资源的重要产地，由于三江平原湿地生态环境不断恶化，致使冠麻鸭已经在此地完全消失，丹顶鹤数量也较以往大幅度减少，鲟鱼、鳇鱼产量大幅度下降。

其次，生物生产能力大幅度下降。长期以来，由于许多地方在湿地开发中，只重经济效益，不重生态效益，急功近利、竭泽而渔，只顾攫取、不顾养护，致使湿地面积大大缩小，营养物质含量降低，动植物生存环境遭到破坏，生物生产能力严重下降。

最后，外来生物危害范围不断扩大。近 20 年来，我国不断有因外来物种入侵或爆发而导致湿地生态退化、环境污染、生物多样性受到危害的相关报道，我国政府在外来物种入侵防控方面也做了大量的工作，虽取得了一些成效，但一些地方外来物种入侵的问题仍没有得到彻底解决。

二、我国湿地保护与管理存在的问题

1992 年我国加入《湿地公约》后，各级政府在湿地保护及合理利用方面，虽做了许多卓有成效的工作，但我国河流、湖泊、沼泽、滩涂等天然湿地在净化水质、调节气候、生物多样性等方面仍面临各种威胁。这说明我国天然湿地在保护、利用和管理方面还存在一些问题需要解决。

（一）政府与社会的湿地保护意识有待提高

随着我国湿地保护宣传及实际工作的逐步开展，从整体上讲，无论政府、民众，还是社会团体、企事业单位，在湿地保护与合理利用方面的认识都不断有所提高，但还是存在滥用、浪费、污染、破坏湿地的问题。

1. 政府的湿地保护意识有待提高

从政府层面看，政府在湿地保护与开发利用项目审批、项目建设等方面存在非理性态度，包括：①忽视湿地在城市或区域所具有的环境调节作用，随意将湿地排干、填埋后用于房地产开发或工程建设；②以改善湿地自然环境或发展农牧林渔业生产为目的，不经科学论证，在湖滩、河口或海滩湿地大范围盲目引种外来植物，或发展水产养殖等，对天然湿地原生生态系统构成极大威胁；③以发展湿地生态旅游为目的，片面追求短期经济效益或者局部团体利益，在湿地自然保护区或在建设湿地公园过程中，无节制发展湿地旅游项目，使湿地水文规律或生态系统发生根本性变化；④为了满足土地开发、矿产开发或其他地方发展需求，在已被划入自然保护地的区域，擅自调整保护地边界或功能分区范围，对湿地自然保护地造成严重破坏或者构成威胁。

2. 社会的湿地保护意识有待提高

从企业、社区与公众层面看，湿地保护还存在许多滥用、浪费、污染、破坏湿地的问题，包括：①在生产和生活活动中随意向周边或过境水体排放污废水，倾倒、堆放或掩埋生产废弃物或生活垃圾，造成湿地水体污染、生态系统恶化；②湿地周边居民擅自在湿地上进行烧荒开垦、挖塘养殖、过度捕捞、超量养殖等活动，不仅破坏了湿地生态系统，还对野生动物的栖息环境造成严重破坏；③社会主体在承包旅游风景区湿地旅游经营权后，只顾追求旅游经济效益，忽视湿地生态系统保护，对风景区湿地生态系统的可持续性构成威胁；④大量挤占生态和环境用水，靠牺牲生态和环境用水来维持着经济社会发展的用水需求①。水资源的过度开采与严重浪费，给湿地生态用水保障加大了难度。

（二）管理体制不顺，部门协调机制有待改善

湿地及其生态系统的综合性与我国湿地资源管理中采用的单要素管理的管理体制存在许多难以克服的障碍。在没有明确湿地保护行政主管部门的前提下，各部门从本部门职能与利益角度出发，对所管辖范围内的湿地进行符合本部门利益的利用与保护管理；而承担湿地保护组织、协调职责的行政管理部门，由于没有被赋予湿地保护统一管理的职能，对于其他部门采取的不科学利用行为，无力监督。由于缺少湿地保护统一管理部门，各个与湿地资源有关的管理部门都有权对利用湿地资源的行为行使本部门的管理职能，而其管理大多数仅表现在对资源利用行为的审批方面，很少表现在对湿地及其生态系统采取保护措施方面。

---

① 源自《新华网——决策参考》2008 年 2 月 13 日水利部部长汪恕诚答学习时报记者问：“解决我国水资源短缺问题的根本出路”，http：//news. xinhuanet. com/theory/2008 - 02/13/content_7595672. htm。

我国现行的多部门管理模式，对多资源要素综合体的湿地生态系统而言，存在明显的缺陷，主要表现为：①缺少统一管理。尽管1998年国务院“三定”方案明确了国家林草局在湿地保护方面负有组织协调的职能，但并没有被赋予“统一管理”职能，因此面对其他湿地资源管理相关部门在行使部门职权时所存在的对湿地生态系统的潜在威胁或破坏，国家林草局也束手无策。②缺少部门协调。多部门管理在除具有管辖边界清晰的管理优势以外，同时也存在各部门各自为政的明显弊端。这种弊端导致的直接后果就是，各部门对湿地要素行使管辖权时，缺少就如何对湿地资源及其生态系统进行综合管理与综合保护方面的部门之间的相互沟通、相互协调。③缺少相互监督。在多部门管理模式下，虽然各资源要素管理部门都肩负有保护本部门管辖下自然资源的法定义务，但由于这些部门同时具有资源使用的支配权，因此难以避免地存在这些部门利用权力寻租的可能性。然而，我国现行湿地保护行政管理体制没有部门行政权力制约的机制，不利于湿地资源及生态系统的综合管理。

综上所述，我国迫切需要就湿地保护专门立法，建立“统一管理，分工负责，相互协调，互相监督”的综合管理机制，明确主管部门及其职责范围，以及相关部门在湿地保护管理方面的职能分工，明确部门间相互配合的工作原则，理顺部门间的协作关系，建立可持续发展目标下的统一管理与分工合作相结合的湿地保护管理秩序。

（三）湿地保护立法滞后，相关法律制度明显缺位

虽然我国已有多个省份制定出台了地方湿地保护法规规章，但还没有一部完全适合湿地生态系统保护管理的国家层面的法律或行政法规。即使有些法律、法规已经涉及湿地保护内容，但也因制度不够完善，或存在一些矛盾冲突，使得近些年湿地保护管理遇到的许多问题，无法依据相关的法律制度进行管理，使我国天然湿地在遭遇各种威胁和破坏情况下，难以求得国家法律的救济。同时，由于在关键制度的建设方面缺少国家层面法律、法规的支撑，有些地方法规的实施也并不十分顺畅。

由于湿地保护国家立法的滞后和不完善，使得可适用于湿地保护、利用管理的相应制度或措施，无法获得应有的合法地位，使我国湿地，特别

是需要重点保护的一些天然湿地，在受到众多人为破坏或威胁时，面临“无法可依”的窘迫、尴尬境遇。从我国湿地面临的各种威胁及其保护管理中的一些法律无助中可以看出，我国现行的湿地相关法律制度还存在以下明显的缺陷或缺位。

1. “湿地”作为国家法律、政策提倡保护的“客体”，至今在国家现行法律体系中没有明确的法律地位

尽管我国现行法律、法规中已出现“湿地”概念，如《中华人民共和国环境保护法》《中华人民共和国海洋环境保护法》《中华人民共和国农业法》《中华人民共和国自然保护区条例》等，但还没有一部法律明确规定“湿地”的概念，即其定义的内涵与外延、范围与边界。因此，从立法角度看，“湿地”在我国现行法律制度体系中，还没有一个恰当的法律地位或者合法身份，再加上“湿地”概念本身包括多种类型的土地或生态系统，导致在湿地保护管理中，常因其范围边界的不明确，出现部门之间职权范围不清、适用法律不明的问题，导致实际管理不能真正到位的混乱局面。因此，为了便于湿地保护工作的顺利开展，明确“湿地”或湿地生态系统的法律概念与法律地位，是国家立法层面应予以解决的一个非常重要且十分急迫的问题。

2. 现行法律、法规没有充分注意到湿地资源的综合性和湿地生态系统的整体性，不利于湿地的统一保护与管理

湿地是由土地、水、植物、动物及微生物等各单项自然要素构成，但又相互依存的统一综合体，具有多种功能，是各功能相互支撑、相互制约的完整生态系统。按照生态系统学原理，无论天然湿地是作为自然资源综合体，还是作为生态系统，只要其中一个要素或一个环节出现问题，都将导致整个湿地资源综合体或生态系统被破坏或崩溃。

但综观我国现行立法，除《中华人民共和国自然保护区条例》将湿地类型自然保护区从生态系统角度予以保护外，其他各资源管理单项立法中，如《中华人民共和国土地管理法》《中华人民共和国水法》《中华人民共和国草原法》等，几乎都只是从单项资源要素的保护和利用管理角度进行立法设计，湿地自然要素管理方面各部门间各自为政，导致在自然生态功能方面原本属于统一整体的湿地或湿地生态系统被迫分隔成相互独立

的单一自然要素，使湿地不能得到有效的综合保护与管理。因此，通过湿地保护专门立法的方式，从生态系统完整性和综合性角度，对湿地特别是天然湿地进行保护与合理利用和管理，对于维护区域性生态系统的整体平衡是非常必要的。

3. 湿地保护与利用行为的实施，缺少包括生态影响评估制度在内的严格的科学评价制度的约束

在我国没有统一的湿地保护与利用管理专门立法的情况下，自然资源的开发利用和生态环境保护的许多项目或活动，经常出现未经充分论证，特别是生态环境影响方面的可行性论证就施工的情况，有些工程项目仅仅是就生态环境现状进行评价或评述，结果工程或活动实施后，对湿地生态系统造成严重干扰或破坏。

在地方湿地保护立法中，北京、广西、青海、山东、西藏、新疆、浙江明确规定了地方环境保护管理部门在审批涉及湿地的环评报告时，需征求地方同级林业行政部门及湿地主管机构的意见，这一规定可以对地方建设项目造成的湿地生态环境破坏起到一定的制度性约束。但是，首先地方法规无法对中央层面建设项目环评审批程序起到制度约束作用；其次，由于受国家层面现行环境影响评价制度构架的影响，地方环评监督制度的建设在环评关注角度方面也存在一定的制度缺陷。因此，有必要通过国家层面的湿地保护专项立法，完善相应的湿地生态影响评价制度。

4. 湿地占用、改变用途的审批，湿地生物资源利用等行为的审批，缺少相关管理部门间的协作监督

湿地是涉及多种资源要素的资源综合体，但是在我国，湿地资源的利用和管理一直是按照资源要素种类进行的，不适当条块分割的行政管理模式使得对旅游、航运、供水、用地、捕捞、农耕、放牧等湿地资源利用行为的管理矛盾重重，湿地利用效率低下，各种单项许可之间缺乏沟通和协调，对湿地利用的合理性造成伤害，对湿地保护工作的有效开展形成阻碍。湿地管理体制不顺，各主管部门之间行政许可缺乏横向联系，与湿地生态系统的整体性不符。此外，资源主管部门与湿地主管部门，就湿地资源利用与保护问题没有形成协作管理的机制，湿地资源综合管理在行政协作方面也缺少立法保障。

安徽、广西、湖南、青海、陕西、西藏、浙江明确规定，凡涉及湿地土地占用的项目，地方国土资源管理部门在审批时，需征求地方同级林业行政部门及湿地主管机构的意见；而且，广西针对公益项目临时占用湿地的审批，山东针对利用湿地开展农事活动、旅游开发项目的审批，也明确规定了有关部门在进行项目审批时，需要征求林业部门的意见。显然，地方立法中上述制度的建立，无疑更有利于湿地保护与利用方面部门间的行政监督。但是，对于国家或中央级别的建设项目的管理来说，缺少上述的部门监督制度。

5. 缺少湿地有偿使用和占用补偿收费机制，不利于限制湿地占用行为的发生，不利于湿地的保护与恢复建设

由于湿地管理者或使用者的认识缺位，沼泽、河滩、海涂、水塘等天然湿地，均被视作价值低廉或没有价值的荒地、荒水或废地，从而导致长时期对湿地资源的盲目开垦、无序利用。湿地使用收费和占用补偿机制未能建立：一是使得一些非法占用甚至破坏湿地的行为，可以无视湿地生态价值的存在，不计或少计生态成本地随意占用或破坏湿地；二是使得在湿地保护与恢复建设中所需大量经费只能依靠国家或地方财政划拨，加大了湿地保护经费来源保障的难度，导致我国许多地区天然湿地保护工作长期无法有效开展。

鉴于上述情况，我国应通过湿地保护专门立法，引入湿地资源有偿使用和占用补偿收费制度，通过对湿地价值的重新审视，将湿地的经济价值、生态价值和社会价值统一纳入同一价值核算体系中，从而使因追求经济效益或社会效益而发生的湿地使用或占用，能够按照价值规律，使湿地所有权人或者管理权人获取可用于湿地保护与恢复建设投资的必要经费。

6. 湿地保护缺少生态补偿机制保障，致使天然湿地保护与社区经济发展和居民生活之间矛盾难解

在湿地保护中或因保护湿地而导致相关利益群体或个人权益受到损失时，应当给予一定补偿，否则湿地区域或周边社区因经济发展需要，将难以接受“为保护公共利益而损失个体利益”的选择，自然会出现生态保护与经济发展之间的矛盾冲突。

随着我国湿地保护工作的推进，一些地区为有效保护湿地生态系统与

功能，虽制定了社区生产生活方式的限制措施或移民措施，但缺少对湿地保护中利益受到影响的相关群体给予相应补偿的基本制度，使得湿地生态利益与居民生存利益之间的矛盾，在没有合理补偿制度的情况下难以调和。这也是为什么我国在加入《湿地公约》并开始大规模开展湿地保护宣传与工程之后，依然屡屡出现湿地生态继续遭受损害的基本原因之一。

我国国家层面立法中对于森林生态保护、工程移民安置等，已经建立了相应的补偿机制，但对于湿地生态保护补偿方面，依然存在制度空白。因此，我国在未来湿地保护当中，特别是对自然保护区、重要湿地或湿地公园的保护中，有必要尽快建立湿地保护生态补偿制度，以适应当前以及未来湿地生态保护的形势需要。

7. 干旱、半干旱地区因缺水导致湿地退化严重，生态补水制度的缺位，不利于湿地生态保护或恢复

水是湿地及湿地生态系统赖以存在的基础，没有水的存在，也就没有湿地和湿地生态系统的存在。但作为严重缺水的国家，我国城乡居民生活用水、工农业生产用水与生态环境用水之间的矛盾冲突也越来越严重。因此，保障湿地水量充足和水质良好，既是保障湿地可持续性的关键，也是国家湿地保护立法中应当关注的重要内容。

虽然这些年，国家针对严重缺水的重要湿地采取了临时性应急补水的救助措施，但仅仅停留在政府行政干预的层面，并没有在中央立法层面上真正形成一项专门的湿地生态用水分配制度和湿地生态应急补水制度。政府完全有可能因考虑经济发展而忽视生态需求，在当地“三生”用水分配或调配时，做出不利于湿地生态保护的价值取向和行为取舍。因此，关于重要湿地生态用水保障及特殊情况下湿地救急性生态补水的问题，还需通过专门立法的方式予以明确。比如，明确正常情况下的生活、生产、生态水资源利用分配比例，紧急情况下从湿地调水、取水以及事后补水计划，补水费用的支付主体与费用分担比例，补水行为的实施与监督等。

8. 湿地自然保护地管理机构职权不能真正到位，使管理制度与管理措施难以得到有效落实

湿地涉及土地、陆地水体、海洋水体、林木、陆生或水生野生动物、林区或草原野生植物等多种类型自然要素，按照我国现行行政管理部门职

能分工，上述自然要素分别由不同行政部门管理。比如，林业系统批建的湖泊湿地类型自然保护区，其保护区管理机构往往只能对在保护区内乱砍林木或珍贵树木、捕鸟的行为通过相应的追究或处罚，制止违法行为；而对于非法捕捞、排污、取水等行为，只能报告其他相关部门，由相关部门负责出面处理。尽管近些年由林业系统批建的湿地公园，明确成立了湿地公园专门管理机构，并制定了各自的湿地公园管理办法，明确管理机构管理职权，但由于缺少上位法的支持，有些湿地公园管理机构在日常管理工作中依旧存在“执法无据”的问题。

面对湿地类型自然保护地生态系统构成要素的特殊性和复杂性，以及我国现行自然资源要素行政管理体制在湿地保护方面的局限性，为了对湿地自然保护地生态系统的有效保护，也为能够及时制止、打击湿地自然保护地内发生的各种破坏湿地的违法行为，有必要通过立法修订或者重新立法，明确湿地自然保护地管理机构对保护地内所有构成湿地生态系统的自然要素，具有综合管理的权力，同时也具有在一定行政范围内进行综合执法的权力。

9. 湿地保护需要依具体情况探询多种适用模式

以往，天然湿地作为珍稀濒危动植物栖息地及其生态多样性，我国对湿地的保护一直遵循有关自然保护区的法律、法规。实践证明，虽然经过多年的努力，我国已有45%的天然湿地被纳入自然保护区体系进行保护管理，但还有相当一批天然湿地没有或者不适宜按照自然保护区模式进行保护。针对这种情况，《国务院办公厅关于加强湿地保护管理的通知》提出在不具备条件规划建设自然保护区的湿地，也要因地制宜，采取湿地保护小区、各种类型湿地公园、湿地多用途管理区等形式加强保护管理。显然，采取多种方式保护湿地已是国家认可并且提倡的湿地保护模式。因此，我国还需要国家专门立法，明确湿地公园、湿地保护小区等其他保护模式的合法地位，明确不同保护模式之间的法律关系。特别是在各地政府都在积极开展湿地公园建设的情况下，更有必要通过立法，明确各种保护模式下的行为模式和行政管理制度，规范湿地公园及其他保护模式下的建设、管理行为。

10. 我国环境、资源领域的调查、监测体系，尚不能完全满足湿地自然生态系统保护管理的需要

对湿地生态系统及其构成要素的各种性状进行定期调查和实时监测，是各级政府制定、调整湿地保护计划、规划，采取湿地保护措施的最基本条件。没有对湿地生态系统质量、数量信息的准确掌握和及时更新，也就不可能很好地制定或调整有利于湿地生态系统保护的最佳规划方案与技术措施。

虽然我国自然资源保护与管理法律、法规，大多已依法建立了资源调查或监测制度，但由于不同立法其立法宗旨、立法目标及立法边界不同，所设定的调查、监测的目的、内容、指标等也各不相同。尽管一些立法规定的调查、监测范围已经涉及湿地生态系统构成要素，但是由于立法角度不同，以及湿地生态系统质量、功能对其构成要素的质量、数量指标与其他单要素管理中关注的质量、数量指标不同，所以现有的一些立法所涉及的调查、监测并不能完全替代湿地保护中所需开展的调查、监测工作。因此，通过湿地保护专门立法，明确建立湿地资源调查监测制度，如每 5 年（或 10 年）开展一次全国湿地资源调查（或详查）活动，针对不同湿地自然生态要素定期、定点开展生态环境质量监测工作，完善、建立湿地资源、生态、环境调查、监测制度与体系，有充分的必要性。

（四）湿地保护资金短缺，亟待健全多方投入机制

湿地保护资金短缺是湿地保护管理工作所面临的一个重要现实问题。众所周知，开展湿地自然保护区或湿地公园建设、重要湿地管理、保护或恢复建设、湿地污染治理及环境质量监测、保护区移民安置、湿地保护补偿、行政执法手段和执法队伍建设等许多方面的工作，必须有大量的资金予以支撑。虽然近些年，国家在湿地保护方面的投入大大增加，但与实际需要的资金缺口相比，仍远远不够。特别是随着我国湿地保护方式呈现多样化，如自然保护区、重要湿地名录、湿地公园和湿地保护小区等，都将涉及或者实施部分移民，或者调整农业生产结构，或者限制生产经营方式等，开展这些工作都涉及需要大量资金，可能面临资金短缺的局面。

造成湿地保护资金短缺的主要原因：一是我国整体经济发展水平和不

同地区的经济发展水平有差距，湿地保护经费来源还没有被真正列入中央政府财政预算。各地来自中央政府渠道的湿地保护工作经费不但不足，而且缺少制度化的保证。二是我国包括天然湿地保护在内的自然保护资金来源渠道相对单一。

社会上虽有一部分企业或个人提出希望通过“认养”或“承包”方式，对认养或承包的湿地出资进行保护或恢复建设，但是限于国家法律没有对此方面的明确规定，特别是对此类情况下，如何核准“认养人”或“承包人”的主体资格，如何规范“认养人”或“承包人”所实施的行为，如何对其认养或承包行为进行监督管理等，均需要有明确的法律制度予以约束，然而我国立法在此方面仍存在严重缺漏。

第三章

湿地法律保护机制

第一节　湿地保护的立法目的

道德在逻辑上优先于法律。这是因为只有道德才能赋予法规合理性，虽然实在法对于法而言是必不可少的，但实在法不能给法以灵魂。法的理念赋予法本身价值属性，并使实在法在确立时拥有了灵性。立法目的就是这样一种道德和法的理念，它是一部法律最核心的内容，是立法主体据以进行立法活动的重要的理论根据，是为立法活动指明方向的理性知识。明确了立法目的，也就明确了一部法律对其涉及的对象和事项所要采取的基本态度。我们应该把保护湿地生态系统的完整性和合理开发利用湿地资源，作为湿地保护立法的立法目的。

一、支撑湿地保护立法的生态学基本规律

湿地作为完整的生态系统，具有其特有的、不可替代的生态价值，湿地保护法应以保护湿地生态系统的完整性价值为根本，必须充分考虑湿地生态系统的特性，坚持遵循生态规律。所谓遵循生态规律，是指湿地保护立法中，一定要充分考虑和尊重自然和生态演变的规律，以地球生态系统平衡的基本原理作为行动的理论基础。《中国自然保护纲要》将生态学的基本规律归纳为以下六类。

（一）“物物相关”律

“物物相关”律是指自然界中各种事物之间有着相互联系、相互制约、相互依存的关系，改变其中的一个事物，必然会对其他事物产生直接或间

接的影响。[①] 此规律要求我们在进行湿地保护与管理时，要考虑湿地利用、管理与保护等活动可能对湿地单个环境要素产生的影响，进而对湿地生态系统整体产生影响，特别是在开发利用湿地某个环境要素的某项功能时，要考虑其对该环境要素的其他功能的影响。湿地环境影响评价制度、湿地保护规划制度与湿地许可证制度等制度设计就是“物物相关”律在湿地保护与管理中的体现。

（二）“相生相克”律

“相生相克”律是指在生态系统中，每一生物种都占据一定的位置，具有特定的作用，它们相互依赖、彼此制约、共同进化。[②] 因此，为了保护和改善湿地生态系统，保护湿地生物多样性平衡，既不能任意地向湿地生态系统引进原来没有的物种，也不能在湿地生态系统中随意除去某一物种，这两种做法都会使某物种发生种群爆发或灭绝，从而危及湿地生态平衡。湿地有关生物多样性保护、野生动植物保护和动植物检验检疫制度等制度的设计就是“相生相克”律在湿地保护与管理中的体现。

（三）“能流物复”律

“能流物复”律是指在生态系统中，能量在不断地流动，物质在不停地循环。能量的流动是单向的，并在流动过程中递减，有部分能量转化为热能逸散入环境。为了维护生态环境，必须尽可能充分地利用能量，不使它简单地逸散入环境。[③] 湿地保护与管理中有关鼓励建立符合生态规律的生活生产方式，限制或禁止某些破坏湿地生态系统活动的规定，对有毒有害物质，尤其是有毒农药进行严格控制等制度的设计就是“能流物复”律在湿地保护与管理中的体现。

（四）“负载定额”律

“负载定额”律是指任何生态系统都有一个大致的负载（承受）能力上限，包括一定的生物生产能力、吸收消化污染物的能力、忍受一定程度

---

① 《中国自然保护纲要》编写委员会编．中国自然保护纲要［M］. 北京：中国环境科学出版社，1987：12.

② 同①

③ 同①

的外部冲击的能力。当生态系统所供养的生物超过它的生物生产能力时，它就会萎缩乃至解体；当向生态系统排放的污染物超过它的自净能力时，生态系统就会被污染，进而导致生态环境恶化；当对生态系统施加的外界冲击的周期短于它的自我恢复周期时，生态系统也将因不能自我恢复而被破坏。① 为了保护湿地生态系统，必须一方面使它供养的生物的数量不超过它的生物生产能力，另一方面，还需确保排入生态系统的污染物量不超过它的自净能力，以及不能使冲击周期长于生态系统的恢复周期。

（五）"协调稳定"律

"协调稳定"律是指只有在结构和功能相对协调时，生态系统才是稳定的。为了使生态系统的结构和功能保持协调状态，必须千方百计地保持生物物种的多样化，尽量减少外来物种干扰；同时，要鼓励人们去创造结构和功能相对协调、生物生产能力高的人工生态系统。② 湿地保护与管理中有关保护湿地生物多样性、保护森林与植被、防止荒漠化等制度的设计就是"协调稳定"律在湿地保护与管理中的体现。

（六）"时空有宜"律

"时空有宜"律是指每一个地方都有其特定的自然和社会经济条件组合，构成独特的区域生态系统。在开发利用某特定地区的生态系统时，必须充分考虑它的特性。③ 例如，长江、黄河上游的湿地生态系统与大兴安岭地区的湿地生态系统有所不同。湿地保护与管理必须考虑地区特点，根据环境管理的区域性原则，实行地方法规优先原则。这也是环境法设立湿地自然保护区、湿地公园等制度的原因。

上述生态学的基本规律反映在湿地保护立法中，就要求我们必须对污染湿地的行为加以限制或禁止，并且不能随意向湿地生态系统引入原来没有的物种或人为地消灭某一物种，必须维持湿地生态系统的生物多样性和完整性，因地制宜地开发、利用湿地。

---

① 《中国自然保护纲要》编写委员会编．中国自然保护纲要［M］．北京：中国环境科学出版社，1987：13.

② 同①

③ 同①

二、湿地立法目的的主要内容

法律作为人类的一种自觉性程度极高且理性成分极浓的现象（人类行为），必然有其目的性追求。德国目的论法学派（新功利主义法学派）的代表人物耶林认为，目的是全部法律的创造者。每一条法律规则的产生都源于一种目的，即一种事实上的动机。① 法律是根据人类欲实现某些预期结果的意志而有意地创立，以达到一定目的的产物，是国家权力通过外部强制手段保证实现的最广泛的社会生活条件的总和。法律作为人类理性思维意识的产物，表现为具有目的性。法律的目的就是法律理想所追求的对象。

（一）湿地立法目的的概念

湿地立法目的是指国家制定湿地保护法之前必须确立的立法意图，是国家希望通过湿地保护法的实施来实现的目标或结果。

湿地立法目的应该具有指导性、规范性和前瞻性等特点。所谓湿地立法目的的指导性，是指从湿地立法目的中我们就可以看出整个湿地保护法律的立法目标。所谓湿地立法目的的规范性，是指湿地保护法律制度的设计要受到湿地立法目的的约束，不应与湿地立法目的相违背。所谓湿地立法目的的前瞻性，是指湿地立法目的应该具有一定的预期，不能仅局限于眼前，而应该根据国家的长远目标和长期发展确立湿地立法目的。

（二）湿地立法目的的主要内容

1. 保护湿地，包括维护湿地生态功能和生物多样性

湿地虽然是自然界富有生物多样性和较高生产力的生态系统，但湿地的多种功能和综合价值仍未被公众及一些管理者重视，湿地往往被视为荒地，各类湿地资源成为原始性开发利用的主要对象。在一些天然湿地集中分布地区，因围垦、污染、泥沙淤积及过度开发利用造成的湿地破坏问题仍在发生。因此，对湿地进行多层次的立法保护，是世界各国的通行做法。例如，1971 年通过的《湿地公约》认为，之所以保护湿地，是因为考虑到湿地的基本生态功能是作为水文状况的调节者，是某种独特植物区系

---

① 刘作翔．法律的理想与法制理论［M］．西安：西北大学出版社，1996：10.

和动物区系，特别是水禽赖以存活的生境，确信具有远见的国家政策与协调一致的国际行动相结合，可以确保湿地及其动植物区系得到保护。[①] 美国 1986 年通过的《湿地资源储备法》在其立法目的中规定，湿地为很多美国迁徙和本地的鱼类和野生动物提供至关重要的繁殖、产卵、筑巢、迁徙、越冬和最后生存的栖息地。这些动物既包括候鸟、濒危物种，具有商业和观赏价值的长须鲸、贝类和其他水生生物，也包含许多独特的物种和野生植物群落。[②] 明尼苏达州颁布的《湿地保护法（2011 年修订）》规定，保护本州湿地是为了公众利益和保护野生动物栖息地。[③] 韩国《湿地保护法》规定，本法的目的是保护湿地和生物多样性。[④]

对湿地保护比较重视的是美国，其通过联邦、州和当地政府湿地保护法三级效力各异的法规对湿地进行保护。中国对湿地的立法保护可参照世界其他国家的通行做法，遵循多层次、多法律保护的原则，具体可设计为：①宪法应体现对湿地保护的总体精神；②民法应界定湿地所有权以及侵权者的民事责任；③制定专门的湿地保护行政法，重新划定各部门保护湿地的权限和义务、各部门在保护湿地方面的协同合作等职责，规定违反湿地保护法、破坏湿地保护行为的行政责任；④在相关的环境资源保护法律、法规中也应体现与湿地保护法一致的对湿地进行严格保护的精神；⑤在刑法中设置破坏湿地、非法占用湿地的犯罪，以体现刑法作为最后保障法的救济手段和救济途径；⑥在各地人民政府制定的行政法规中也应加强对湿地的保护。

中国重要湿地所在地人民政府对本地湿地保护的立法都十分重视，已制定了许多保护本地湿地资源的地方性法规与规章。多层次立法可最大范围地保护湿地资源，最充分地发挥湿地的价值和功能，最大限度地惩治破坏湿地的行为，从而达到最有效地保护湿地这一立法目的。

2. 促进湿地资源可持续利用

湿地资源可持续利用要求坚持经济发展与生态保护相协调，正确处理

① 《湿地公约》序言。

② 美国《湿地资源储备法》第 59 章第 1 分章第 3901 节。

③ 美国明尼苏达州《湿地保护法（2011 年修订）》第 103A. 202 节。

④ 韩国《湿地保护法》第 1 条。

好湿地保护与开发利用、近期利益与长远效益的关系，绝不能以破坏湿地资源、牺牲生态为代价换取短期经济利益。相关部门要强化对自然湿地开发利用的管理，对涉及向自然湿地区域排污或改变湿地自然状态的项目，以及建设项目占用自然湿地的，行政审批部门需要会同相关部门按照《中华人民共和国环境影响评价法》等法律、法规进行环境影响评价和严格审批。1971 年《湿地公约》规定，各缔约国应制定和执行规划，以促进对被列入《国际重要湿地名录》的湿地的保护，并尽可能地合理使用其领土内的湿地。1987 年《湿地公约》缔约方大会批准了“合理利用”的定义：“为人类的利益以及与生态系统自然特性的维持相协调的方式可持续地利用湿地。”[①] 该定义在 2005 年《湿地公约》缔约方大会的决议 IX. 1 附件 A 中被修订为：湿地的合理利用是在可持续发展的背景下，通过实施生态系统方法来保持其生态特征。[②]“可持续利用”被解释为“为当代人产出最大的持续的利益，同时又维持其满足将来世代的需要和愿望的潜力的湿地的利用”。“生态系统的自然特性”被定义为“生态系统的物理的、生物的或化学的成分，诸如土壤、水、植物、动物和养分，以及它们之间的相互作用”。[③] 合理利用的义务要求缔约方制定管制/管理损害湿地活动的法律措施或手段。《湿地公约》要求合理利用应适用于“所有的湿地及其支持系统”，既包括一般湿地政策的实施，也包括对特殊湿地的合理利用，这样的活动应成为可持续发展的不可分离的部分。政策应尽可能地表达国内所有与湿地相关的问题和活动。

可持续利用是当今中国和整个世界所主张的最佳发展模式。可持续利用包括经济、社会、环境的可持续利用和发展。在经济、社会发展的过程中，资源短缺已成为制约其发展的一个瓶颈。因此，资源保护、资源的可持续利用就成为政府面临的一个重大问题。湿地作为稀缺的生态资源，立

---

① RAMSAR CONVENTION SECRETARIAT. Laws and Institutions：Reviewing Laws and Institutions to Promote the Conservation and Wise use of Wetlands. Ramsar Handbooks for the Wise Use of Wetlands，4 th Edition，vol. 3. Ramsar Convention Secretariat，Gland，Switzerland，2010：25.

② RAMSAR CONVENTION SECRETARIAT. The Ramsar Convention Manual：A Guide to the Convention on Wetlands（Ramsar，Iran，1971），6th ed. Ramsar Convention Secretariat，Gland，Switzerland，2013：46.

③ 同②

法机关在制定相关的法律、法规时，应充分考虑其可持续利用的问题。具体来说，湿地利用只能限制在该生态系统最大可恢复性的阈值范围内，开发利用生态系统只能是对原有生态系统的改造，而不是建立全新的生态系统。立法应对湿地的利用规定明确的可利用方式和禁止利用方式，以确保湿地能永久性被利用，进而促进经济、社会的可持续发展。

3. 促进生态文明建设

生态文明是人类遵循人与自然和谐发展规律，推进社会、经济和文化发展所取得的物质与精神成果的总和；是指以人与自然、人与人和谐共生、全面发展、持续繁荣为基本宗旨的文化伦理形态。它是对人类长期以来主导人类社会的物质文明的反思，是对人与自然关系历史的总结和升华。其内涵具体包括以下几个方面：一是人与自然和谐发展的文化价值观。树立符合自然生态法则的文化价值需求、体悟自然是人类生命的依托，自然的消亡必然导致人类生命系统的消亡，尊重生命、爱护生命并不是人类对其他生命存在物的施舍，而是人类自身进步的需要，人类要与自然和谐发展，把对自然的爱护提升为一种不同于人类中心主义的宇宙情怀和内在精神信念。二是生态系统可持续前提下的生产观。人类要遵循生态系统是有限的、有弹性的和不可完全预测的原则，生产劳动要节约和综合利用自然资源，形成生态化的产业体系，使生态产业成为经济增长的主要源泉。生态文明建设要求物质产品的生产，在原料开采、制造、使用至废弃的整个生命周期中，对资源和能源的消耗最少、对环境影响最小、再生循环利用率最高。三是既满足自身需要又不损害自然的消费观。生态文明建设提倡“有限福祉”的生活方式。人们的追求不再是对物质财富的过度享受，而是一种既满足自身需要，又不损害自然；既满足当代人的需要，又不损害后代人需要的生活。这种公平和共享的理念，成为人与自然、人与人之间和谐发展的基础。

第二节　湿地保护的法律原则

湿地保护的法律原则是指通过湿地立法明确规定或体现的，反映湿地保护立法基本理念、价值、特点和目的的，对湿地保护和利用活动具有普遍性指导作用的准则。它贯穿整个湿地保护法体系，既包括普遍的环境立法原则，也包括特殊的湿地立法原则。在对湿地进行专门的立法之前，对湿地保护立法原则进行研究，可以进一步指导立法工作，凸显湿地立法的价值、理念和指导思想。湿地立法既要体现中国对环境保护与经济发展并重的先进立法理念，又要考虑湿地这一特定的环境资源状况，以及国内法与国际法协调等诸多问题。从宏观来说，湿地立法原则应该带有前瞻性、协调性、生态性、经济性等特点。具体而言，湿地保护立法应当考虑如下原则。

一、湿地保护优先原则

（一）湿地保护优先原则的概念

湿地保护优先原则是指国家采取有利于保护和改善湿地生态系统，促进人与湿地和谐的经济、技术政策和措施，使经济社会发展与湿地保护相协调的法律原则。湿地保护优先原则非常概括地阐明了生态系统保护与经济社会发展之间的相互关系，是湿地保护立法的一项重要原则。

首先，湿地保护优先原则正确地反映了湿地生态系统保护与经济社会发展之间的价值/利益选择，同时也指出了如何正确对待和处理它们之间的关系。因此，湿地保护优先原则的核心思想和理论基础是解决经济价值/利益与环境价值/利益之间的平衡问题。法律的利益平衡功能表现为，对各种利益重要性做出估价或衡量，以及为协调利益冲突提供标准，法律虽无法选择确认每一个主体的每一项利益，但必须对各种利益冲突加以平衡，从而不致使人类社会在无谓的利益纷争中毁灭，失去继续发展的可能性。

其次，湿地保护优先原则是基于湿地生态系统保护与经济、社会发展之间的辩证统一关系提出的。湿地生态系统保护与经济、社会发展是对立统一的辩证关系。湿地生态系统是经济、社会发展的物质基础，保护湿地生态、维持生态平衡、促进湿地生态系统的良性循环，有利于经济、社会的发展。反过来，经济、社会的发展又为维护湿地生态平衡创造了物质和技术条件。因此，我们应在经济和社会发展的同时，优先保护湿地生态系统，合理利用湿地资源，维持湿地生态平衡，提高湿地资源的再生补给和永续利用能力，以实现湿地生态系统与经济、社会的可持续发展。

（二）湿地保护优先原则的意义

湿地保护优先原则的提出具有以下重要意义。

1. 湿地保护优先原则是湿地生态规律的客观要求

在社会发展过程中，有许多社会经济规律发挥作用，如价值规律、市场经济规律等。湿地生态规律是处理好人与湿地关系的重要规律，人类所从事的生产与消费活动必须遵循湿地生态规律的要求。湿地生态规律对经济、社会发展可能产生正反两方面的作用。如果违背这些客观规律，使湿地生态系统受到污染、湿地资源遭受破坏和湿地生态系统失衡，经济、社会就无法持续发展。反之，如果遵循湿地生态规律，就会使经济、社会发展与湿地生态系统保护相协调。因此，湿地生态环境保护是实现经济、社会可持续发展的关键。

2. 湿地保护优先原则是保障公众健康、发展社会生产力的需要

湿地生态系统被破坏，不仅会影响经济、社会的发展，还会影响人体的健康。生产力中具有决定性因素的劳动力如果都是身体不合格的劳动者，那么大力发展生产力就会成为空话。因此，从这个意义上说，保护湿地就是保护生产力，改善湿地就是发展生产力。

（三）湿地保护优先原则的立法史

1. 湿地保护优先原则的国际立法史

人类的价值观在不同时期和不同的认知条件下是不同的，这种差别反映在立法上表现为立法理念和原则的不同。人们在对技术决定论与零增长论进行争论的同时，开始对传统的经济增长方式进行反思，探讨新的经济社会发展模式。

1971 年签署的《湿地公约》强调湿地是具有重大经济、文化、科学和娱乐价值的一种资源，一旦丧失则不可弥补。《湿地公约》确信具有远见的国家政策与协调一致的国际行动相结合，可以确保湿地及其动植物区系得到保护。

以1972年召开的联合国人类环境会议为契机，人类开始从新的视角认识环境保护与经济、社会发展之间的关系。此次会议通过的《人类环境宣言》指出，“为了这一代和将来的世世代代，保护和改善人类环境已经成为人类一个紧迫的目标，这个目标将同争取和平、全世界的经济与社会发展这两个既定的基本目标共同和协调地实现”。《人类环境宣言》已经明确提出了保护优先原则。该原则因1987年世界环境与发展委员会的报告《我们共同的未来》中“可持续发展”概念的提出而获得了进一步的理论支撑。

1982年10月28日，联合国大会通过《世界自然宪章》，重申人类必须学会如何维持和增进他们利用自然资源的能力，同时保证能够保存各种物种和生态系统以造福今世和后代，坚信有必要在国家和国际、个人和集体、公共和私人各层级上采取适当措施，以保护大自然，在规划和进行社会经济发展活动时，应适当考虑到养护自然是这些活动的一个组成部分。

1992年，联合国环境与发展大会通过的《里约环境与发展宣言》明确指出，为了实现可持续发展，环境保护工作应是发展进程的一个整体组成部分，不能脱离这一部分来考虑发展。该宣言还要求各国制定有效的环境立法，环境保护标准、管理目标和优先次序应该反映它们适用的环境与发展范畴。里约会议是一个重大里程碑，它提出了可持续发展的新议程，使人类对环境保护与经济发展相互关系的认识提高到了一个新高度。

2002年，在联合国可持续发展问题世界首脑会议上发布的《约翰内斯堡可持续发展宣言》要求，在地方、国家、区域和全球各层级促进和加强经济发展、社会发展和环境保护这三个相互依存、相互增强的可持续发展支柱；要求将世界各国人民聚集起来，综合各种不同意见，以积极寻求一条共同道路，即创造一个尊重和推行可持续发展远景的世界。

2. 保护优先原则的国内立法史

在国际社会对环境保护与经济、社会发展的认识不断深化的过程中，我国也经历了一个对其认识不断深化的过程。早在1973年国务院批转国家计委《关于全国环境保护会议情况的报告》的批文中，就强调“经济发展和环境保护，同时并进，协调发展”。其后，1979年《中华人民共和国环境保护法（试行）》第五条规定："国务院和所属各部门、地方各级人民政府必须切实做好环境保护工作；在制订发展国民经济计划时，必须对环境的保护和改善统筹安排，并认真组织实施……"这是我国第一次通过法律的形式确立了保护优先原则。此后，为贯彻和落实该原则，1982 年国务院发布了《关于在国民经济调整时期加强环境保护工作的决定》，其中特别规定了要加强对环境保护的计划指导，并且各级人民政府在制订国民经济和社会发展计划时，必须把保护环境和自然资源作为综合平衡的重要内容，把环境保护的目标、要求和措施，切实纳入计划和规划，加强计划管理。

1983 年 12 月，第二次全国环境保护会议进一步将该原则解释为，经济建设、城乡建设和环境建设要同步规划、同步实施、同步发展，实现经济效益、社会效益和环境效益的统一。

1989 年，《中华人民共和国环境保护法》第四条在总结该原则的立法和实施经验的基础上，重新对该原则做了明确规定，即国家制定的环境保护规划必须被纳入国民经济和社会发展计划。国家要采取有利于环境保护的经济政策和措施，使环境保护工作同经济建设和社会发展相协调。

1992 年，联合国环境与发展峰会后不久，我国就发布了《中国环境与发展十大对策》，并明确指出，转变发展战略、走可持续发展道路是加速我国经济发展、解决环境问题的正确选择。

1994 年，我国发布了《中国 21 世纪议程》，更是全面阐述了可持续发展战略和未来的行动计划。

2003 年，国务院《关于加快林业发展的决定》指出，林业发展的基本方针之一为"坚持生态效益、经济效益和社会效益相统一，生态效益优先。"

2005 年，国务院《关于落实科学发展观加强环境保护的决定》指出，"在环境容量有限、自然资源供给不足而经济相对发达的地区实行优化开发，坚持环境优先……在环境仍有一定容量、资源较为丰富、发展潜力较大的地区，科学合理利用环境承载能力……在自然保护区和具有特殊保护价值的地区实行禁止开发"。

2006 年通过的《风景名胜区条例》规定，"风景名胜区总体规划的编制，应当体现人与自然和谐相处、区域协调发展和经济社会全面进步的要求，坚持保护优先、开发服从保护的原则，突出风景名胜资源的自然特性、文化内涵和地方特色”。

2013年，国家林草局发布的《湿地保护管理规定》明确规定，国家对湿地实行保护优先、科学恢复、合理利用、持续发展的方针。

2014年修订的《中华人民共和国环境保护法》规定，国家采取有利于节约和循环利用资源、保护和改善环境、促进人与自然和谐的经济、技术政策和措施，使经济社会发展与环境保护相协调。环境保护坚持保护优先的原则。

（四）湿地保护优先原则的贯彻

1. 加强湿地保护与经济社会发展的综合决策机制

各级政府决策部门在制定涉及经济、社会发展的重大决策时，必须对湿地保护与经济、社会发展之间的关系予以全面考虑，统筹兼顾、综合平衡、科学决策。在制定区域和资源开发利用、城市发展和行业发展规划，调整产业结构和生产力布局等经济建设和社会发展重大决策时，不仅要考虑经济和社会发展的需要，还要考虑湿地生态系统的环境和资源承载能力。

此外，湿地保护优先原则还要求正确处理经济增长速度和综合效益的统一、生产力布局与资源优化配置、产业结构调整与解决结构性污染，资源开发利用与保护生态环境等问题，从源头控制对环境的污染和破坏。这是实现可持续发展的重要手段，是促进保护优先的重要保证。

2. 湿地保护应被切实纳入国民经济和社会发展计划

按照福利经济学的理论，环境保护因具有典型的外部性而遭受着“市场失效”的尴尬处境，因此各国普遍将环境保护作为国家的一项基本国策。在我国，国民经济和社会发展计划是政府进行宏观调控和社会管理的重要依据和手段，规划一经制定，即具有行政法上的普遍约束力。① 将湿地保护切实纳入国民经济和社会发展计划，即意味着国家在制定国民经济

---

① 窦玉珍．环境法［M］北京：清华大学出版社，2008：53.

与社会发展规划时，应将湿地保护作为我国环境保护政策目标之一，以及为实施该目标应确立的政策、法律措施或方法，以及资金的投入等。

3. 制订国家湿地保护计划，明确政府的湿地保护责任

在已制订的国民经济和社会发展计划的基础上，制订国家湿地保护计划。湿地保护计划是指由国家制订的与国民经济和社会发展计划相配合、相衔接的，全面反映国家湿地保护目标、任务和措施的有关计划指标和统计指标体系的规定。

法语有言，“徒法不足以自行”，湿地保护计划制订得再好，如果政府不执行，也无法实现湿地保护的目标。因此，完善法律执行机制，对于落实湿地保护计划意义重大。明确政府的湿地保护责任是首要任务。《中华人民共和国环境保护法》规定，国家在重点生态功能区、生态环境敏感区和脆弱区等区域划定生态保护红线，实行严格保护。各级人民政府对具有代表性的各种类型的自然生态系统区域，珍稀、濒危的野生动植物自然分布区域，重要的水源涵养区域，具有重大科学文化价值的地质构造、著名溶洞和化石分布区，冰川、火山、温泉等自然遗迹，以及人文遗迹、古树名木，应当采取措施予以保护，严禁破坏，但对于采取什么样的具体措施保护湿地，法律并没有明确规定，从而无法落实政府湿地保护责任。因此，今后应从宏观政策和微观经济、社会发展措施两个方面明确政府的湿地保护责任。

4. 采取有利于湿地保护的经济、技术政策和措施

湿地保护的经济、技术政策，能解决一定历史发展阶段的湿地破坏问题，能落实湿地保护战略方针、实现预期的湿地保护目标，对于湿地保护工作具有诱导、约束和协调的功能。

二、湿地保护生态系统方法原则

（一）湿地保护生态系统方法原则的概念

湿地保护生态系统方法原则是指基于有关湿地生态系统及其多样性的最佳可得科学知识，为识别对湿地生态系统的健康至关重要的影响因素并采取行动，从而获得生态产品和服务的可持续利用，并维持湿地生态系统

完整性，全面的、综合的管理人类活动的一项法律原则。

生态系统方法是一种以平等方式促进土地、水体和生物资源养护与可持续利用的方法，其目的在于达成三个目标的平衡，即养护、可持续利用和湿地资源可持续利用。生态系统方法包含基本结构、进程、功能和有机体及其与环境之间的相互作用。生态系统方法认识到拥有文化多样性的人类是很多生态系统不可分割的一部分。这种对结构、进程、功能和有机体及其相互作用的关注与《生物多样性公约》第 2 条规定的生态系统的定义一致，“生态系统”是指“植物、动物和微生物群落和它们的无生命环境作为一个生态单位交互作用形成的一个动态复合体”。

湿地保护生态系统方法原则要求适应性管理和处理湿地生态系统复杂的和动态的特征。湿地生态系统进程经常是非线性的，并且这种进程的结果显示经常时间滞后。为了能够对这样的不确定性做出反应和反馈，管理必须是适应性的。

湿地保护生态系统方法不排除其他管理和养护方法，如栖息地保护、保护区以及根据现存的国家政策和立法框架执行的其他方法。

（二）湿地保护生态系统方法原则的基本原理

1. 土地、水体和生物资源的管理目标是一个社会选择问题

社会不同部门根据自己的经济、文化和社会需要观察生态系统。文化和生物多样性都是生态系统方法的核心组成部分，管理时也应予以考虑。人类应以公平、公正的方式保护生态系统的固有价值，并为人类的有形或无形利益对其进行管理。

2. 湿地保护管理应将权力分给最低层级

分权制度可能引致更大的效率、效益和公平。湿地保护管理应包含所有的利益相关者，并平衡地方利益和更广泛的公共利益。湿地生态系统管理者应考虑他们的活动对邻近和其他生态系统的影响（实际的或潜在的）。经常从养护中获益的人不会给付与养护相关的成本，而且同样地那些产生环境成本（如污染）的人会逃避责任。激励的校正允许这些控制资源获利的人存在，并确保那些产生环境成本的人付费。

3. 对湿地生态系统结构和功能的保护是首要目标

湿地生态系统的功能和恢复力依赖于湿地生态系统物种内、物种之间和物种与水资源、土壤等非生物环境之间的动态关系，以及湿地生态系统内部的物理和化学的相互作用。这些相互作用和进程的恢复，对于湿地生物多样性的长期维持要比简单的物种保护更加重要。

考虑获得湿地生态系统管理目标的可能性时，应注意限制湿地自然生产率、湿地生态系统结构、功能和多样性等环境条件。湿地生态系统功能的限制可能由于临时的、不可预知的或人为的条件产生不同程度的影响，因此相应的管理应适当谨慎。

4. 生态系统方法应在适当的空间和时间范围内进行

湿地保护生态系统方法受湿地空间和时间规模的束缚。管理的边界将由使用者、管理者、科学家和当地居民在运行时界定。湿地生态系统的进程是以不同的时间规模和滞后效应为特征的。这与人类喜欢短期利益和直接利益而非未来利益的倾向相冲突。

传统干扰体制对于生态系统的结构和功能而言可能很重要。生态系统方法必须使用适应性管理，应节制处理长期变化，如气候变化。

（三）湿地保护生态系统方法原则的意义

1. 该原则体现了湿地生态系统对于人类发展的重要意义

湿地生态系统通过供应、调节、文化和服务，成为人类生存必不可少的系统。因此，湿地生态系统健康不仅对环境很重要，而且对人类社会的生存与发展也非常重要。作为生态系统的组成部分，人类对湿地生态系统的结构和功能会产生重大的影响；反之，湿地生态系统对人类生境、人类健康，甚至社会经济的发展也会产生重大影响。

2. 该原则有利于湿地资源养护和使用保持平衡

湿地生态系统因其固有价值和提供的其他服务在人们的生活中起着至关重要的作用。人类过去在湿地资源养护和使用之间有一个湿地资源使用优于保护的倾向，但随着人类对于湿地生态系统认识的不断深入，湿地资源经历了一个从使用优先到严格保护，再到灵活养护的转变过程。

3. 该原则要求生态系统方法应考虑所有形式的相关信息，包括科学的和传统的，以及地方的知识、创新和实践

各种湿地生态系统信息对生态系统管理战略至关重要。例如，湿地生态系统功能、人类利用湿地资源可能造成的不利影响等知识都是非常必要的。所有与湿地生态系统相关的信息都应与所有相关利益方和行为者分享。我们只有对拟议的管理决定背后所做的假设所需要的信息进行充分了解与明确，并检查核对可得的信息和相关利益方的观点，才会做出科学的决策。湿地生态系统保护管理的大多数问题非常复杂，还伴随很多交叉、副作用和歧义，并涉及必需的专业知识，因此科学的和传统的以及地方的知识、创新和实践非常重要。

（四）湿地保护生态系统方法原则的立法史①

1. 有法律约束力的文书

1971 年的《湿地公约》提出了关于养护和广泛利用湿地及其资源的国家行动和国际合作框架。该公约的目标是促进湿地养护和广泛利用。在该公约范围内叙述的广泛利用概念指的是为人类的利益，采用与维护生态系统自然特性相一致的方式可持续利用。

1982 年，联合国海洋法会议通过的《联合国海洋法公约》提出了海洋区域所有活动采用生态系统方法的法律框架。该公约指出，“各海洋区域的种种问题都是彼此密切相关的，有必要作为一个整体来加以考虑”。保护和保全海洋环境的基本原则要求各国保护海洋所有区域，使其免遭一切损害，并采取特别措施保护稀有或脆弱的生态系统，以及衰竭、受威胁或有灭绝危险的物种和其他形式海洋生物的生存环境。

1992 年，联合国环境与发展会议通过的《联合国生物多样性公约》是第一个以生态系统为基础，对养护和可持续利用生物多样性采取统一方式的国际公约。该公约的三项目标中有两项与生态系统的保护有关：保护生物多样性，以及持续利用其组成部分。生态系统方法是该公约采取行动的

① 该部分内容参见联合国秘书长 2006 年 3 月 9 日有关海洋问题的报告，A/61/63。国内立法除了《中华人民共和国海洋环境保护法》外，极少采用生态系统方法原则。

基本框架。2000年《生物多样性公约》第五次缔约方大会通过的第V/6号决议《生态系统方法》，首次规定了生态系统方法说明、运行指南和12项原则等内容。

1994年的《执行1982年12月10日联合国海洋法公约有关养护和管理跨界鱼类种群和高度洄游鱼类种群的规定的协定》提出了养护和管理跨界鱼类种群和高度洄游鱼类种群的法律制度，并要求采用生态系统方法和预防方式管理这些鱼种。

2. 无法律约束力的文书和安排

1972年，联合国人类环境会议通过的《斯德哥尔摩宣言》指出了人类为其发展改变环境的权利以及改变环境的巨大力量所造成的危险。《斯德哥尔摩宣言》规定，必须为了今世后代的利益，通过认真的规划或管理保护自然资源，特别是具有代表性的自然生态系统。据此，必须保护物种多样性和海洋生命；人类对保护、管理和规划野生动植物负有特殊责任。

1982年，联合国大会通过的《世界自然宪章》制定了一套明智管理和养护环境的原则，强调法律必须承认和包容自然法则，人们必须保护地球的遗传活力，必须保障生境，同时要认识到必须专门保护各种不同类型的生态系统的独特地域性和代表性样本以及稀少或濒危物种的生境。

1992年，联合国环境与发展会议通过的《关于环境与发展的里约热内卢宣言》确认生态系统方法是可持续发展的支柱。该宣言要求各国应本着全球伙伴精神，为保存、保护和恢复地球生态系统的健康和完整进行合作。

1995年，联合国环境规划署通过的《保护海洋环境免受陆地活动污染全球行动纲领》的主要目标，是在沿海地区综合管理的框架内拟订全面、持续和具有适应性的行动方案。编写和执行国家行动纲领的重点是提出可持续、实用和综合的环境管理方式和过程，如与河川流域管理和陆地使用计划相协调的沿海地区综合管理。

1995年，粮农组织大会通过的《粮农组织负责任渔业行为守则》规定了负责任行为做法的原则和国际标准，以便在适当考虑生态系统和生物多样性的情况下，确保生物水产资源的有效养护、管理和发展。

1995年的《国际珊瑚礁倡议》要求各国政府、国际组织和非政府组织结成保护珊瑚礁和有关生态系统的伙伴关系。该倡议鼓励各国政府订立并采取综合性沿海管理措施，促进海洋环境的保护，实现可持续捕鱼和保护支持渔业的生态系统。

2000年的《约翰内斯堡执行可持续发展问题首脑会议的计划》鼓励各国在2010年之前采用生态系统方法，并促进国家一级综合、多部门的沿海和海洋管理，包括援助沿海各国制定关于沿海综合管理的海洋政策和机制。

2001年的《关于海洋生态系统负责任渔业的雷克雅未克宣言》提出，可持续渔业管理既要考虑到捕鱼对海洋生态系统的影响，又要考虑到海洋生态系统对捕鱼的影响。该宣言建议借助现有和将来的科学知识，考虑到生态系统因素、发展科学基础，以利于拟订和执行管理战略。

2003年的《人类活动管理之生态系统方法声明》是管理在海洋区域影响海洋环境的人类活动的生态系统方法的共同愿景的声明。该声明认为生态系统的所有组成部分包括人类部分，共同运行和相互作用，形成一个综合网络。该声明要求管理人类活动以便尊重生态系统完成人类可持续需求的能力；要认识到生态系统的价值，不仅表现在其持续的未受损害的功能方面，而且表现在满足这些人类需求方面；要保存或提高其能力以产生未来预期的效益。

（五）湿地保护生态系统方法原则的贯彻

1. 强调湿地生态系统内的功能关系和进程

生物多样性的很多成分控制着湿地生态系统内的能量、水体和营养物的供应和流动，并提供对重要扰乱的抵抗能力。我们需要对湿地生态系统的功能与结构、生态系统中生物多样性成分的作用等知识进行更深入的理解，例如，①湿地生态系统复原能力和生物多样性损失（物种和基因水平）和栖息地破坏的影响；②湿地生态系统生物多样性损失的潜在原因；③湿地生态系统生物多样性的决定因素。湿地生态系统中各种功能提供了很多具有经济性和社会性的产品和服务。人们在努力获取有关功能多样性的新知识，即使缺乏这些知识也必须执行生态系统管理。生态系统方法有助于提高生态系统管理者（地方社区或国家政策制定者）的实际管理能力。

2. 加强湿地资源开发利用的利益共享

在湿地生态系统水平上，生物多样性提供的利益为人类环境安全和可持续发展提供了条件。湿地生态系统方法寻求利益的维持或贮存。湿地生态系统的相关功能使负责其生产和管理的利益相关方获益。这就要求湿地的开发利用要做到：能力建设，特别是管理湿地生态系统中生物多样性的地方社区的能力建设；湿地生态系统产品和服务的适当估值；去除贬低湿地生态系统产品和服务的不当激励；与生物多样性公约的规定一致，在适当时用有良好管理实践的地方激励代替。

3. 使用适应性管理方式

湿地生态系统的功能是复杂多变的，这种复杂多变带来的不确定性，使湿地生态系统管理必须包含一个学习的过程。湿地生态系统的管理计划应被设计用于识别影响湿地资源养护与利用的社会和文化因素的多样性。同样地，湿地资源养护与利用政策的制定和执行也需要灵活性。湿地生态系统管理应被视为其结果建立在进步之上的长期试验。这种“干中学”也将充当如何获取最好的监督管理结果知识的重要信息源，并将评估确立的目标是否已经实现。

4. 在湿地保护管理过程中确保跨部门合作

作为采取行动的基本框架，湿地保护生态系统方法应充分考虑发展与评估国家生物多样性战略和行动计划。它也需要将湿地保护生态系统方法与农业、渔业、森林业和其他生产系统相结合，以便对生物多样性产生效果。根据湿地保护生态系统方法，自然资源管理要求提升广泛水平（政府部门、管理机构等）的跨部门交流与合作。

三、湿地资源合理利用原则

（一）湿地资源合理利用原则的概念

湿地资源合理利用原则是指在湿地保护目标得以实现的前提下，利用湿地自身资源优势，合理开发、适度经营，在解决湿地保护经费困难问题的同时，又可以探索一条适应人口、资源、环境协调发展途径的一项法律原则。

《湿地公约》将“各缔约国应尽可能地合理使用其领土内的湿地”确立为主要目标，但其并未对合理利用的确切含义进行界定。1980 年，卡利亚里缔约方大会决议中，“合理利用”被解释为：“湿地的合理利用包括对生态特征的维持，不仅要以此作为自然保护的基础，而且还要作为发展的基础。”由于这一概念的具体内容只涉及生态维持的保护内容，实际上并未很好地解释合理利用的概念。① 1987 年，第三届湿地公约缔约方大会才将“合理利用”界定为：“为了人类的利益、以与生态系统自然特性的维持相协调的方式可持续地利用湿地。”“可持续利用”被解释为：“为当代人产出最大的持续的利益，同时又维持其满足将来世代的需要和愿望的潜力的湿地的人类利用。”“生态系统的自然特性”被定义为：“生态系统的物理的、生物的或化学的成分，诸如土壤、水、植物、动物和养分，以及它们之间的相互作用。”②

（二）湿地资源合理利用原则的理论基础

湿地资源合理利用的根本在于湿地资源的多重功能和价值，但是这种多重功能和价值在具体的湿地保护管理实践中又会导致湿地开发利用与保护管理之间产生矛盾。湿地资源合理利用原则主要用于实现湿地保护与湿地资源合理利用之间的平衡。该原则的理论基础主要有以下三个方面：利益衡平理论、最适产量理论、可持续性。

1. 利益衡平理论

公共利益与私人利益有时可能具有一致性，③ 但更多的时候，公共利益与私人利益可能存在冲突与矛盾，湿地保护与开发利用就是如此。湿地

---

① 朱建国，王曦，等．中国湿地保护立法研究［M］．北京：法律出版社，2004：123.

② Ramsar Convention Secretariat. Ramsar Handbooks for the Wiseuse of Wetlands［J］. 4 th Edition，2010（3）：25.

③ 孟德斯鸠曾指出，人们之间的利益“就像宇宙的体系一样，有一种离心力，不断地要使众天体远离中心，同时又有一种向心力，把它们吸向中心。荣誉推动着政治机体的各个部分，它用自己的作用把各个部分连接起来。这样当每个人自以为是奔向个人利益的时候，就是走向了公共的利益”。孟德斯鸠．论法的精神：上［M］//朱建国，王曦，等．中国湿地保护立法研究北京：法律出版社，2004：124.

特别容易受到外界的影响，特别是受到周边土地和上游水资源开发利用等的影响。德国哲学家康德说过“法律的意义在于协调”。法具有利益调控机制，“法律的利益平衡功能表现为，对各种利益重要性做出估价或衡量，以及为协调利益冲突提供标准。”[①] 法对利益冲突的平衡，需要通过相应的原则和制度设计来完成。湿地资源合理利用原则的适用，或许可以成为解决利益冲突的方法和手段，为平衡利益关系提供了衡量路径。在平衡利益时，必然会发生利益的优先性问题，从而导致调整一方利益的同时，损害或牺牲另一方利益。解决之道就是法律通过分配权利和义务，以确立正义原则、正义模式、正义秩序，通过法律救济来恢复正义、平衡正义。衡平的概念不等于慈悲、恩情或人道，而在于实践正义。

2. 最适产量理论

效益与公正的价值调整在经济上所秉承的是最适产量理论，即根据环境容量、种群自然增长量、经济成本、经济收入和未来需要，确定资源利用的最适度。该理论在湿地资源合理利用方面的适用，就是实现效益与公正的价值调整，进而实现社会正义与个人正义的衡平。湿地资源具有巨大的综合效益，利用湿地不仅是指利用其作为土地的价值，还应包括生态价值、经济价值、旅游价值等。湿地立法应充分考虑湿地的多种价值，协调、平衡各种价值之间的冲突和矛盾，使各种价值能够相得益彰，在法律的规范下能够最优化地彰显出来。如在湿地的生态价值和经济价值发生冲突时，到底放弃谁、保住谁，法律应有明确的规定。只有对湿地进行合理利用，才能发挥湿地的最大效益。如果舍本求末，只会造成浪费和破坏，不利于湿地保护。

在进行湿地开发利用时，人们往往只着重突出湿地多个效益中的一个或几个，这会对湿地的其他效益产生影响，国家应对湿地效益的经济性进行分析和研究，对开发利用湿地的各个项目的直接影响、间接影响和潜在影响进行正确评估，对湿地生态效益进行静态的和动态的分析，进而确定是否可以开发利用、开发利用时如何保护其他利益。合理利用原则要求建

---

① 浅议因疫情导致合同利益失衡下的调控问题［EB/OL］.［2020－08－10］. https：//www.faniuwenda.com/Paid/News/index/id/50198.html.

立湿地影响评价制度，用生态学、经济学等相关理论进行指导，制定完善的、经得起历史考验的湿地保护法。

3. 可持续性

可持续性实际包含两项内容：代际公平和湿地资源的可持续利用。代际公平从主体着眼，要求当代人在利用湿地的同时，必须保证后代人平等取得和利用湿地资源的权利。可持续利用则从客体——湿地资源着手，要求对不可再生型湿地资源不以使其耗尽的方式利用，对可再生型资源在保护其最佳再生能力的前提下加以利用。此外，湿地价值中有一类被称为存在价值或遗赠价值，即所有者要求保存湿地现状，当前不加以利用而是留予后代，这些使用者“希望看到湿地和它们的生命之路是与他们的子孙以及后代人连接在一起的”。[①] 这类湿地资源的价值也属于可持续性的范围。从整个可持续性的内容来看，“可持续性应被看作一个受到经济激励和规章制度引导的平衡变化过程”。

（三）湿地资源合理利用原则的法律障碍

1. 部门政策、法律、税费和机构级别的冲突

湿地管理会直接或间接地受到很多部门活动的影响，包括海洋运输和港口建设、渔业和林业、国内外贸易和投资等。非湿地活动的副作用包括由于水的抽取导致的水文变化、水道管制、农业和工业等的水体污染。湿地保护或利用管辖权分散在不同的政府部门和机构，这就会导致法律和制度框架的重叠和部门间政策不一致等高风险的产生。

2. 适用于湿地的法律的无力或不完善

湿地立法给立法者提出了特别的挑战，因为湿地覆盖了很多种类的栖息地类型（如洞穴、泥煤沼、内陆三角洲、珊瑚礁）和从属于时间和空间变化的动态系统。它们的共同特征是水的季节性或永久性存在：生态特性的维护依赖于适当水量和水质的供给。

---

① 湿地国际—中国项目办事处主编．湿地经济评价［M］.//朱建国，王曦，等．中国湿地保护立法研究北京：法律出版社，2004：125.

3. 明智利用的土地占用和资源利用机制存在缺陷

湿地和湿地产品的损失或退化可能因为土地占有和资源利用的法律机制存在缺陷。土地、水等自然资源的权利及其使用者权利的不确定性，经常阻碍相关部门对这些资源进行可持续投资或管理。明智利用的限制有多种不同的形式，在共享/共用的集体制度下，没有一个有效的机制能产生个人所有权或个人责任尊重湿地的承载能力。在私人产权制度下，土地私有化会导致生产强度增加、自然资源的压力剧烈提升。适当的产权法律制度的建立可在政府和地方社区之间培育对抗力量。如果传统的利用者既无法收获湿地资源，又无可行的替代选择，湿地周边土地的压力就会提升。在某些国家，制定法和习惯法的共存可能妨碍明智利用措施的实施，并使其难以改变自然资源利用的方式。

4. 行政部门的执法弱点

组织障碍包括缺乏清晰的授权、适当的培训，资源、设备和湿地管理者的执法人力资源，这些使得法律的执法效力低下，其特点是起诉率和处罚率很低。

5. 对河流和沿海生态系统管理的管辖权限制

由于严重的组织障碍，国家立法极少提供流域规划和一体化管理的综合方法。流域边界与政治边界不同，一个水道可能流经好几个管辖单位，如省、市、区、县等。每个单位根据流域规划和水资源管理分别拥有自己的权利和义务。

（四）湿地资源合理利用原则的贯彻

1. 建构与土地利用和水管理规划相适应的总体规划

总体规划要求跨部门的组织协调，有时候甚至需要制定专门的法规。适当的总体规划应包括以下内容：

（1）确保对维持生态用水的水质和水量的管制或管理（为确保维持湿地自然特性的水供给提供法律基础）。

（2）具有防洪和自然资源的生产功能地区和沿海湿地，禁止开发和排水，并提供创建新的滞洪区和恢复自然区域的激励。

（3）保护岸滩和湿地植被，最大限度减少侵蚀和相关问题，并维持湿地的生物多样性。

（4）必要时通过贸易控制阻止过度利用，以支持自然资源的可持续利用。

（5）对部门活动的管制或管理，如工业、矿业、港口建设、交通、农业、林业、水产养殖和渔业。

2. 提升管制措施效率

管制措施可用于对损害湿地的活动进行控制和设立控制标准。在许可制度下，主管部门虽然可禁止或无条件批准，或服从减缓，或恢复一个拟议的活动，但管制措施的实施和执行会施加一个严重的行政负担，并可能引起公众的反对。为使管制措施更可行，立法需要确立一个不需要许可的标准和与湿地保护及合理利用相适应的活动的一般豁免。

提升管制措施效率的方法如下：

（1）扩大活动覆盖的范围，很多规划和许可制度并不适用于那些影响湿地的农业和林业活动。有的国家禁止或限制在湿地使用化肥和农药，以及涉及土壤表层改变的并可能引起水域侵蚀和恶化的任何活动。

（2）要求许可发布机构在授予许可证之前与湿地管理机构协商，并考虑拟议和现存活动对湿地承载能力的累积性影响。

（3）在决定影响湿地的活动时，遵循风险预防和污染者付费原则。

（4）在湿地破坏不可避免时，根据许可证的条件进行湿地区域的赔偿、减缓、恢复或休养，适当时应准备应急预案或应急计划。

3. 扩大自愿措施的适用范围

自愿措施可以在私人湿地所有者和利用者之间有效地获得保护和合理利用的支持，而没有禁限（管制）方法的负面影响。自愿措施也可以用作公共湿地和湿地保护区保护的补充措施。

每个依赖于法治的国家，发展湿地类型的认定和管理机制的授权立法都是必要的，其具体包括：

（1）相关政府部门、土地所有者和土地利用者之间应签订管理协议（合同），要求其维持湿地的生态特性，应包括对不遵守的处罚。

（2）根据一致同意的明智利用目标，基于长期租约，对获得或管理湿地的非政府组织或相关利益方提供财政援助。

（3）给予税收激励鼓励，土地所有者与保护机构或非政府组织达成保护地役权。在可能的情况下，法律应使这项地役权约束未来的湿地购买者。

经济手段也可用于阻止不可持续的实践，并提供可持续湿地管理和资源利用的激励。发展某种类型激励和收费的授权立法通常是必要的，具体包括：

（1）湿地及其产品的明智利用的保护补偿计划。

（2）保护补贴，包括对管理自然状态湿地的补偿和野生动物损害庄稼的补偿。

（3）税收激励，如对于捐献或出卖某样东西用于湿地保护的，应给予所得税、资本税或遗产税优惠，为保护管理湿地的行为提供税收优惠。

（4）湿地损失减免费，与"开发者付费"原则相一致，包括湿地开发费或向公共信托基金付款（自然或修改的湿地作为对开发损失的湿地补偿的规定）。

（5）使用者费（进入费和湿地捕猎、钓鱼和娱乐目的的许可费）。

4. 明确特定湿地保护措施的目标

普遍适用的保护和合理利用手段可以被应用于特定的湿地，但就法律和实践而言，将保护措施适用于所有类型的湿地或管制/管理所有损害湿地的活动是非常困难的。通过实施国家湿地名录，国家可以用科学知识确认和优化需要特定湿地保护措施的湿地和需要恢复或修复的湿地。特定湿地保护措施根据湿地保护和合理利用的目标大体可分为三类：

（1）用一般保护手段促进某个湿地的所有组成部分（栖息地、物种、生物多样性、风景）的保护和管理。法律制度应支持与湿地生态状态相一致的湿地自然资源的多重利用，并为自愿措施和管制措施提供较好的法律基础。

（2）特殊保护手段一般用于促进某个湿地的某个组成部分（捕猎或渔业资源、植物多样性、著名的风景）的保护。这样的地区极少有自己的管理机构，并且限制水平也根据湿地管理目标（最严格的限制保护会排除人类的进入和利用）而变化。

（3）间接保护手段采取适用于限定地区的土地利用控制的形式。这些手段可能根据规划立法制定。

四、公众参与湿地保护管理原则

（一）公众参与湿地保护管理原则的概念

公众参与湿地保护管理原则是指湿地生态系统的开发利用和保护管理必须依靠公众的广泛参与，公众有权参与湿地保护管理的环境决策、环境管理过程，并有权对污染、破坏湿地生态系统的行为依法进行监督的一项法律原则。

湿地生态系统和社会的相互作用，主要受行使管理权力的管理阶层和获得公共利益的公众的影响。公众和国家权力机关应该联合起来共同制定影响湿地生态系统质量的管理政策和措施。公众应该和政府部门一起参加规定湿地生态系统目标和价值的活动。公众应对已经形成并正在处理湿地生态危机的国家行政管理行为做出合乎需要的选择。公众在鉴定和争取湿地生态利益方面应该有影响力。只有允许、鼓励和保障公众参与湿地生态系统的保护与管理，公众才能影响、决定湿地生态系统和社会之间的相互作用和相互关系，并对政府管理行为做出自己的评价和选择，从而促进国家机关发扬民主，加强和搞好湿地生态系统的保护与管理，实现人与湿地的和谐共处。因此，公众参与原则就是把对湿地生态系统的国家管理行为和公众监督相结合，把依法保护湿地和公众的自觉维护相结合。

（二）公众参与湿地保护管理原则的理论基础

公众参与湿地保护管理原则得以发展的理论基础主要有三点，即环境公共财产论、环境公共信托论和环境权论。

1. 环境公共财产论

环境公共财产理论是经济学家基于公共物品经济学提出的。这种观点认为，对于空气、水、阳光等人类生活所必需的环境要素，不能像古典经济学的观点那样，认为它是一种取之不尽、用之不竭的自然物，是任何人无须任何代价就可任意占有和处置的“自由财产”。环境污染的根源或环境质量之所以会恶化，关键是人们所使用的环境资源所有权和使用权不够严密和周全所致。因此，现代社会认为环境资源是全人类的“共享资源”和“共同财产”，是人类赖以生存的基本条件，任何人都不能任意对其占有、支配和损害。公众为了保护与合理利用这些环境资源，将其委托给国家，由国家加以保护与管理；国家作为全体共有人的委托代理人，必须对全体国民负责，应对环境资源予以保护与管理。

2. 环境公共信托论

根据环境公共信托理论，人类是地球环境的共有人，为了合理支配和保护共有财产，共有人委托国家来管理。国家对环境的管理是基于共有人的委托而行使受托管理权的，如果滥用受托管理权，则共有人可以通过诉讼等方式进行干预。湿地生态系统作为一种典型的稀缺环境资源，国家接受共有人的委托对其进行保护与管理，公众作为共有人享有参与监督管理的权利。

3. 环境权论

环境权理论的具体主张是由原德意志联邦共和国的一位医生于1960年首先提出的。[①] 当时，他针对有人往北海倾倒放射性废物向“欧洲人权委员会”提出控告，认为这种行为违反了《欧洲人权条约》中关于保障清洁卫生的环境的规定，《欧洲人权条约》规定，公民具有在良好、适宜的环境中生活的权利。[②] 1969年，美国密歇根州立大学的约瑟夫·萨克斯教授提出的“环境公共财产论”和“环境公共委托论”奠定了环境权独立理论的基础。同年，美国发布的《国家环境政策法》和日本的《东京都防止公害条例》都明确规定了环境权。1970年的《东京宣言》请求，把每个人享有的健康和福利等不受侵害的环境权和当代人传给后代的遗产应是一种富有自然美的自然资源的权利，作为一种基本人权在法律体系中确定下来。1972年《人类环境宣言》宣示，人类有权在一种能够过尊严的和福利的生活环境中，享有自由、平等和充足的生活条件的基本权利，并且负有保证和改善这一代和世世代代的环境的庄严责任。这一规定奠定了环境权学说的基础，它表明享有一个适于人类生存的环境是人类的基本权利，因

① 蔡守秋．环境资源法学教程［M］．武汉：武汉大学出版社，2000：229.
② 蔡守秋．环境法教程［M］．北京：法律出版社，1995：32.

此任何有害于环境的行为，人们都有权依法对其进行监督和干预。

（三）公众参与湿地保护管理原则的形成和发展

当代民主运动与环境保护运动的紧密结合，是促进公众参与成为环境法法律原则的基本动力。美国在经过地球日活动和关于环境权问题的大讨论后，于 1969 年通过了体现公众参与原则的《国家环境政策法》。该法宣布，每个人都应当享受健康的环境，同时每个人也有责任对维护和改善环境做出贡献。该法要求联邦政府的一切部门应将其制定的环境影响评价和意见书向公众公布，并向机关团体和个人提供关于对恢复、保持和改善环境质量有用的建议和情报。1972 年《人类环境宣言》规定，为了实现环境目标，将要求公民和团体以及企业和各级机关承担责任，大家共同努力保护环境。1982 年《内罗毕宣言》要求，通过宣传、教育和训练，提高公众和政界人士对环境重要性的认识。在环境保护工作中，每个人都必须负起责任并参与保护工作。1992 年《里约宣言》更是明确规定，环境问题最好是在全体有关市民的参与下，在有关级别上加以处理。在国家一级，每一个人都应能适当地获得公共当局所持有的关于环境的资料，包括关于在其社区内的危险物质和活动的资料，并应有机会参与各项决策进程。各国应通过广泛提供资料来鼓励公众参与，应让人人都能有效地使用司法和行政程序，包括补偿和补救程序。1992 年《21 世纪议程》用了一整篇共 11 章的篇幅专门论述公众参与问题，特别强调加强个人、团体和非政府组织在履行已商定的计划中的作用，认为公众的广泛参与和社会团体的真正介入是实现可持续发展的重要条件之一。1998 年《在环境问题上获得信息、公众参与决策和诉诸法律的公约》对于公众环境决策参与权做出了非常详细的规定，具体包括公众对有关具体活动决策的参与，① 公众对与环境有关

---

① 《奥胡斯公约》第 6 条第 2 款规定，公约在其附件中列出了所涉及的领域非常广泛的可能对环境有影响的具体活动和项目的名录（但不限于名单所列活动和项目）。在这些活动的决策初期，可能受影响的公众应被及时、有效地以公告或个别通知的方式告知各种信息，尤其是下列事项，以保证其充分地参与：①拟议的活动及其有待决定的申请；②可能做出的决定或决定草案的性质；③负责做出决定的政府部门；④公众参与的机会、公开听证的时间、地点；⑤索取有关信息的部门及地点；⑥可接受意见或建议的部门。同时，政府部门应允许公众免费和尽快检索公众参与决策需要的有关信息，如拟议的行动的地点及物理和技术特点的说明；对环境的重大影响的说明、设想所采取的各种预防措施的说明等，以保证公众参与的结果在决策中得到应有的考虑。

的计划、方案和政策制定过程的参与，以及对公众参与的结果应尽可能给予考虑。

在中国，公众参与湿地保护管理原则的发展主要得益于党和国家的群众路线和发展环境保护事业的迫切需要。公众参与正在逐步成为中国环境法的指导性原则，公众参与环境保护已取得一定的成效。1982 年《中华人民共和国宪法》明确规定："中华人民共和国的一切权利属于人民。人民依照法律规定，通过各种途径和形式管理国家事务、管理经济和文化事务、管理社会事务。"这是我国实行公众参与原则和公众参与环境管理的宪法根据。1989 年《中华人民共和国环境保护法》规定，一切单位和个人都有保护环境的义务，并有权对污染和破坏环境的单位和个人进行检举和控告。这为公众参与环境保护提供了原则性的法律依据。1994 年《中国 21 世纪议程》明确指出，公众、团体和组织的参与方式和参与程度，将决定可持续发展目标实现的进程。1996 年《国务院关于环境保护若干问题的决定》规定，建立公众参与机制，发挥社会团体的作用，鼓励公众参与环境保护工作，检举和揭发各种违反环境保护法律、法规的行为。

2014 年修订的《中华人民共和国环境保护法》专章规定了公众参与环境保护与监督管理的具体措施。该法赋予了公民、法人和其他组织依法享有获取环境信息、参与和监督环境保护的权利。各级人民政府环境保护主管部门和其他负有环境保护监督管理职责的部门，应当依法公开环境信息、完善公众参与程序，为公民、法人和其他组织参与和监督环境保护提供便利。公民、法人和其他组织发现任何单位和个人有污染环境和破坏生态行为的，有权向环境保护主管部门或者其他负有环境保护监督管理职责的部门举报。公民、法人和其他组织发现地方各级人民政府、县级以上人民政府环境保护主管部门和其他负有环境保护监督管理职责的部门不依法履行职责的，有权向其上级机关或者监察机关举报。虽然该法没有专门针对参与湿地保护与管理的公众做出规定，但上述规定同样适用于湿地保护与管理的公众参与行为。

自 2015 年 9 月 1 日起施行的《环境保护公众参与办法》对公众参与环境保护的主体（公民、法人和其他组织）、范围（制定政策法规、实施行政许可或者行政处罚、监督违法行为、开展宣传教育等环境保护公共事务的活动)、原则(依法、有序、自愿、便利)、方式(征求意见、问卷调查,组织召开座谈会、专家论证会、听证会、电话、信函、传真、网络)等内容做出了规定。

2017 年修订的《湿地保护管理规定》要求县级以上人民政府林业主管部门应当鼓励和支持公民、法人以及其他组织,以志愿服务、捐赠等形式参与湿地保护。2017 年国家林草局发布的《国家湿地公园管理办法》规定,国家鼓励公民、法人和其他组织捐资或者志愿参与国家湿地公园保护和建设工作。

2018 年,我国发布了《环境影响评价公众参与办法》。该办法适用于可能造成不良环境影响并直接涉及公众环境权益的工业、农业、畜牧业、林业、能源、水利、交通、城市建设、旅游、自然资源开发的有关专项规划的环境影响评价公众参与和依法应当编制环境影响报告书的建设项目的环境影响评价公众参与。

(四) 公众参与湿地保护管理原则的意义

公众参与湿地保护管理原则,是正确处理政府与公众、湿地破坏者与湿地保护者关系的指导原则,是湿地保护管理的公益性、社会性的体现。我国公众参与湿地保护管理原则是社会主义民主原则和党的群众路线在湿地保护领域的体现。

1. 该原则有利于调动公众的自觉性和积极性,共同做好湿地保护工作

湿地保护是一项公益性活动,挖掘群众中蕴藏的湿地保护潜力,是搞好湿地保护工作的重要条件。该原则突出了公众在湿地保护中的主人翁地位。在湿地保护活动中,公众和社会团体相当活跃,发挥的作用也越来越大。只有在民主气氛中,公众才能通过环境团体开展湿地保护活动、参与湿地保护管理。

2. 该原则有利于吸引公众参加湿地保护管理

每个公民都有享受清洁、优美、安静的环境的权利,同时也负有保护和改善环境的义务。国内外湿地保护实践证明,公众有保护和改善湿地的强烈愿望,有参与湿地保护管理的迫切要求。

3. 该原则有利于维护公民的环境权益

由于湿地生态系统是人类赖以生存和发展的基本条件之一，国家有义务让公众在良好的环境，包括健康的湿地生态系统中生产生活。这是每一个人都应有的、与生俱来的、不可剥夺的，也是最现实、最直接的环境权益。公众为了维护并实现其环境权，应能通过一定的方式和途径自由平等地参与湿地保护管理，而最基本的方式和途径就是在湿地保护管理中实行公众参与。

（五）公众参与原则的贯彻

1. 加强湿地保护宣传教育，是实行公众参与的思想保障

国家应通过各种形式的宣传，让每个公民了解环境保护的方针、政策和法律、法规，懂得湿地生态系统的知识，从而提高公众的湿地保护意识和法制观念，这是搞好湿地保护工作的基础。我国《湿地保护管理规定》明确要求，县级以上人民政府林业主管部门及有关湿地保护管理机构应加强湿地保护宣传教育和培训，结合世界湿地日、世界野生动植物日、爱鸟周和保护野生动物宣传月等开展宣传教育活动，提高公众湿地保护意识。

2. 定期发布湿地环境状况公报，切实发挥公众的监督作用

《中华人民共和国环境保护法》规定，国务院和省级人民政府的环境保护行政主管部门，应当定期发布环境状况公报。这里的环境状况包括我国湿地生态系统的状况，通过发布环境状况公报，使公众了解湿地生态系统保护与修复等方面的情况，了解湿地保护中存在的困难与问题，从而增强公众保护湿地的责任感。

3. 扩大和保障环境公益诉讼的主体，是实行公众参与的基本途径

环境公益诉讼是公众参与湿地保护管理的一种重要方式，特别是当政府机关不履行湿地保护立法规定的职责或从事违法行政行为时，提起行政诉讼，往往比批评、建议、申诉、抗议、游行、示威更加有力。实践表明，政府湿地保护管理行政部门及其工作人员可能由于屈从某种压力、诱惑、私利或偏见而实施不当、违法的行为，这时如果没有公众以第三者的名义出来抵制，这种违法行为就很可能畅通无阻。另外，当单位或个人实

施违法行为，造成湿地生态系统损害时，如果没有公众出来提起诉讼，实行“不告不理原则”的政府或法院就很难主动进行干涉。

第三节　湿地保护的监督管理体制

一、我国湿地保护监督管理体制概述

（一）湿地保护监督管理体制的概念

湿地保护监督管理体制是指有关湿地保护监督管理机构的设置，以及这些机构之间湿地保护监督管理权限的划分。根据相关法律、法规和政策规定，我国湿地保护监管体制分为中央湿地保护监管体制和地方湿地保护监管体制两级。

（二）中央湿地保护监管体制

我国现行的湿地保护监督管理体制是一种综合协调与分级分部门实施相结合的管理体制。中央湿地监管体制包括综合协调部门和分管实施部门。综合协调部门是指国务院林业行政主管部门，其负责组织、协调、指导和监督全国湿地保护工作，组织、协调有关湿地公约的履约工作。分管实施部门则由国务院自然资源、生态环境、城乡建设、水利、农业、海洋等有关部门按照有关法律、法规和国务院职责分工，负责各自职责范围内的湿地保护管理工作。

《湿地保护管理规定》规定，国家林业局负责全国湿地保护工作的组织、协调、指导和监督，并组织、协调有关国际湿地公约的履约工作。县级以上地方人民政府林业主管部门按照有关规定负责本行政区域内的湿地保护管理工作。① 县级以上人民政府林业主管部门及有关湿地保护管理机构应当加强湿地保护宣传教育和培训，结合世界湿地日、世界野生动植物日、爱鸟周和保护野生动物宣传月等开展宣传教育活动，提高公众湿地保护意识。县级以上人民政府林业主管部门应当组织开展湿地保护管理的科

① 《湿地保护管理规定》第四条。

学研究，应用推广研究成果，提高湿地保护管理水平。①

（三）地方湿地保护监管体制

地方湿地监管体制也包括了综合协调部门和分管实施部门。综合协调部门是县级以上人民政府林业行政主管部门，其负责湿地保护的组织和协调工作。分级实施部门是指包括县级以上地方人民政府林业主管部门在内的其他有关部门，依照有关法律、法规的职责分工，负责本行政区域内的湿地保护管理工作。

《内蒙古自治区湿地保护条例》规定，各级人民政府应当建立健全湿地保护与合理利用管理协调机制，加强对湿地保护工作的领导。旗县级以上人民政府林业、环境保护、农牧业、水利、国土资源、建设等行政主管部门，按照各自的职责，依法做好湿地保护工作。旗县级以上人民政府林业行政主管部门负责湿地保护的组织和协调工作。②

二、国外湿地保护监督管理体制

湿地或湿地生态系统涉及的自然要素类型多样、复杂，其自然要素不但具有很强的生态意义，而且多数具有极高的经济价值，因此世界各国在湿地保护与利用管理方面，涉及的行政管理部门和采用的行政管理体制也不尽相同。除少数国家湿地管理涉及的行政管理部门相对单一外，大多数国家采用的是多部门分工协作管理，并且还有部分国家采用成立“国家湿地委员会”的方式进行或辅助进行湿地管理。

（一）韩国湿地保护管理行政体制

韩国是世界上针对湿地保护进行专门立法的少数国家之一，由于韩国《湿地保护法》的保护对象只指“被淡水、盐水或咸水永久地或季节地淹没的区域”的土地与水域，并不直接涉及野生生物等其他自然要素，因此其湿地保护行政管理涉及的部门仅包括环境部，国土、交通与海洋事务部，以及都市圈、大都市、道、特别自治道等地方政府，并且其《湿地保护法》明确了两个部门及地方政府在湿地保护管理工作中的职能范围。

---

① 《湿地保护管理规定》第五条。

② 《内蒙古自治区湿地保护条例》第五条。

按照韩国《湿地保护法》的授权，环境部行政长官的职权范围涉及“监督管理全国湿地资源调查和制定湿地保护总体规划”“对内陆湿地保护区、湿地管理区及周边地区或湿地改善地区的指定及保护政策的制定和实施”等；国土、交通与海洋事务部行政长官负责“对海岸湿地保护区的指定及保护政策的制定与实施”，与环境部长官共同制订“湿地保护 5 年计划”，并与环境部长官协商，以 5 年计划为依据制订湿地保护基本计划；市、道知事具有与环境部长官、海洋水产部长官一样的职权，选择并指定湿地保护区、周边管理区和湿地改善区，以及协助环境部长官，国土、交通与海洋事务部长官进行上述区域选择和合作实施湿地保护政策的职责。

由此可见，韩国环保部门的事权范围包括统管湿地资源调查、制订湿地保护计划、指定内陆湿地保护地、制定并负责实施保护地保护制度；国土、海洋事务部门的事权范围包括指定海岸湿地保护地、制定并负责实施海岸湿地保护地保护制度；环保部门与国土、海洋部门的联合事权包括共同制订全国湿地保护 5 年计划及实施方案；地方环保部门与海洋事务部门承担本辖区内和国家环保部及国土、海洋部门事权类型相类似的职能。

（二）美国联邦及州湿地保护管理行政体制

美国的湿地保护监督管理包括联邦管理及州管理两级。

在联邦管理层面，美国联邦法律中的《清洁水法》在湿地保护方面所起的作用最为重要。按照《清洁水法》的规定，美国工程兵团在联邦湿地保护中承担着主要的政府行政管理责任；而环境保护局则在湿地环境标准的制定及环境影响评价的实施方面承担主要职能；鱼类及野生动植物管理局在湿地野生动物保护管理方面负主要责任；农业部在与湿地保护和利用有关的国家税收、补贴等政策的制定与实施管理方面承担主要工作。可见，美国联邦政府在湿地保护相关事务方面，实际上也涉及几个部门，不过这几个部门在湿地事务管理方面有相对比较明确的分工。

《北美湿地保护法》中明确规定，成立北美湿地保护理事会，并负责对涉及候鸟栖息地的项目的环评报告进行审批。该法规定，国家内政部负责对国内针对候鸟保护的湿地保护项目提供财力支持，并就项目实施情况进行汇报；同时，内政部负责与理事会共同制定并实施北美湿地保护及生物物种保护的政策，并对政策方案的执行实施监测与效果评价。该法还规定，美国鱼类及野生动植物管理局与相关的机构或个人，对保护、恢复和提升湿地生态系统以及辖域内的土地及水域上的候鸟、鱼类和野生动物，负有共同的保护管理责任。

美国《湿地资源储备法》在行政管理体制方面做了以下规定：内政部与环境署、商务部、农业部及各州州长负责协商制订国家湿地保护优先计划；内政部负责审查并定期修订国家湿地保护优先计划，发布国家湿地保护名录；内政部与农业部共同负责起草并向国会提交美国湿地现状及趋势报告。

在州管理层面，美国明尼苏达州在其《湿地保护法》中明确规定：州水土资源理事会是州政府涉及湿地相关的水土资源的行政主管部门，负责对州《湿地保护法》执行情况的监督；州内的市、县、镇政府对本地的水土资源负有直接管理权，州政府针对本州湿地资源做出决策时，需与当地市、县、镇政府进行协调；州自然资源部对在本州内影响沼泽泥炭湿地开展的矿产开发活动，享有行政审批的权限。

（三）英国及欧洲国家湿地保护管理行政体制

英国在与湿地相关事务行政管理机构的设置上，针对湿地国际事务的管理，成立了由英格兰、威尔士、苏格兰和北爱尔兰的自然保护机构成员及非政府组织成员构成的联合工作委员会；而针对湿地国内事务的管理，则明确由国家自然保护委员会承担管理职责，但涉及湿地水资源、渔业资源的保护管理问题，水资源管理部门、渔业管理部门同样具有相应的行政权力。此外，地方湿地行政管理部门的安排与联邦中央有所不同：在英格兰、威尔士，湿地管理行政职能由环保局承担；在北爱尔兰则由自然遗产局与环保局联合负责。

在欧洲其他国家，湿地保护行政管理体制大多采用多部门分工协作管理模式。捷克共和国的湿地管理主要由农业部负责，林业部门也承担重要湿地的管理任务，每个地区的地区级湿地管理体系隶属于环境部，环境部是执行国家湿地政策的主要政府机构；爱沙尼亚的湿地管理主要由农业部、环境部、水管理部负责，其中环境部负责《实施拉姆萨尔公约国家计划》的执行，农业部和水管理部负责制订湿地管理计划；丹麦的湿地管理由农业部、环境和能源部以及地区农村议会负责；芬兰的湿地管理由环境部、农业部、林业部、芬兰环境研究所、芬兰国家森林和公园处及13个地区环境机构共同协调负责；法国的湿地管理由农业部、渔业部、设备部及运输和房地产部主要负责，此外还涉及旅游部门和教育研究部门；瑞士对湿地管理负有责任的行政管理部门包括军事、旅游、水电和农业部门。

欧洲一些国家还成立了“国家湿地委员会”或类似机构，承担与湿地保护管理有关的工作。从组织形式上看，有些国家的“国家湿地委员会”由几个与湿地管理相关的行政管理部门组成；有些国家的“国家湿地委员会”则由政府行政管理部门、学术团体及非政府组织共同组成。从职能作用上看，“国家湿地委员会”涉及国家湿地政策的起草、地区间湿地政策的协调、湿地保护工作及湿地公约的组织实施、部门间和地区间湿地管理经验的交流、新注册湿地的论证或湿地存在问题的讨论等。[①]

（四）乌干达湿地保护管理行政体制

乌干达在其《国家环境（湿地、河岸和湖滨管理）条例》中就其湿地保护的行政管理体制做了如下安排：乌干达的湿地保护机构主要包括国家环境管理局、国家环境管理局理事会、执行主任、主管部门、区域环境委员会、地方环境委员会和生物多样性保护技术委员会等。国家或国际重要湿地的指定由国家环境管理局长官与主管部门及国家环境政策委员会共同协商确定；地区环境政策委员会或其执行主任负责推荐地方保护湿地名录，并通过地区议会宣布生效；地区主管部门与环境政策委员会执行主任负责协商制定本地所有的湿地名录，并共同负责每5年发布一次名录湿地的保护状况；同时，执行主任与主管部门负责每2年进行一次湿地保护状况的评估，并依据评估结论制定或调整相应的保护管理措施。地区环境政策委员会负责对所有涉及湿地资源的各项事务进行协商与实施监督；下级地方政府湿地管理相关部门负责湿地生态用水保障，监督管理湿地集水区内可能影响湿地水位的任何活动的开展，并负责对在湿地内开展取水、放牧、割草、园林绿化等活动的监督管理，以确保湿地的可持续利用。

---

① 朱建国，王曦，等．中国湿地保护立法研究［M］．北京：法律出版社，2004：115-116.

（五）国外湿地保护监督管理体制的启示

上述几个典型国家的湿地保护监督管理体制已经表明，湿地或湿地生态系统涉及的自然要素类型多样、复杂，必然要求多个部门共同从事湿地保护管理工作。如韩国涉及湿地保护行政管理的部门不仅包括环境部，国土、交通与海洋事务部，而且包括都市圈、大都市、道、特别自治道等地方政府，而且这些部门及地方政府在湿地保护管理工作中的职能范围与分工是非常明确的。

美国湿地保护监督管理分为联邦管理和州管理两级。在联邦管理层面，主要有美国工程兵团（承担政府行政管理责任）、联邦环境保护局（承担环境标准的制定与环境影响评价实施的责任）、鱼类及野生动植物管理局（承担野生动植物保护管理责任）和农业部（承担国家税收、补贴等政策的制定与实施的责任）四个管理部门。在州管理层面，主要包括州水土资源理事会（承担水土资源与法律执行监督的责任）、州自然资源部（享有矿产开发活动行政审批的权限）和州内的市、县、镇政府（享有水土资源管理权）等部门。美国虽然也是多头管理，但职责明确清晰，这是湿地保护管理的前提和基础。

英国在湿地相关事务行政管理机构设置上与韩、美不同，分为国际与国内两个层级。前者成立了一个混合型的联合工作委员会，后者则设立国家自然保护委员会，水资源管理部门和渔业管理部门也具有相应的行政权力。这种监管体制虽有点类似于我国，但略有差异，其优势在于对湿地保护管理工作的协调能力，劣势在于职责不是非常清晰明确。

乌干达的湿地保护机构主要包括国家环境管理局、国家环境管理局理事会、执行主任、主管部门、区域环境委员会、地方环境委员会和生物多样性保护技术委员会等机构。虽然部门较多，但法律对各部门的职责分别做出了明确的规定，这是值得我国学习的地方。

第四节 湿地保护的法律制度

鉴于中国湿地保护与管理现状、湿地资源的经济学和生态学意义，以及中国湿地保护的现有法律、法规，我们认为中国湿地管理专门立法中应当特别建构和完善以下法律制度。

一、湿地规划制度

湿地规划制度是指湿地主管行政机关，依照湿地资源和生态的特性、湿地存量和湿地经济意义以及社会经济、生态环境的发展要求，为限定湿地资源的利用方向和保护湿地生态环境，制定湿地利用和保护规划的一种制度。

我国现行法律中，已经存在有关湿地保护规划制度的规定。例如，《中华人民共和国水法》第二章以专章形式对水资源规划制度进行了规定。"开发、利用、节约、保护水资源和防治水害，应当按照流域、区域统一制定规划。规划分为流域规划和区域规划。流域规划包括流域综合规划和流域专业规划；区域规划包括区域综合规划和区域专业规划。前款所称综合规划，是指根据经济社会发展需要和水资源开发利用现状编制的开发、利用、节约、保护水资源和防治水害的总体部署。前款所称专业规划，是指防洪、治涝、灌溉、航运、供水、水力发电、竹木放流、渔业、水资源保护、水土保持、防沙治沙、节约用水等规划。"

《广东省湿地保护条例》规定，"省人民政府应当制定全省湿地保护规划，并纳入全省国民经济和社会发展规划。县级以上人民政府应当根据全省湿地保护规划，制定本地区湿地保护规划，纳入当地国民经济和社会发展规划，并向社会公布。湿地保护规划的编制和修订应当与土地利用总体规划、环境保护规划、海洋功能区划相衔接，确保湿地资源能够得到有效的保护和恢复；做到水资源利用与湿地保护紧密结合，充分兼顾湿地保护等生态用水的需要"。①

由此可知，湿地规划制度已经成为我国湿地保护制度的重要部分，在规划编制过程中，除应以湿地保护为目的外，还应考虑到湿地保护同经济和社会发展的协调性，同土地利用、水资源利用等规划相衔接，才能保证湿地规划的科学性与可行性。

---

① 《广东省湿地保护条例》第六条。

湿地规划制度是从制度上规范与预防湿地被非法占用、征用或改变用途的重要法律保障。科学完整的湿地规划是整合社会资源，有效实施湿地保护的指南，是湿地行政主管部门管理与保护湿地，预防企业、组织或个人非法从事各种占用、征用或改变湿地用途活动的可靠依据。

二、湿地开发利用许可证制度

湿地开发利用许可证制度是建立在湿地用途管制和项目环境影响评价基础上的，按照法定程序和法律规定的许可情节，由涉及湿地开发利用的建设单位向项目所在地湿地行政主管部门提出项目申请，经过湿地行政主管部门对项目申请报告及附具的环境影响评价报告的审查、核准，由湿地行政主管部门向项目建设单位批发准予项目许可证明文件的制度。许可证制度不仅涉及是否对申请的项目类型准予许可的问题，而且还涉及项目计划开发的湿地规模、类型以及开发利用方向与方式是否准予许可，以及项目设计中提出的湿地保护和恢复建设措施是否准予许可的问题。湿地开发许可证制度包括两方面内容：一是明确规定准予许可的情节和条件，即在什么情况下、符合什么前提条件的项目，才有资格提出申请并可能获得许可；二是明确规定项目许可的申请、审查、审批程序，即申请者需要提交的申请材料内容，有权受理申请及进行审查、审批的行政主管部门，行政主管部门对项目申请的审查、批复及许可证的发放，项目许可证的发放与使用管理等。由此可见，湿地开发利用许可制度是在湿地用途管制和环境影响评价前提下，对任何针对湿地或对湿地可能造成不利影响的建设、开发、利用项目，由湿地行政管理部门，按照特定的法律程序，对项目申请进行许可审批的强制管理制度。

三、湿地自然保护区制度

湿地自然保护区是指对于有代表性的典型湿地、生态系统特别脆弱的湿地、珍稀濒危野生动植物物种天然集中的湿地及其他具有特殊意义的湿地，依法划定出一定的面积予以特殊保护和管理的区域。

我国已有多部法律涉及湿地自然保护区，如《中华人民共和国环境保护法》《中华人民共和国森林法》《中华人民共和国野生动物保护法》《中华人民共和国自然保护区条例》等，其中《中华人民共和国自然保护区条例》是关于湿地自然保护区的基本法，其中第十条（三）规定，具有特殊保护价值的海域、海岸、岛屿、湿地、内陆水域、森林、草原和荒漠应当建立自然保护区。

此外，划定湿地自然保护区也同样是《湿地公约》的规定，“缔约国应设置湿地自然保护区，无论该湿地是否已列入名册，以促进湿地和水禽的养护，并应对其进行充分的监护。”

划建湿地自然保护区是世界各国加强湿地保护的通行做法，其基本特征是以封闭式、强制性保护管理为主，因此该制度是最行之有效的、能为湿地提供全面保护的制度。我国已有45%以上的自然湿地被纳入自然保护区体系予以保护。划建自然保护区是自然湿地的主要保护方式。在生态脆弱地区，具有湿地生态系统典型特点的地区，以及湿地功能价值丰富的地区建立湿地自然保护区，明确保护区的边界和管理范围，依法实施严格的湿地用途管制制度，能够有效地防止湿地生态功能和自然环境退化并保护湿地。

湿地自然保护区制度的设定从侧面对占用湿地的行为进行了限制，即什么样的湿地“不能占”。对于被依法划入自然保护区的湿地，应严格禁止对其开发利用。

四、湿地调查制度

湿地调查制度是指为全面掌握湿地的面积和质量，对相关湿地进行清查、评估和监测。其中，清查是指系统、全面地收集或整理湿地保护管理需要的核心信息，包括湿地评估和监测活动需要的基础数据；评估是指利用监测获取的具体信息，评估湿地健康状况和受威胁程度；监测是指为湿地保护管理收集资料、论证假设、实施管理。湿地调查的内容应至少包括对湿地生态环境、受污染情况、受影响地域范围以及湿地周边土地利用情况等进行定期调查。

《中华人民共和国环境保护法》规定，“国家加强对大气、水、土壤等的保护，建立和完善相应的调查、监测、评估和修复制度”。① 《中华人民

① 《中华人民共和国环境保护法》第三十二条。

共和国水土保持法》规定，县级以上人民政府水行政主管部门应当加强水土保持监测工作。[1]《黑龙江省湿地保护条例》规定，“省林业行政主管部门应当会同有关部门，定期开展全省湿地资源调查、监测和评估工作，建立湿地资源档案，实现湿地资源档案的年度更新，并编制年度湿地监测和评估报告，报省人民政府批准后公布”。[2]

湿地是由土地、土壤、地表水、地下水、植物、动物、微生物乃至大气、矿物质等多种自然要素有机结合形成的自然综合体或自然生态系统，湿地生态系统质量状况与单个自然要素数量、质量状况以及相互间的组合情况具有密切的关系，湿地构成要素中任何一个要素一旦出现质量恶化或者数量变化超过一定限度，都有可能导致湿地生态系统功能的突变或者崩溃，以致给整个自然环境、人类生存环境和人类经济社会发展造成巨大的障碍或者损害。因此，通过对湿地资源及其生态系统进行定期调查，及时掌握湿地生态系统及其构成要素的质量、数量变化情况，对于及时有效地制订或调整湿地保护管理计划，采取湿地保护或者补救、重建措施，有效持久地保护与发挥湿地生态、经济、社会功能，无疑具有非常重要的意义。

对湿地进行调查，掌握湿地的总体情况，了解被占用湿地的质量状况，可为湿地补偿提供标准。

五、湿地生态保护红线制度

生态保护红线制度是我国环境保护重要的创新制度。湿地生态保护红线制度是指在湿地自然生态服务功能、环境质量安全、自然资源利用等方面，要实行严格保护湿地的空间边界与管理限值，以维持经济社会可持续发展，保障人民群众健康的制度。

湿地生态保护红线制度是环境风险预防原则的体现、环境保护优先原则的贯彻、环境可持续发展理念的实践。

生态保护红线制度被确立为我国环境保护领域的一项法律制度始于

---

① 《中华人民共和国水土保持法》第四十条。

② 《黑龙江省湿地保护条例》第四十七条。

2014年新修订的《中华人民共和国环境保护法》。[1] 2013年国家林草局在《推进生态文明建设规划纲要》中明确了湿地生态保护红线的具体值，其中规定到2020年我国全国湿地面积不少于8亿亩，并用一项专门的规定强调了严格守住生态红线的重要性。

湿地生态保护红线制度是湿地利用的底线，能够有效地限制湿地的开发和利用活动。为了经济的发展，相关部门不能对人类活动有太多的限制，但如果限制太少，人类就会肆无忌惮地向环境索要资源，造成生态环境严重恶化。因此，实施差异化管理，保持住生态保护底线是最基本的要求。

湿地生态保护红线制度在湿地占补平衡法律制度中，属于对占用底线方面的规定。其通过对应保有的湿地总面积进行划定，防止过度占用湿地，使湿地利用超过湿地生态系统的承载力，导致湿地生态功能退化。

六、湿地环境影响评价制度

湿地环境影响评价制度是指对湿地规划和建设项目实施后可能造成的环境影响进行分析、预测和评估，提出预防或者减轻不良环境影响的对策和措施，并进行跟踪监测的方法与制度。为了更好地实现我国湿地资源的可持续发展及合理利用，推行湿地环境影响评价制度是必不可少的环节。从湿地保护的角度来看，该制度属于预防性的制度安排。

几乎所有在湿地范围内或周围地区实施的土地、水或生物资源开发利用项目，都会在不同程度上对湿地资源的数量或质量造成不利的影响。比如，湿地土地开垦、修路、筑坝、挖渠、放牧、割草等开发利用活动会导致湿地的土壤结构、水文特征、植被特征发生变化；工业或农业生产、城市或乡村居民生活向自然水体排放废水、污水会引起湿地水环境质量恶化；矿山、建筑向天然湿地堆放废弃矿渣、建筑垃圾等会大量占用湿地土地并造成湿地土壤和水环境污染。与此同时，湿地土壤环境、水环境、生物环境的恶化，对当地生物多样性以及湿地的生态功能和经济功能等也会造成十分不良的影响，进而影响到湿地的生态、经济、社会整体功能的可持续发挥。因此，计划在湿地范围或周围可能对湿地产生影响的范围内实

① 国家在重点生态功能区、生态环境敏感区和脆弱区等区域划定生态保护红线，实行严格保护。

施的，并符合用途管制的湿地开发利用项目，都必须按照《中华人民共和国环境影响评价法》进行项目环境影响评价。虽然环境影响评价并非湿地保护与管理立法中设定的专有法律制度，但对于湿地开发利用许可制度的有效实施是一项保障制度。

环境影响评价为湿地的开发利用许可提供了湿地开发利用项目环境资源承载能力许可的依据。所有涉及湿地开发利用的项目，项目建设单位都必须就项目本身对项目地所及湿地可能造成的影响进行环境影响评价，并就影响提出切实可行的补救对策。项目审查或审批单位，在对项目所及湿地的开发利用进行许可审查或审批时，必须以项目环境影响评价结论及对策为依据。凡是没有提交环境影响评价报告的，或者评价结论不利于湿地保护却又没有提出补救对策的，或者补救对策不能完全消除项目对湿地可能造成的不利影响的项目申请，项目审查单位不得通过审查，审批单位不得予以许可批准。

《中华人民共和国环境影响评价法》对环境影响评价的主体、对象、内容、程序和法律责任等进行了规定。此外，《山东省湿地保护管理办法》也规定了“建设项目可能对湿地生态系统产生影响的，其环境影响评价文件中应当含有湿地保护和防治湿地污染的内容”。

凡是依法获准在湿地区域，特别是划定的湿地保护区域，包括湿地自然保护区、重要湿地、湿地公园等区域内，从事各类有可能对湿地自然状态、环境质量以及景观特征等造成不利影响的生产、建设或取水、排污等活动，其行为当事人应当在活动开始之前或者活动计划实施阶段，事先针对活动对所在区域的湿地可能造成的不良影响，制定出可避免或最大限度减少不良影响的预防方案，以及一旦影响发生的补救方案，以此最大限度地保障受保护湿地免受人为活动的干扰与破坏。

湿地环境影响评价制度规定在占用湿地过程中，占用方应提出各类可行方案，最大限度地减少占用活动对湿地造成的破坏。

七、湿地用途管制制度

湿地用途管制主要是指通过立法形式（包括制定规划），将不同类型的天然湿地和受保护的人工湿地，按照国民经济和生态环境可持续发展的要求，明确规定利用方向和利用形式，并对其用途进行严格管制。在未经湿地行政主管部门依法批准的前提下，任何单位、个人或政府部门，即使对该湿地拥有使用权或管理权，也不得随意改变其用途。

湿地用途管制是建立与实施湿地开发利用许可制度的根本性前提，所有可以获得许可的对湿地的开发利用，都必须服从于预先依法确定的湿地用途管制方案；换言之，所有超越湿地用途管制限定范围的湿地开发利用，都在许可范围之外。

湿地用途管制就是使对湿地开发利用活动的限制与管理法律化、制度化。湿地用途管制，可以最大限度地减少因土地、水和生物等资源不合理利用可能导致的湿地损失。

八、退耕还湿制度

退耕还湿制度，顾名思义，就是指为切实保护湿地，保证现有湿地不再退化，恢复受损湿地，将现有农田中易造成水土流失或水土流失严重的耕地、低产耕地以及具有重要生态价值的耕地，有计划、分步骤地停止耕种，退出粮食生产，依照一定规则，逐步恢复为湿地的一项制度措施。

我国已于2014年率先在黑龙江、吉林、辽宁、内蒙古四个省区开展退耕还湿制度试点。国务院办公厅印发的《关于健全生态保护补偿机制的意见》明确要求，到2020年，实现湿地等重点领域和禁止开发区域、重点生态功能区等重要区域生态保护补偿全覆盖，基本建立符合我国国情的生态保护补偿制度体系。该意见还专门针对湿地规定了稳步推进退耕还湿试点，适时扩大试点范围；探索建立湿地生态效益补偿制度，率先在国家级湿地自然保护区、国际重要湿地、国家重要湿地开展补偿试点。此外，国务院印发的《湿地保护修复制度方案》中，重点提出为加强湿地面积管理，地方各级政府应对湿地侵占情况认真排查，通过退耕还湿、退养还滩、排水退化湿地恢复和盐碱化土地复湿等措施，恢复原有湿地。

退耕还湿制度是湿地占补平衡法律制度中有关“补偿”湿地的制度。我国因长时间土地开发或利用不合理，有大量的湿地被转为耕地，湿地面积严重萎缩。自退耕还湿政策实施以来，许多湿地得到了恢复。

九、湿地生态用水保障制度

水不但是湿地资源的组成部分，而且是湿地赖以存在及湿地生物赖以生存的关键要素，显然没有水的存在，也就没有湿地和湿地生物及湿地生态系统的存在。因此，保障湿地水量供给和水质良好，是湿地保护立法的一项重要内容。通过立法的形式，建立湿地生态用水保障制度，对湿地及其生态系统进行保护是一项最基本的保障制度。由于绝大部分湿地与流域相连，湿地也成为流域多余水量的容器和补充流域水量的水源地。随着工业、农业、城市经济的快速发展，以及干旱气候的不断加剧，水资源短缺已经成为区域经济可持续发展的制约因素。生产与生活、工业与农业、经济与生态之间的用水之争也愈演愈烈，大面积湿地不能及时得到水量补充，造成湿地持续性水量减少、水面缩小，并向陆地化方向演化，湿地功能严重退化。因此，给予能够维持天然湿地生态系统平衡以及野生动植物生存的基本水量，同时明确在湿地生态用水保障制度实施当中，各利益群体的法律关系、法律责任以及各自应当承担的义务和享有的权利，并使这些关系的处理能够通过法律渠道得到规范化调节，为当务之急。湿地生态用水补充的典型案例有黑龙江省扎龙国家级自然保护区补水案例。20 世纪 90 年代末至 21 世纪初，扎龙自然保护区由于连年干旱，上游工农业生产用水增加，2001 年秋季大火致使保护区 21 万公顷土地范围内常年有水面积不足 1. 3 万公顷。湿地范围的缩小，不但直接影响到受保护野生动物的生存环境，而且致使保护区湿地严重退化。为了保证扎龙保护区湿地资源的可持续性，水利部、松辽委临时决定向扎龙湿地补水，并于 2001 年 7 月至 2003 年，由嫩江向扎龙湿地补水共达 300 万立方米。在扎龙湿地水资源危机得以缓解的同时，也出现了“生态补水谁来买单”的热点话题。

在湿地生态用水保障问题上，存在四个方面的问题需通过立法方式予以规范：一是流域内如何分配生态用水；二是如何保障生态补水渠道畅通；三是由谁承担生态补水费用；四是如何融集和管理生态补水经费。由于流域内工农业生产和城乡居民生活用水的大量增加，以及不合理利用与湿地生态用水之间存在的矛盾日益尖锐，同时由于地方政府或水资源管理部门在协调用水分配方面，往往更偏重于经济发展和居民生活，所以对于生态用水考虑不周，甚至在水资源利用规划当中，忽略对湿地生态用水的考虑，致使在实际工作中，湿地生态用水分配得不到保障。因此，在湿地保护立法中设计湿地生态用水保障制度时，首先应当考虑建立与完善流域内水资源利用规划制度，明确在制定流域水资源利用分配方案时，必须按照流域总水量情况、流域内工农业生产、居民生活用水需求和发展趋势，以及生态用水需水量和发展趋势，按比例进行用水分配，并同时制定在水资源出现特殊或紧急情况时的应急分配方案。流域水资源利用规划制度是湿地生态补水渠道畅通的基本保障。在生态用水水费承担方面，应当考虑建立国家或政府保障机制，由于湿地生态环境质量属于社会公共物品，因此改善和保障湿地生态环境质量，确保其功能和价值的可持续发挥，属于应当由政府首先承担的责任和义务。因此，在设计生态用水保障制度时，应当将生态用水水费支出纳入各级政府的年度财政预算，以此保障湿地生态用水费用来源的渠道畅通。

十、有偿使用和占用补偿制度

从资源角度讲，湿地是由土地、水、生物共同组成并且相互作用的资源综合体；从环境角度看，湿地是由土地、水、生物共同构成并相互关联的生态系统。湿地无论归国家所有还是归集体所有，其所具有的可用价值既包括生态价值又包括经济价值、社会价值，与土地、水体等资源一样，对于人类社会的发展而言，都属于有价资源。

然而，以往在湿地管理者或使用者的认识中，沼泽、河滩、海涂、水塘等天然湿地，是可以随意处置的、没有价值或价值低廉的荒地、荒水或废地，从而导致长时期内使用者对湿地资源的盲目开垦、无序利用。虽然上述利用为利用者提供了大量的土地和物质产品，但也导致了湿地的功能被大范围破坏和价值丧失，并且由于以往湿地管理者对湿地开发一直持有鼓励态度或提供优惠政策，湿地使用者在获得湿地使用权或收益权时，并不需要按照湿地资源的时价向资源所有者支付使用费用，以至于当湿地因过度利用而受到破坏时，管理者没有支取湿地恢复建设费用的正常渠道。

鉴于上述情况，中国湿地保护专门立法应当考虑引入湿地资源有偿使用和占用补偿的制度，通过对湿地价值进行重新审视，将湿地的经济价值、生态价值和社会价值统一纳入同一价值核算体系之中，从而使因追求经济效益或社会效益而发生的湿地使用或占用，能够按照价值规律使湿地所有权人或者管理权人获得可重新用作湿地保护与恢复建设投资的经济收益。

湿地资源有偿使用和占用补偿制度包括资源有偿使用、湿地占用补偿和湿地权益人利益损失补偿三个方面。

（一）有偿使用

湿地有偿使用的出发点是：包括沼泽、滩涂等在内的湿地，无论是否已被开发利用，无论是否已为人类提供了经济利益，它都属于有价资源，这种资源的价值也许是显现的价值，如可直接为人类提供经济利益；也许是潜在的价值，如作为后备资源的潜在经济价值或生态价值等。从这点可见，凡依法获得湿地使用权、收益权的当事人，或者依法通过使用湿地获得利益的当事人，都必须按照国家有关规定，向湿地所有权人支付资源使用费。湿地使用权的获得途径包括法律直接规定、划拨、出让、承包、租赁、股份吸收等。

湿地有偿使用可通过收取土地使用费、渔业捕捞费、养殖水面使用费、野生植物资源采集费、旅游资源使用费、水资源使用费等方式实现。

（二）占用补偿

湿地除了被直接开发利用外，还有一种利用方式是对湿地土地资源的临时性占用。虽然占用行为可能是临时的，但也可能导致被占用湿地生态环境的严重改变。因此，对于湿地占用行为，湿地的所有权人应当按照被占用湿地原有可获得的收益价值；或者按照被占用湿地所具有的生态价值折算得到湿地占用的补偿费用，并将此补偿费用于临时占用结束后的湿地恢复建设；或者利用湿地占用费用的累积，另外择地开辟新的湿地，以弥补因占用导致的湿地的永久消失。

建立湿地有偿使用和占用补偿制度还需要明确湿地使用收费和占用补偿收费的原则与标准，明确已经上升到法律层面的收费依据。

湿地有偿使用和占用补偿对于合理利用和保护湿地具有两方面益处：一是收取湿地使用费和占用费，可以科学合理地提高湿地使用成本，有助于对湿地过度利用行为进行限制；二是通过使用、占用收费以及对费用使用的管理，为湿地保护和恢复建设提供资金来源和筹集资金。

（三）权益人利益损失补偿制度

虽然按照国家法律规定，湿地资源所有权属于国家或集体所有，但湿地资源的实际使用权人和收益权人却包括政府、集体和公民。对于拥有湿地使用权和收益权的集体或个人而言，湿地资源是其获得经济收益并赖以生存的物质基础。现实生活中，在一些具体事务上，全社会的公共利益与部分集体或个人的利益，往往存在一些不协调甚至矛盾冲突。国家为了维护社会公共利益，可能不得不损失一部分集体或个人的私利。原则上说，作为社会成员一分子的单位或个人，对于维护社会公共利益均承担有一定的法定义务，但同时也享有要求社会保障自身利益的权利。在此情况下，如果国家或政府为维护或发展社会公共利益而不得不以损害部分集体或个人的利益为代价时，国家或政府就有义务对受到损失的当事集体或个人，就其损失程度予以适当的利益补偿。此外，因国家维护或发展公共利益而从中受益的单位或个人，也有义务对因此蒙受经济损失的单位或个人承担适当的利益补偿义务。

关于权益人利益损失补偿制度，中国现行法律、法规中已经做出了一些规定，比如《中华人民共和国土地管理法》《中华人民共和国矿产资源法》《中华人民共和国水法》《中华人民共和国草原法》《中华人民共和国渔业法》《中华人民共和国野生动物保护法》《中华人民共和国防洪法》等法律中对此都有相关的规定，但是由于国家没有出台湿地保护专门法律，因此在处理涉及湿地资源的损益补偿方面的问题时，只能参照上述法律中的相关规定。自 1998 年我国长江流域嫩江流域大水之后，政府正式推出“退耕还湖、还湿”的政策，同时对湿地保护区的重视程度也在不断提高。因湿地保护出现的湿地资源使用权人利益损失的补偿问题，成为社会关注的焦点。然而，解决此问题直接依赖的不是国家法律而是政府政策。法律制度的不健全，自然不利于政府政策的实施以及对当事人合法权益的维护。因此，政府部门应当将权益人利益损失补偿制度作为我国湿地保护立法中一项重要制度予以专门的规定。

湿地权益人利益损失补偿包括两个方面内容：资源征用、占用补偿和湿地生态效益补偿。

1. 资源征用、占用补偿

资源征用、占用补偿主要是指湿地资源使用权人或收益权人所使用或可从中获得收益的湿地资源，如土地、水面等，被政府因发展经济建设或进行自然保护区建设而依法征用、占用时，权益人有权就造成的直接经济损失，向政府或者建设单位提出利益补偿的申请；政府也有义务对受损失的当事人，根据损失情况予以等量的利益补偿。比如，征用、占用耕地造成的农民农作物收成的损失或对耕地的破坏；征用、占用渔业水面造成渔民水产养殖收入的下降或渔业水面的缩小或消失；征用、占用草原造成牧民牧业收入损失或草原生产力下降；等等。

对于湿地资源征用、占用可能涉及的土地、水体、草原等资源，现行法律当中已有较多相关规定，在湿地保护立法中建立此项制度的目的在于，使该项制度对湿地征用、占用问题的解决方案更具有针对性和可操作性。

2. 湿地生态效益补偿

在我国现行法律、法规中，生态效益补偿制度还是一个相对薄弱的环节，特别是在湿地生态效益补偿方面，虽然国家政策有涉及此类问题，但法律制度上还属于空白。

所谓湿地生态效益补偿，是指以下两种情况：一种是当长期依赖湿地或湿地周围土地，或各类湿地生物生存的单位或个人，在因国家为维护全社会公共利益而实施湿地生态环境恢复建设，使其原有生存方式被迫改变或经济收益受到损失时，例如国家规划的蓄滞洪区内的退耕还湖、移民并镇，自然保护区生态功能区内退耕退渔、还草还湿、移民拆迁等，受影响的单位和个人为此应当得到的利益补偿。另一种是单位或个人自发对属于社会公共财物的湿地进行生态环境的保护、改善或恢复建设，在实施上述行为时，因人力、经费、物资时间投入而使自身经济利益受到损失时，应当得到利益补偿。对于前一种情况，由于生态效益的直接受益人除了政府以及其他相关区域的单位和个人外，也包括因恢复建设受到利益损失的当事人。因此，这部分当事人对湿地生态环境恢复建设也承担有相应的义务。从这个基点出发，原则上当事人得到的补偿将不再是与经济损失数额对等的全部，而应当是扣除自身所应承担义务后的部分。但考虑到这部分当事人在此具体政府行为中，已经处于弱势地位，因此在制定具体补偿方案的法律规定时，应当考虑对其利益予以适当倾斜。

对于后一种情况，由于自发投入进行湿地生态环境保护和恢复建设的当事人，主动承担了政府或社会在此方面所应承担的责任或义务，因此认为这部分当事人所受到的经济损失应当得到政府和社会的等量补偿，以表示社会公正和政府对此种行为的鼓励。理由是这部分人所实施的湿地生态环境保护行为已经超出了其对社会所应承担的法定义务。

3. 生态补偿制度设计

基于上述讨论，在设计湿地生态效益补偿制度时，应当从三个层次考虑：第一，从提供补偿的主体层次考虑。由于国家或地方政府、企事业单位和社会团体、公民个人，都属于生态环境恢复建设中产生的生态效益产品的受益主体，所以也相应地具有对因提供生态效益服务而受到经济损失的当事者承担补偿的义务。因此，生态补偿主体自然应当包括各级政府、社会团体、企事业单位和公民个人，即生态补偿包括政府补偿、社会补偿和公民个人补偿三种形式。

第二，从提供补偿的区域层次考虑。由于湿地生态恢复建设所提供的生态效益，不仅服务于实施生态恢复建设的湿地所在地区，也服务于与之相邻的周边地区，如周围的城市、乡村，或者流域的下游地区等，因此提供补偿的主体不仅局限于湿地所在地区的政府、社会团体和公民个人，也涉及其他受益地区的政府、社会团体和公民个人，甚至在生态环境意义重大的地区，其受益者还涉及中央政府。因此，从区域层次看，湿地生态补偿又可分为中央补偿、区内补偿和区际补偿三种形式。

第三，从提供补偿的形式层次考虑，湿地生态补偿应当包括政策补偿、资金补偿、技术补偿、设备补偿、教育补偿等多种形式，其中政策补偿包括政府贷款、税收优惠和建设项目倾斜等。资金补偿包括中央政府、地方政府、社会团体、企事业单位和公民个人以投资、捐款和纳税的方式履行对受损失地区的补偿义务。技术补偿包括中央和地方政府以及受益地区技术部门或单位，以为受损失地区当事人提供各类生产技术的方式来履行补偿义务。设备补偿包括各级政府以及受益地区，以为受损失地区当事人提供生产所需机械设备材料的方式来履行补偿义务。教育补偿包括受益地区政府组织教育培训部门和单位，以为受损失地区提供人才培养服务的方式履行补偿义务。

十一、湿地保护资金多元化制度

中国的湿地保护属于依靠政府投入的单一形式的保护。无论是在湿地自然保护区组织、建设、管理方面，还是在湿地自然保护资金、设备、器材投入方面，相关部门很少从其他社会渠道吸纳有价值的成分。这对政府来说，无形中加大了其在湿地自然保护方面的负担，并不利于促进社会民众环保意识的增强和调动社会各界力量投身湿地自然保护。这种状况存在与持续的关键原因在于，中国现行自然保护法律制度中，还没有为来自社会的其他力量投身自然保护提供畅通的法律渠道。因此，在中国湿地保护立法中，应当对多元化湿地保护形式的合法性和可操作性，制定专门的法律规定。湿地保护形式多元化制度，主要包括两方面内容：一是湿地保护资金渠道多元化；二是湿地保护组织形式多元化。

资金渠道的多元化是指湿地保护费用不再仅仅由政府承担，费用来源还应包括企事业单位、社会团体、公民个人、国外或国际的政府或非政府机构的捐款等。政府投入部分包括政府对企业或个人的税收、湿地资源有偿使用收费、湿地占用或损害补偿收费等。所有渠道汇集的经费，均由政府统一管理并被用于湿地保护事业之中。在设计保护资金渠道多元化制度的同时，还应明确设立湿地保护基金及其管理制度，为社会提供通畅的湿地保护融资渠道，吸纳并有效地使用社会融资。组织形式的多元化是指除由政府统一设定保护区管理机构的单一组织管理形式外，还提倡企事业单位、社会团体甚至公民个人，通过合法渠道，采取土地承包、长期租赁等方式，取得对湿地的长期使用权及管理权，按照国家法律、法规，在不改变湿地原有用途和不对湿地功能造成破坏的前提下，独立地从事湿地保护建设、管理工作，并从中获取收益的湿地保护形式。这种多元化保护模式，已在欧美国家被广泛采用，而在中国对自然资源特别是国有自然资源的保护，从法律制度上，仍然是政府的职责和义务。尽管近年来不断有企事业单位或公民个人积极投身到自然保护事业当中，并且已陆续有人向国家或地方政府湿地管理部门提出个人投资承包保护和管理湿地的申请，但由于没有国家法律、法规对其行为予以规范和对其利益予以保障，使得该项事业的进展不尽顺畅。湿地专门立法中引入湿地多元化保护机制，将有助于鼓励并规范社会力量投资进行湿地保护。

第四章

内蒙古大兴安岭重点国有林区湿地保护条例

第一节 内蒙古大兴安岭重点国有林区湿地概况

一、内蒙古大兴安岭重点国有林区湿地资源概况

内蒙古大兴安岭重点国有林区（以下简称“重点国有林区”）位于我国东北部，其西北与俄罗斯接壤，东北与黑龙江毗邻，主体生态功能区总面积为10.67万平方千米，地域辽阔、资源丰富、物种繁多，既是松嫩平原和呼伦贝尔草原的天然屏障和天然分界线，又是嫩江和额尔古纳河水系的重要发源地。林区具有我国独有的原生性寒温带针叶林森林生态系统和多种过渡的生态类型，森林生态系统与湿地生态系统相互依存、相互作用，是重要的野生物种栖息地。截至2016年末，内蒙古大兴安岭重点国有林管理局管理的林区湿地总面积为17734平方千米，占管理局总经营面积的16.61%。

二、内蒙古大兴安岭重点国有林区湿地类型与保护形式

（一）重点国有林区湿地类型

重点国有林区湿地类型主要有以下四种：河流湿地358平方千米、湖泊湿地22平方千米、沼泽湿地11654平方千米、人工湿地1平方千米。

（二）重点国有林区湿地保护形式

重点国有林区湿地保护主要采取自然保护区、湿地公园和森林公园三种形式。重点国有林区基本形成了以自然保护区、湿地公园为主，森林公园为辅，保护级别相对均衡，保护结构和分布相对合理的湿地保护网络。

1. 湿地自然保护区

重点国有林区共有湿地自然保护区 8 处，总面积为 12302.15 平方千米，占林区管理局总经营面积的 11.52%。国家级自然保护区 3 处，总面积为 2884.79 平方千米，分别为汉马、额尔古纳河、毕拉河国家级自然保护区；自治区级自然保护区 1 处，总面积为 643.86 平方千米，为满归阿鲁自然保护区；省级自然保护区 4 处，总面积为 8773.50 平方千米，分别为阿尔山、兴安里、奎勒河和乌玛自然保护区。

2. 湿地公园

重点国有林区共有湿地公园 11 处，总面积为 1210.71 平方千米，占林区管理局总经营面积的 1.13%。其中，根河源国家湿地公园已经通过国家验收并正式挂牌运营，其他 10 处尚处于试点建设阶段。

3. 森林公园

重点国有林区共有森林公园 9 处，总面积为 4221.18 平方千米，占林区管理局总经营面积的 3.95%。

第二节　内蒙古大兴安岭重点国有林区湿地保护存在的问题

一、法治体系不完善

重点国有林区还没有一部关于湿地保护与合理利用的专门法规或专门管理制度，存在无法可依的情况。在执法方面，存在执法人员没有湿地保护管理所必需的执法权限，缺少必要的技术装备以及交通、通信等设施，影响了正常的执法工作。

二、湿地管理体制、机制不完善

重点国有林区仍然处在体制机制改革的转型期，与湿地保护管理相关的机构、人员以及保护管理责任都没有具体、明确的规范。

重点国有林区管理者因在湿地保护、利用和管理方面的目标不同、利益不同，各自为政、各行其是，影响了湿地的科学管理。

三、湿地保护管理亟待加强

重点国有林区湿地管理还很薄弱，管理水平不高，设备、资金缺乏，影响了湿地自然保护管理工作的开展。

四、监测体系不完善

湿地监测的主要任务是查清湿地的生态现状，建立湿地监测网络，以便全面、及时、准确地掌握湿地的动态变化，定期提供动态监测数据与监测报告，分析变化的原因，为湿地的保护与管理提供科学决策依据，对评估湿地生态保护成效，提出保护与合理利用的对策与建议，推进生态文明建设具有重要的现实意义。重点国有林区比较缺乏湿地生态变化、生物多样性变化的监测数据。对重点国有林区的监测主要依靠监测站、点的方式进行，监测工作采用调查、采样、拍摄照片、记录的方式，未形成统一的监测体系，数据和样本保存方面存在不足。

五、湿地环境影响的评价制度不健全

重点国有林区尚未对湿地做出有效的环境影响评价，即使有的地方对湿地环境影响进行了评价，由于缺乏科学统一的湿地评价体系和指标体系，也未能达到评价的目的。

六、基础研究薄弱，人才缺乏，技术水平落后

重点国有林区湿地保护的基础研究还非常薄弱，特别是对湿地的结构、功能、演替规律、价值和作用等方面缺乏系统、深入的研究，这制约了湿地保护与管理工作的推进。

七、资金投入严重不足

重点国有林区湿地保护与管理资金投入严重不足是湿地保护与管理工作面临的主要问题。湿地自然保护区、湿地公园和湿地森林的示范建设、湿地监测、湿地研究、人员培训、执法手段与队伍建设等都缺乏专门的资金支持。由于资金短缺，许多湿地保护项目和行动难以实施，已建立的湿地自然保护区不能发挥其正常的保护功能，必要的湿地基础研究难以进行。

八、湿地保护宣传教育滞后

湿地保护是一项新兴事业，重点国有林区湿地保护意识不强，对湿地的价值和重要性认识不足。湿地保护与管理的宣传、教育工作滞后于湿地保护形势的要求，宣传教育工作的广度、力度、深度都不够。

第三节　内蒙古大兴安岭重点国有林区湿地保护立法的必要性

一、重点国有林区湿地保护立法具有重大意义

湿地与森林、海洋一起被称为全球三大自然生态系统，是“地球之肾”，具有保持水土、净化水质、蓄洪防旱、调节气候和维护生物多样性等重要生态功能，对维护地球的生态平衡具有十分重要的作用。健康的“湿地”生态系统不仅是国家生态安全和建设美丽中国的重要组成部分，而且是经济社会可持续发展的重要基础，对于维护生态平衡、改善生态状况、减缓气候变暖、实现经济社会可持续发展，具有十分重要的意义。

重点国有林区湿地具有生态区位重要、生态功能突出、类型复杂多样、生物多样性丰富、生态景观壮丽、生态系统脆弱等特点。重点国有林区湿地保护工作虽取得了一定成效，但仍面临许多困难，如保护意识不强，法治体系不完善，湿地管理体制、机制不完善，监测体系不完善，资金投入严重不足，湿地执法薄弱等问题亟待解决。加大湿地保护力度，妥善解决湿地保护与利用中的问题，尽快制定一部符合重点国有林区实际的湿地保护地方性法规是非常必要的，这也是贯彻落实党的十八大提出的加强生态文明建设的具体体现和重要举措。

二、重点国有林区湿地保护立法是生态文明建设的重要举措

加快推进生态文明建设是加快转变经济发展方式、提高发展质量和效益的内在要求，是坚持以人为本、促进社会和谐的必然选择，是积极应对气候变化、维护全球生态安全的重大举措。

重点国有林区要充分认识到加快推进生态文明建设的重要性和紧迫

性，切实增强责任感和使命感，牢固树立尊重自然、顺应自然、保护自然的理念，坚持“绿水青山就是金山银山”。

重点国有林区的员工和公众应以健全生态文明制度体系为重点，加大自然生态系统和环境保护力度，大力推进绿色发展、循环发展、低碳发展，弘扬生态文化，倡导绿色生活，建设美丽的重点国有林区，使“蓝天常在、青山常在、绿水常在”，实现重点国有林区的可持续发展。

三、重点国有林区湿地保护立法是构建生态安全屏障的重要保障

保护湿地是保障国家生态安全的需要。湿地是一种多类型、多层次的复杂生态系统，具有水陆过渡性、系统脆弱性、功能多样性和结构复杂性特征，具有独具特色的物种和较高的生产力。

重点国有林区主体生态功能区总面积为 10.67 万平方千米，地域辽阔，资源繁多，生物多样性丰富。重点国有林区森林生态系统与湿地生态系统相互依存、相互作用，是许多重要的野生动植物栖息地。但是，由于其位于生态脆弱地区，一旦被破坏将会加剧该区域的生态环境的恶化。为此，保存并保护湿地资源，不仅是我国生态环境建设的重要任务，更是维护国家生态安全的强制性义务。

重点国有林区是我国重要的生态安全屏障和森林资源培育战略基地，是维护国家生态安全最重要的基础设施，在经济社会发展和生态文明建设中发挥着不可替代的重要作用。

四、重点国有林区湿地保护立法是我国国有林区改革的必然要求

重点国有林区改革是一项系统性、整体性、根本性的重大改革。2015 年，中共中央、国务院发布了《国有林区改革指导意见》和《国有林场改革方案》。同年，国家发展改革委和国家林草局又发布了《关于印发〈国有林场改革方案〉和〈国有林区改革指导意见〉重点工作分工的通知》。这些文件都指出重点国有林区是我国重要的生态安全屏障，是维护国家生态安全最重要的基础设施，在经济社会发展和生态文明建设中发挥着不可替代的重要作用；认为重点国有林区为保护国家生态安全、提升人民生态福祉、促进绿色发展、应对气候变化发挥了重要作用。

长期以来，重点国有林区的功能定位不清、管理体制不顺、经营机制不

灵活、支持政策不健全等问题，严重制约了重点国有林区的生态安全保障能力。保护森林和生态是建设生态文明的根基，深化生态文明体制改革，健全森林与生态保护制度是首要任务。重点国有林区的改革就是要明确功能定位，理顺管理体制，建立、健全湿地生态保护制度。重点国有林区的改革成果需要通过法律途径或方式，正式确立重点国有林区的湿地生态保护法律制度。

五、重点国有林区湿地保护立法是发挥湿地多功能效益的有效方法

湿地既是人类最重要的环境资本之一，也是自然界富有生物多样性和较高生产力的生态系统。它不仅具有丰富的资源，还具有巨大的环境调节功能和生态效益。各类湿地在提供水资源、调节气候、涵养水源、均化洪水、促淤造陆、降解污染物、保护生物多样性和为人类提供生产生活资源方面发挥了重要作用。

湿地保护与合理利用关系国民经济的发展，要发挥湿地多功能的最佳效益，就必须采取有力措施，切实加强湿地的保护管理工作，特别要制止目前普遍存在的湿地资源破坏行为，以保证湿地资源的可持续利用。

重点国有林区湿地保护立法在发挥湿地多功能效益方面将起到其他管理行为或手段无法替代的作用。

六、重点国有林区湿地保护立法是解决湿地保护与管理中存在问题的有效手段

（一）完善重点国有林区湿地监管体制

重点国有林区湿地保护立法的一个重要目标就是理顺监管各方的关系，明确各自职责权限，兼顾管理者、保护者和开发利用者之间的利益。

（二）逐步完善重点国有林区湿地法治体系

第一，通过立法解决重点国有林区湿地保护无法可依的问题。第二，解决重点国有林区湿地保护与管理执法权限过窄、执法效力低下、执法不到位的问题。

（三）完善监测体系，逐步建立重点国有林区湿地数据库

重点国有林管理局可以通过立法确立湿地监测制度，培训湿地监测人员，建立专业湿地监测队伍，及时记录湿地监测资料，逐步建立湿地数据库。

（四）加强湿地保护宣传教育工作

重点国有林管理局可以通过立法要求湿地自然保护区、湿地公园和湿地森林的管理机构定期开展湿地保护宣传教育工作，包括建立宣教基地、开展宣教研讨、组织宣教活动。

（五）多渠道筹措湿地保护资金

重点国有林管理局可以通过立法确立湿地保护基金制度、生态补偿制度、湿地捐赠制度等，从政府、企业、社会和个人多渠道筹集湿地保护资金。

第四节　内蒙古大兴安岭重点国有林区湿地立法条文说明

一、重点国有林区湿地保护立法的总体框架

（一）名称

《内蒙古大兴安岭重点国有林区湿地保护条例（草案文本）》。

（二）章节目录

《内蒙古大兴安岭重点国有林区湿地保护条例（草案文本）》共四十九条：

二、《内蒙古大兴安岭重点国有林区湿地保护条例（草案文本）》说明

第一章　总则

第一条【立法目的】

为加强湿地保护，维护湿地生态功能和生物多样性，促进湿地资源可持续利用和生态文明建设，根据有关法律、行政法规的规定，结合林区实际，制定本条例。

【说明】理论基础：立法目的是指立法的基本意图与指导思想。立法目的解决的是为什么制定这样一部地方性法规的问题。本条例的立法目的包括三个：保护湿地，包括维护湿地生态功能和生物多样性；促进湿地资

源可持续利用；促进生态文明建设。

政策依据：政策依据是指党中央和国务院发布的有关湿地保护管理的政策性文件中的相关内容。例如，《中共中央、国务院关于加快推进生态文明建设的意见》强调，坚持以人为本、依法推进，坚持节约资源和保护环境的基本国策，把生态文明建设放在突出的战略位置，融入经济建设、政治建设、文化建设、社会建设各方面和全过程，协同推进新型工业化、信息化、城镇化、农业现代化和绿色化，以健全生态文明制度体系为重点，优化国土空间开发格局，全面促进资源节约利用，加大自然生态系统和环境保护力度，大力推进绿色发展、循环发展、低碳发展，弘扬生态文化，倡导绿色生活，加快建设美丽中国，使蓝天常在、青山常在、绿水常在，实现中华民族永续发展。《关于加强湿地保护管理的通知》认为，保护湿地对于维护生态平衡，改善生态状况，实现人与自然和谐相处，促进经济社会可持续发展，具有十分重要的意义。其他的政策文件如《全国生态保护“十三五”规划纲要》《中国湿地保护行动计划》《国务院办公厅关于做好自然保护区管理有关工作的通知》《关于切实做好全面停止商业性采伐试点工作的通知》《关于进一步加强涉及自然保护区开发建设活动监督管理的通知》《生态环境损害赔偿制度改革试点方案》《关于设立统一规范的国家生态文明试验区的意见》《关于健全生态保护补偿机制的意见》《关于加强资源环境生态红线管控的指导意见》《国有林区改革指导意见》《国有林场改革方案》《关于印发〈国有林场改革方案〉和〈国有林区改革指导意见〉重点工作分工的通知》《内蒙古大兴安岭重点国有林区改革总体方案》和《关于印发湿地保护修复制度方案》等也有相似的规定。

法律依据：法律依据是指法律、法规中有关湿地保护方面的相关规定，包括宪法、法律、行政法规、部门规章、地方性法规、地方性规章等。如《中华人民共和国环境保护法》（以下简称《环境保护法》）、《中华人民共和国土地管理法》（以下简称《土地管理法》）、《中华人民共和国水法》（以下简称《水法》）、《中华人民共和国野生动物保护法》（以下简称《野生动物保护法》）、《中华人民共和国森林法》（以下简称《森林法》）、《中华人民共和国自然保护区条例》（以下简称《自然保护区条例》）、《中华人民共和国野生植物保护条例》（以下简称《野生植物保护条例》)、《湿地保护管理规定》《国家湿地公园管理办法》和《内蒙古自治区湿地保护条例》等法律、法规和地方性法规规章。

（1）《环境保护法》第一条规定，为保护和改善环境，防治污染和其他公害，保障公众健康，推进生态文明建设，促进经济社会可持续发展，制定本法。

（2）《自然保护区条例》第一条规定，为了加强自然保护区的建设和管理，保护自然环境和自然资源，制定本法。

（3）《湿地保护管理规定》第一条规定，为了加强湿地保护管理，履行《关于特别是作为水禽栖息地的国际重要湿地公约》，根据法律、法规和有关规定，制定本规定。

（4）《内蒙古自治区湿地保护条例》第一条规定，为了加强湿地保护，维护湿地生态功能和生物多样性，促进湿地资源可持续利用，根据国家有关法律、法规，结合自治区实际，制定本条例。

国外立法参考：主要是指相关国家或国际法中的规定，包括美国、韩国、澳大利亚等国家的法律、法规和国际上的《湿地公约》等。

（1）《北美湿地保护条例》规定，本法旨在保护北美湿地生态系统和依赖这些栖息地的水禽、其他迁徙鸟类、鱼类和野生动物。

（2）韩国《湿地保护法》规定，本法的目的是保护湿地和生物多样性，规定有效保护和管理湿地的必要事项，并有助于促进实现《湿地公约》目的的国际合作。

（3）美国明尼苏达州《湿地保护法实施条例》第1分章规定，本章应解释为实施《湿地保护法》的目的，即达到明尼苏达州现存湿地在数量、质量和生物多样性方面的零净损失；通过恢复或提升减退或排干的湿地来提高明尼苏达州湿地数量、质量和生物多样性；避免来自破坏、减退湿地数量、质量和生物多样性活动的直接或间接的影响；在避免活动不可行、不明智时，替代湿地价值。

（4）乌干达《国家环境（湿地、河岸和湖滨管理）条例》第4条规定，本条例本部分的目标是提供乌干达湿地及其资源的保护和明智利用；实现乌干达宪法第37条第2款的目的；确保集水区保护和洪水控制；确保为所有公民的共同利益的生态和旅游目的可持续利用湿地；确保受保护湿地作为动植物物种栖息地；提供湿地受管制的公共利用和享受；加强研究和与研究相关的活动；最小化和控制污染。

第二条【适用范围】

湿地的保护、管理和利用等活动，应当遵守本条例。

本条例所称湿地是指内蒙古大兴安岭重点国有林管理机构（以下简称重点国有林管理机构）管辖范围内的常年或者季节性积水、适宜动植物生存、具有一定面积和生态功能的地带或者水域，包括河流、湖泊、沼泽、沼泽化草甸等自然湿地和库塘等人工湿地。

【说明】理论基础：法律的适用范围是指法律的时间效力、对人的效力和空间效力。本条例的适用范围解决的是本条例适用的空间效力。本条例的适用范围包括内蒙古大兴安岭重点国有林管理机构管辖范围内的湿地自然保护区、湿地公园、森林公园、湿地保护小区和根据有关规定确认并公布的河流、湖泊、沼泽、沼泽化草甸和库塘等。

本条例中对湿地的适用范围采取肯定式列举法，逐一列出该法所要调整的各种湿地类型，从而表明，凡被列入该法的湿地类型，均为该法的调整内容。这种定义方法的可操作性较强，也具有一定的弹性和灵活性。

法律依据：（1）《湿地保护管理规定》第二条规定，本规定所称湿地是指常年或者季节性积水地带、水域和低潮时水深不超过 6 米的海域，包括沼泽湿地、湖泊湿地、河流湿地、滨海湿地等自然湿地，以及重点保护野生动物栖息地或者重点保护野生植物原生地等人工湿地。

（2）《内蒙古自治区湿地保护条例》第二条规定，本条例所称湿地是指自治区行政区域内的国际重要湿地、国家重要湿地和自治区人民政府根据国家有关规定确认并公布的河流、湖泊、沼泽和沼泽化草甸、库塘等。

国外立法参考：（1）《湿地公约》第 1 条第 1 款规定，为本公约之目的，湿地是指不问其为天然或人工、长久或暂时的沼泽地、泥炭地或水域地带，带有静止或流动的淡水、半咸水或咸水水体，包括低潮时水深不超过 6 米的水域。

（2）美国《马萨诸塞州湿地保护法令》规定，该法令适用的空间范围包括邻接海洋或任何河口、港湾、江河、溪流、池塘、湖泊的任何堤岸；

淡水湿地、沿海湿地、海滩、沙丘、平地、沼泽、湿草地、沼地；或任何位于该水体之下的土地；或任何受到潮汐、沿海风暴潮、洪水影响的土地。

（3）澳大利亚联邦政府湿地政策规定，“湿地”是对沼泽地、积水洼地、湖泊、盐沼、泥滩及红树林等名称的现代统称。简单地说，湿地就是那些以定期或半定期潮湿为特征的地区。这一术语也适用于那些偶尔有水但常常比较干燥的洼地，当洼地有水时，会长满生物并成为周围环境的核心。《湿地公约》的“湿地”定义即以此为基础，并且这一定义也在澳大利亚湿地政策中得到应用。

（4）韩国《湿地保护法》第 2 条规定，湿地是指表层永久性或暂时性地覆盖着淡水、半咸水或咸水的内陆湿地或滨海湿地。内陆湿地是指湿地在陆地或岛屿内，诸如湖泊、沼泽、河口等区域。滨海湿地是指高潮时水位线与低潮时水位线之间的地面区域。

从适用范围看，国外立法都强调对所有湿地的保护，但管理制度可以实行名录制度、保护区制度等。《湿地公约》要求明智利用应适用于“所有的湿地及其支持系统”。《内蒙古大兴安岭重点国有林区湿地保护条例（草案文本）》中湿地的定义是结合内蒙古大兴安岭地区湿地的实际状况、保护管理的实际界定的。

第三条【基本原则】

湿地保护应坚持保护优先、生态系统方法、合理利用和公众参与原则。

【说明】理论基础：法律原则是指为法律规则提供某种基础或本源的综合性的、指导性的原理或价值准则的一种法律规范。所谓基本原则，是指调整的社会关系领域比较宽广，体现了法律的基本精神和根本价值的原则。它是整个法律体系或某个部门法所适用的原则。湿地保护的立法原则是指通过湿地立法明确规定或体现的，反映湿地保护立法基本理念、价值、特点和目的的，对湿地保护和利用活动具有普遍性指导作用的准则。其贯穿于整个湿地保护法体系，既包括普遍的环境立法原则，也包括特殊的湿地立法原则。

本条例的基本原则是湿地保护应坚持保护优先、生态系统方法、合理利用和公众参与原则。保护优先是指在经济社会发展综合决策等活动中优先考虑湿地保护，内蒙古大兴安岭重点国有林管理机构应将湿地保护作为其经济社会发展的前提和基础。生态系统方法原则是指湿地保护立法及湿地开发利用和保护管理活动不仅应当遵循生态系统方法，也应当在生态系统方法的指引下进行。合理利用原则是指在湿地保护目标得以实现的前提下，利用自身资源优势，合理开发、适度经营，以解决保护湿地经费困难的问题，同时又可以探索一条适应人口、资源、环境协调发展的途径。公众参与原则是一切环境保护法所遵循的基本原则之一。湿地保护管理的公众参与原则就是指湿地生态系统所开展的所有活动都应当获得公众的参与、支持和监督。

政策依据：（1）《国务院办公厅关于加强湿地保护管理的通知》规定，从维护可持续发展的长远利益出发，必须坚持保护优先的原则，对现有自然湿地资源实行普遍保护。

（2）《中共中央、国务院关于加快推进生态文明建设的意见》规定，坚持把节约优先、保护优先、自然恢复为主作为基本方针。

（3）《关于印发湿地保护修复制度方案》提出，坚持生态优先、保护优先的原则，维护湿地生态功能和作用的可持续性；坚持全面保护、分级管理的原则，将全国所有湿地纳入保护范围，重点加强自然湿地、国家和地方重要湿地的保护与修复；坚持政府主导、社会参与的原则，地方各级人民政府对本行政区域内湿地保护负总责，鼓励社会各界参与湿地保护与修复；坚持综合协调、分工负责的原则，充分发挥林业、国土资源、环境保护、水利、农业、海洋等湿地保护管理相关部门的职能作用，协同推进湿地保护与修复；坚持注重成效、严格考核的原则，将湿地保护修复成效纳入对地方各级人民政府领导干部的考评体系，严明奖惩制度。

法律依据：（1）《宪法》第九条第二款规定，国家保障自然资源的合理利用，保护珍贵的动物和植物。

（2）《土地管理法》第三条规定，十分珍惜、合理利用土地和切实保护耕地是我国的基本国策。各级人民政府应当采取措施，全面规划，严格管理，保护、开发土地资源，制止非法占用土地的行为。

（3）《环境保护法》第五条规定，环境保护坚持保护优先、预防为主、综合治理、公众参与、损害担责的原则。第十九条规定，开发利用自然资源，必须采取措施保护生态环境。第五十三条规定，公民、法人和其他组织依法享有获取环境信息、参与和监督环境保护的权利。各级人民政府环境保护主管部门和其他负有环境保护监督管理职责的部门，应当依法公开环境信息、完善公众参与程序，为公民、法人和其他组织参与和监督环境保护提供便利。第五十七条规定，公民、法人和其他组织发现任何单位和个人有污染环境和破坏生态行为的，有权向环境保护主管部门或者其他负有环境保护监督管理职责的部门举报。公民、法人和其他组织发现地方各级人民政府、县级以上人民政府环境保护主管部门和其他负有环境保护监督管理职责的部门不依法履行职责的，有权向其上级机关或者监察机关举报。接受举报的机关应当对举报人的相关信息予以保密，保护举报人的合法权益。

（4）《湿地保护管理规定》第三条规定，国家对湿地实行全面保护、科学修复、合理利用、持续发展的方针。

（5）《内蒙古自治区湿地保护条例》第四条规定，湿地保护工作应当遵循保护优先、科学规划、合理利用和持续发展的原则。

国外立法参考：（1）《湿地公约》第3.1条规定，各缔约国应制定和执行规划，以促进对被列入《国际重要湿地名录》的湿地的保护，并尽可能地合理使用其领土内的湿地。

（2）《加拿大联邦政府湿地保护政策》规定，加拿大联邦政府的湿地保护工作将遵循以下原则：①环境保护和可持续发展应该优先考虑湿地的价值；②湿地保护的关键是在经济决策中贯彻环保宗旨；③湿地保护运动应该与环境保护及可持续发展的整体系统相互协调；④继续发展和更新科学知识、专业知识是保证湿地保护政策得以实施的根本条件；⑤各级政府应与包括湿地所有者、非政府组织、私人机构在内的广大公众加强协作；⑥联邦政府应在倡导湿地保护和实施湿地保护政策的过程中发挥重要作用；⑦与国内机构、代表进行协作，贯彻实施联邦政府制定的水陆湿地保护合作计划；⑧借助通信和教育手段来促成加拿大人民对湿地保护态度和观念的根本转变；⑨通过管理跨境资源，以及积极参与国际条约、国际大会和国际论坛，推动全球湿地保护工作的开展。

（3）澳大利亚联邦政府湿地政策的主要目标是确保联邦政府的行动与《湿地公约》期望相一致，尤其是提倡采用《湿地公约》中“合理利用”的湿地管理原则。《澳大利亚环境和生物多样性保护法》规定了澳大利亚拉姆萨管理原则，即拉姆萨名录湿地管理的基本目的必须与《湿地公约》相一致。

（4）乌干达《国家环境（湿地、河岸和湖滨管理）条例》第二部分规定，本部分确立所有湿地管理应遵守以下原则：①湿地资源应以与湿地持续存在及其水文和服务功能相一致的可持续方式利用；②法律要求湿地开展的所有可能产生不利影响活动的环境影响评价是强制性的；③保护国际、国家和地方重要的作为生态系统、动植物物种栖息地以及为文化与美学目的和水文功能的湿地是至关重要的；④湿地的合理利用应解释为国家和地方通过意识觉醒和信息传播管理湿地资源的方法。

第四条【政府责任】

湿地保护是社会公益事业。

内蒙古自治区人民政府（以下简称“自治区人民政府”）应将湿地保护纳入国民经济和社会发展规划以及综合评价考核体系，湿地建设、保护和管理所需经费，应当被列入自治区人民政府财政预算。

【说明】理论基础：本条是明确政府湿地建设、保护和管理职责的规定。

湿地保护涉及多个部门。本条规定明确了县级以上人民政府应当加强对湿地保护工作的领导，建立综合协调机制，协调解决湿地保护工作中的重大问题。自然保护区及示范区建设、湿地保护技术科学研究、科普宣教和对外交流等必要的工作都应有专门的资金支持。湿地的公共价值既是国家对湿地进行管理和财政投入的理论基础，也是湿地保护立法的基础。

政策依据：《国务院办公厅关于加强湿地保护管理的通知》规定，湿地保护是一项重要的生态公益事业，做好湿地保护管理工作是政府的职能，要把湿地保护列入政府的重要议事日程，作为重要工作纳入责任范围，从法规制度、政策措施、资金投入、管理体系等方面采取有力措施，加强湿地保护管理工作。

法律依据：（1）《环境保护法》第八条规定，各级人民政府应当加大保护和改善环境、防治污染和其他公害的财政投入，提高财政资金的使用效益。第十三条规定，县级以上人民政府应当将环境保护工作纳入国民经济和社会发展规划。

（2）《国家湿地公园管理办法》第二条规定，国家湿地公园是自然保护体系的重要组成部分，属社会公益事业。国家鼓励公民、法人和其他组织捐资或者志愿参与国家湿地公园保护和建设工作。

（3）《内蒙古自治区湿地保护条例》第九条规定，自治区人民政府林业行政主管部门会同发展改革、农牧业、水利、国土资源、环境保护、建设等有关行政主管部门，依据全国湿地保护规划，编制自治区湿地保护规划，由自治区人民政府批准后组织实施。自治区湿地保护规划应当纳入自治区国民经济和社会发展规划。旗县级以上人民政府组织林业等有关行政主管部门，依据上一级人民政府湿地保护规划，编制本行政区域湿地保护规划，报上一级人民政府备案。各级人民政府应当保障用于湿地保护的资金投入。

（4）《广西壮族自治区湿地保护条例》第五条规定，县级以上人民政府应当将湿地保护纳入本级国民经济和社会发展规划，并将湿地保护经费和湿地生态补偿经费纳入同级财政预算。乡镇人民政府、街道办事处应当配合湿地有关主管部门做好湿地保护和管理的相关工作。

国外立法参考：（1）韩国《湿地保护法》第 3 条规定，国家、都市圈、大都市、道、特别自治道都有保护湿地的义务；根据本法第 4 条和第 5 条的规定，环境部长应对湿地调查和湿地保护总体规划编制等工作实施统一监督管理；根据本法第 8 条对“内陆湿地”的规定，环境部长应制定并实施有关湿地保护区、湿地管理区以及周边地区或湿地改善区的认定与保护的政策；根据本法第 8 条对“滨海湿地”的规定，国土、交通与海洋事务部部长应制定并实施有关滨海湿地保护区的认定与保护的政策；根据上款规定，都市圈市长、大都市市长、道知事、特别自治道知事应与环境部长和国土、交通与海洋事务部部长合作实施湿地保护区政策。

（2）乌干达《国家环境（湿地、河岸和湖滨管理）条例》第二部分规定，乌干达政府或地方政府应为乌干达人民共同利益为人民托管和保护湿地；乌干达政府和地方政府应为乌干达人民共同利益为人民托管和保护河岸和湖滨；对于国际、国家和地方重要的作为生态系统、动植物物种栖息地，以及具有文化和美学目的和水文功能的湿地的保护是至关重要的。

第五条【湿地生态红线制度】

重点国有林管理机构应科学划定湿地生态保护红线，维持湿地生态功能不降低、生物多样性不改变和湿地面积不减少。

【说明】理论基础：生态红线是指对维护国家和区域生态安全及经济社会可持续发展，保障人民群众健康具有关键作用，在提升生态功能、改善环境质量、促进资源高效利用等方面必须实行严格保护的空间边界控制与数量限制。生态保护红线制度是指有关生态保护红线划定对象、基本原则、主要制度、配套措施及罚则等一系列法律规定的总称。本条是明确政府建立生态红线制度的职责的规定。

政策依据：（1）《中共中央、国务院关于加快推进生态文明建设的意见》规定，到2020年，“生态保护红线”等“关键制度建设取得决定性成果”。树立底线思维，设定并严守生态保护红线，将各类开发活动限制在资源环境承载能力之内，科学划定湿地等领域生态红线。

（2）《中共中央关于全面深化改革若干重大问题的决定》规定，划定生态保护红线，坚定不移实施主体功能区制度，建立国土空间开发保护制度，严格按照主体功能区定位推动发展，建立国家公园体制。建立资源环境承载能力监测预警机制，对水土资源、环境容量和海洋资源超载区域实行限制性措施；对限制开发区域和生态脆弱的国家扶贫开发工作重点县取消地区生产总值考核。

法律依据：（1）《环境保护法》第二十九条规定，国家在重点生态功能区、生态环境敏感区和脆弱区等区域划定生态保护红线，实行严格保护。

（2）《国家湿地公园管理办法》第二十一条规定，因自然因素造成国家湿地公园生态特征退化的，省级林业主管部门应当进行调查，指导国家湿地公园管理机构制订实施补救方案，并向国家林业局报告。经监督评估发现存在问题的国家湿地公园，省级以上林业主管部门通知其限期整改。限期整改的国家湿地公园应当在整改期满后15日内向下达整改通知的林业主管部门报送书面整改报告。

（3）《国家级自然保护区调整管理规定》第五条规定，对国家级自然保护区不得随意调整。调整国家级自然保护区原则上不得缩小核心区、缓冲区面积，应确保主要保护对象得到有效保护，不破坏生态系统和生态过程的完整性，不损害生物多样性，不得改变自然保护区性质。对面积偏小，不能满足保护需要的国家级自然保护区，应鼓励扩大保护范围。自批准建立或调整国家级自然保护区之日起，原则上五年内不得进行调整。调整国家级自然保护区应当避免与国家级风景名胜区在范围上产生新的重叠。

国外立法参考：（1）《北美湿地保护法》与《湿地资源储备法》规定，内政部长在制订计划时应考虑：①在欧洲殖民时存在的不同类型湿地的剩余的预估比例；②各种类型湿地的损失和威胁未来损失的预估成交价。

（2）明尼苏达州《湿地保护法实施条例》规定，“零净损失”是指该活动对湿地没有造成永久性的损失或影响。该条例规定了符合零净损失标准的一些条件，如该活动不会影响湿地，不会改变该湿地或河道的原始横截面，临时的或季节性的水位管理活动不会导致湿地转化为非湿地或转变为非退化湿地，暂时性的影响可以通过修整、恢复或重整被影响的湿地来调整、矫正。

（3）明尼苏达州《湿地保护法》规定，保证明尼苏达州现存湿地的数量、质量和生物多样性实现零净损失；通过恢复或增加已减少或排干的湿地以提高明尼苏达州湿地的数量、质量及生物多样性；避免可能毁坏或减少湿地数量、质量和生物多样性的活动对湿地造成的直接或间接影响；在避免活动不可行及不审慎时，应替换湿地价值。

湿地生态保护红线是强化区域生态安全格局构建，遏制湿地面积萎缩和功能退化趋势，实现人口、资源与环境均衡发展，促进经济社会和生态效益相统一的重要举措，是国家生态安全和经济社会可持续发展的基础保障。

生态保护红线制度是我国环境保护的重要制度创新。明尼苏达州虽然没有湿地生态保护红线制度，但其规定的零净损失制度和置换制度与我国的生态保护红线制度相似。

第六条【生态保护补偿制度】

国家和自治区人民政府应通过财政转移支付等方式，建立湿地生态保护补偿制度。具体办法由自治区人民政府制定。

【说明】理论基础：生态保护补偿是指弥补生态系统的损失、消耗，恢复生态系统平衡和生态功能。生态补偿是指有关生态补偿的原则、主体、客体、标准、方式以及专项资金的设立和使用规定的总称。本条是明确政府建立生态保护补偿制度的职责的规定。

政策依据：（1）《中共中央、国务院关于加快推进生态文明建设的意见》提出，健全生态保护补偿机制。

（2）《中共中央关于全面深化改革若干重大问题的决定》提出，实行资源有偿使用制度和生态补偿制度。坚持谁受益、谁补偿原则，完善对重点生态功能区的生态补偿机制，推动地区间建立横向生态补偿制度。

法律依据：（1）《环境保护法》第三十一条规定，国家建立、健全生态保护补偿制度。国家加大对生态保护地区的财政转移支付力度。有关地方人民政府应当落实生态保护补偿资金，确保其用于生态保护补偿。国家指导受益地区和生态保护地区人民政府通过协商或者按照市场规则进行生态保护补偿。

（2）《湿地保护管理规定》第二十五条规定，因保护湿地给湿地所有者或者经营者合法权益造成损失的，应当按照有关规定予以补偿。

（3）《内蒙古自治区湿地保护条例》第十九条规定，自治区实行湿地生态效益补偿制度。因湿地保护使湿地资源所有者、使用者的合法权益受到损害的，政府应当给予补偿，并对其生产、生活做出妥善安排。具体办法由自治区人民政府制定。

国外立法参考：韩国《湿地保护法》规定，国家可援助从事湿地保护项目，如安装湿地保护和使用设施等的地方政府和其他组织预算内的全部或部分费用。

第七条【宣传教育制度】

重点国有林管理机构和湿地保护管理机构应当按照职责分工加强湿地保护宣传教育和普及工作，鼓励基层群众性自治组织、社会组织、湿地保护志愿者开展湿地保护法律法规和湿地保护知识的宣传，营造保护湿地的良好风气。

湿地保护管理机构可以采取设立湿地保护日、湿地保护宣传周或月，以及湿地科学教育宣传基地等形式，组织开展湿地保护科普宣传教育和普及工作。

【说明】理论基础：本条是关于湿地保护宣传和湿地科普宣传的规定。

湿地保护宣传和教育的主体和形式多种多样，主体包括基层群众自治组织、社会组织、湿地保护志愿者等，形式包括设立湿地保护日（周/月）、科普基地等。

政策依据：（1）《国务院办公厅关于加强湿地保护管理的通知》提出，各地区、各有关部门要广泛开展宣传教育，进一步提高全民生态保护意识，提高保护湿地的自觉性。

（2）《关于印发湿地保护修复制度方案》提出，面向公众开展湿地科普宣传教育，利用互联网、移动媒体等手段，普及湿地科学知识，努力形成全社会保护湿地的良好氛围。抓好广大中小学生湿地保护知识教育，树立湿地保护意识。研究建立湿地保护志愿者制度，动员公众参与湿地保护和相关知识传播。

法律依据：（1）《环境保护法》第九条规定，各级人民政府应当加强环境保护宣传和普及工作，鼓励基层群众性自治组织、社会组织、环境保护志愿者开展环境保护法律法规和环境保护知识的宣传，营造保护环境的良好风气。教育行政部门、学校应当将环境保护知识纳入学校教育内容，培养学生的环境保护意识。新闻媒体应当开展环境保护法律法规和环境保护知识的宣传，对环境违法行为进行舆论监督。

（2）《湿地保护管理规定》第五条规定，县级以上人民政府林业主管部门及有关湿地保护管理机构应当加强湿地保护宣传教育和培训，结合世界湿地日、世界野生动植物日、爱鸟周和保护野生动物宣传月等开展宣传教育活动，提高公众湿地保护意识。

（3）《国家湿地公园管理办法》第十四条规定，国家湿地公园应当设置宣教设施，建立和完善解说系统，宣传湿地功能和价值，普及湿地知识，提高公众湿地保护意识。

（4）《内蒙古自治区湿地保护条例》第六条规定，各级人民政府及其有关行政主管部门应当开展湿地保护的宣传教育活动，提高公民的湿地保护意识。

国外立法参考：（1）《湿地公约》规定，制订并执行一项关于湿地、湿地价值和管理方式的有针对性的国家社区意识及教育计划。

（2）《加拿大联邦政府湿地保护政策》规定，联邦政府将采取如下措施：①激发公众保护意识，强化公众对加拿大湿地资源的认识，积极鼓励公众参与湿地保护运动，其中包括土地所有者、非政府组织、地方政府和机构以及私人机构。②与其他政府或非政府组织以及私人机构通力合作，制定和呈交如何培养全国公众保护意识的方案，并且务必在各个层次保证这一方案的实施，政界也不例外。③定期公布环境状况报告，向全体加拿大公民通报湿地资源的现状，并且借助各种适于大众普及教育的渠道，确保广大公民获得与湿地研究有关的各项成果。④加强对国家公园、国家野生动物保护区及其他联邦水陆保护区的宣传，拟定重点湿地保护网系统，从而充分体现具有重要意义的湿地的价值。⑤继续提供与可持续性土地使用管理和土地保护措施相关的信息和知识，特别是那些影响到土壤、水、湿地保护和管理的信息和知识。⑥为广大公众评论和评价联邦政府湿地保护政策实施情况提供适当机会。⑦推动目标湿地教育的发展，丰富各种用途广泛的资料。

（3）《澳大利亚环境和生物多样性保护法》规定，鼓励在澳大利亚各湿地设立教育及说明性设施；支持并提出使湿地管理人员懂得综合环境和自然资源管理原则的倡议，从而宣传生态可持续发展原则，制作一些教育材料，协助管理由其他活动而引致的对湿地的影响；支持类似澳大利亚水观察计划的活动，该计划宣传综合集水管理理念并在澳大利亚城乡居民之间创建水及土地管理的共同理念。

第八条【公众参与】

重点国有林管理机构和湿地保护管理机构应鼓励公民、法人和其他组织参与湿地保护。公民、法人和其他组织对侵占或者破坏湿地的行为有权检举和控告。

重点国有林管理机构和湿地保护管理机构应表彰和奖励在湿地保护工作中做出显著成绩的公民、法人和其他组织。

【说明】理论基础：公众参与是指生态环境保护和自然资源的开发利用必须依靠公众的广泛参与，公众有权参与环境决策与环境管理过程，并有权依法对污染、破坏环境的行为进行监督。

本条对在参与环境保护、管理方面做出突出贡献的公民、组织、法人设置了表彰和奖励，鼓励公众参与。公众参与原则是环境保护法所遵循的普遍原则之一。公众参与是湿地保护活动中最核心的力量，公众参与的广度与深度决定了湿地保护工作的发展进程。

政策依据：（1）《中共中央、国务院关于加快推进生态文明建设的意见》规定，积极培育生态文化、生态道德，使生态文明成为社会主流价值观，成为社会主义核心价值观的重要内容。从娃娃和青少年抓起，从家庭、学校教育抓起，引导全社会树立生态文明意识。把生态文明教育作为素质教育的重要内容，纳入国民教育体系和干部教育培训体系。将生态文化作为现代公共文化服务体系建设的重要内容，挖掘优秀传统生态文化思想和资源，创作一批文化作品，创建一批教育基地，满足广大人民群众对生态文化的需求。通过典型示范、展览展示、岗位创建等形式，广泛动员全民参与生态文明建设。组织好世界地球日、世界环境日、世界森林日、世界水日、世界海洋日和全国节能宣传周等主题宣传活动。充分发挥新闻媒体作用，树立理性、积极的舆论导向，加强资源环境国情宣传，普及生态文明法律法规、科学知识等，报道先进典型，曝光反面事例，提高公众节约意识、环保意识、生态意识，形成人人、事事、时时崇尚生态文明的社会氛围。鼓励公众积极参与。完善公众参与制度，及时准确披露各类环境信息，扩大公开范围，保障公众知情权，维护公众环境权益。健全举报、听证、舆论和公众监督等制度，构建全民参与的社会行动体系。建立环境公益诉讼制度，对污染环境、破坏生态的行为，有关组织可提起公益诉讼。在建设项目立项、实施、评价等环节，有序增强公众参与程度。引导生态文明建设领域各类社会组织健康有序发展，发挥民间组织和志愿者的积极作用。

（2）《全国生态保护“十三五”规划纲要》规定，部分地方领导干部保护生态环境的意识较为薄弱，还未牢固树立尊重自然、顺应自然、保护自然的理念。社会公众参与生态保护和监管的机制有待健全，企业生态保护和监管责任还不明确，部分地方环保部门履行生态监管职能时只能单打独斗、被动应对。

（3）《中国湿地保护行动计划》规定，提高政府、非政府组织、当地社区在湿地保护和合理利用方面的能力，加强湿地周围区域各有关机构之间的交流与协调，采取协调一致的湿地保护行动；探讨湿地的合作共管等新型综合管理途径，鼓励并引导当地居民和社区组织积极参与湿地保护工作。

法律依据：（1）《环境保护法》第五十三条规定，公民、法人和其他组织依法享有获取环境信息、参与和监督环境保护的权利。各级人民政府环境保护主管部门和其他负有环境保护监督管理职责的部门，应当依法公开环境信息、完善公众参与程序，为公民、法人和其他组织参与和监督环境保护提供便利。

（2）《湿地保护管理规定》第六条规定，县级以上地方人民政府林业主管部门应当鼓励、支持公民、法人和其他组织，以志愿服务、捐赠等形式参与湿地保护。

（3）《国家湿地公园管理办法》第二条规定，国家湿地公园是自然保护体系的重要组成部分，属社会公益事业。国家鼓励公民、法人和其他组织捐资或者志愿参与国家湿地公园保护和建设工作。第十六条规定，国家湿地公园管理机构应当建立和谐的社区共管机制，优先吸收当地居民从事湿地资源管护和服务等活动。

国外立法参考：（1）《湿地公约》规定，关于影响社区问题的决策和行动要有广泛的社区参与。

（2）《加拿大联邦政府湿地保护政策》规定，联邦政府将采取如下措施：①激发公众保护意识，强化公众对加拿大湿地资源的认识，积极鼓励公众参与湿地保护运动，其中包括土地所有者、非政府组织、地方政府和机构以及私人机构。②与其他政府或非政府组织以及私人机构通力协作，制定和呈交如何培养全国公众保护意识的方案，并且务必在各个层次保证这一方案的实施，政界也不例外。

（3）韩国《湿地保护法》第 19 条规定，环境部部长，国土、交通与海洋事务部部长或市/道知事按照总统令的规定，可给予向相关行政机构或调查机构报告或投诉违反第 13 条第 1 款或第 2 款规定的违法情况的人员一定奖励。

（4）韩国《湿地保护法实施细则》第 15 条规定，根据《湿地保护法》第 19 条的规定，行政部门或检查机构收到违反第 13 条第 1 款或第 2 款规定的活动的报告或投诉时，应向环境部部长，国土、交通与海洋事务部部长或市/道知事告知此事；收到本条第 1 款规定通知的环境部长，国土、交通与海洋事务部部长或市/道知事应在对此事做出决断的两个月内，在财政预算限度内支付报酬；第 2 款规定的奖励数额应在该类案件所受罚款的 10%以内。

（5）乌干达《国家环境（湿地、河岸和湖滨管理）条例》规定，确保居住在湿地附近的居民的观点通过地方环境委员会召开会议而被考虑；湿地的明智利用应解释为国家和地方通过意识觉醒和信息传播管理湿地资源的方法。

良好的公众参与机制需要政府不断拓宽公众表达意见的渠道，及时收集民意并采纳其中有益的意见，在对湿地建设项目进行审批时应充分考虑公众的诉求，本着维护公众生存环境的原则，采取行之有效的措施减缓和避免湿地环境损害。

我国对公众参与采取的是精神奖励机制，可参照韩国的相关内容，规定更具体的奖励数额及计算方法。

第九条【湿地保护科学研究制度】

重点国有林管理机构和湿地保护管理机构应支持开展湿地保护、恢复、利用和监测等方面的基础理论和科学技术研究，推广应用科学研究成果，提高湿地保护管理的科学技术水平。

【说明】理论基础：运用科学的方法保护、恢复、利用和监测湿地，可为中国湿地全面、深入、可持续发展提供更科学和权威的理论依据。

加强湿地的科学研究既是认识和了解湿地的主要途径，也是促进湿地保护和资源可持续利用的重要保证。

政策依据：（1）《关于设立统一规范的国家生态文明试验区的意见》提出，探索建立生态保护与修复投入和科技支撑保障机制，构建绿色金融体系，发展绿色产业，推行绿色消费，建立先进科学技术研究应用和推广机制等。

（2）《关于印发湿地保护修复制度方案》提出，加强湿地基础和应用科学研究，突出湿地与气候变化、生物多样性、水资源安全等关系的研究。开展湿地保护与修复技术示范，在湿地修复关键技术上取得突破。建立湿地保护管理决策的科技支撑机制，提高科学决策水平。

法律依据：（1）《环境保护法》第七条规定，国家支持环境保护科学技术研究、开发和应用，鼓励环境保护产业发展，促进环境保护信息化建设，提高环境保护科学技术水平。

（2）《湿地保护管理规定》第五条规定，县级以上人民政府林业主管部门应当组织开展湿地保护管理的科学研究，应用推广研究成果，提高湿地保护管理水平。

（3）《内蒙古自治区湿地保护条例》第七条规定，各级人民政府应当鼓励、支持单位和个人开展湿地保护和有关的科学研究，推广应用湿地保护先进技术。

国外立法参考：（1）《加拿大联邦政府湿地保护政策》规定，政府要运用和丰富与湿地保护的科学技术基础相关的专业知识，保证各级策划人、管理者、调节人、决策人能够获得制定湿地政策所必需的信息。

（2）《湿地公约》提出，要确保湿地的保护、恢复及生态可持续发展的科学及技术基础完善。

第十条【湿地调查】

重点国有林管理机构和湿地保护管理机构应会同有关部门组织湿地调查。

湿地调查每5年进行一次，湿地调查结果由重点国有林管理机构公布。

【说明】理论基础：湿地调查是指对湿地的数量和质量在野外实践中进行分析研究。本条规定的湿地调查部门包括重点国有林管理机构和湿地保护管理机构等。调查频率是5年一次。

湿地调查既是湿地保护与管理工作的基础，也是湿地数据信息的重要来源。

政策依据：《中国湿地保护行动计划》提出，我国政府十分重视湿地调查和科学研究工作，自20世纪50年代以来，有关部门和科研教学院所就湿地调查、分类、形成演化、生态保护、污染防治、合理开发利用与管理等领域开展了多方面的科学研究，开展全国湿地资源调查，初步掌握了全国湿地资源状况；对沼泽、湖泊、红树林、珊瑚礁等生态系统进行了长期深入的研究，积累了大量资料；在一些珍稀水鸟的地理分布、种群数量、生态习性、饲养繁殖、致危因素以及保护策略等方面做了大量研究；通过开展鸟类环志工作，对我国鸟类特别是水鸟的迁徙活动有了深入了解。在湿地水生动植物生态环境科学研究方面，主要开展了黄渤海区、杭州湾、大亚湾、长江流域、淮河流域、珠江口等海域与流域的污染与生态系统的研究。在世界淡水豚的研究领域中，我国关于白鳍豚的科学研究工作处于领先地位；扬子鳄、中华鲟、胭脂鱼等物种的人工繁殖已取得成功；大鲵、海龟、山瑞等物种的人工驯养以及其他相关科研领域里的一些研究也取得了较大的进展。

法律依据：（1）《环境保护法》第三十二条规定，国家加强对大气、水、土壤等的保护，建立和完善相应的调查、监测、评估和修复制度。

（2）《自然保护区条例》第二十二条规定，自然保护区管理机构的主要职责是调查自然资源并建立档案，组织环境监测，保护自然保护区内的自然环境和自然资源。

（3）《湿地保护管理规定》第十条规定，国家林业局定期组织开展全国湿地资源调查、监测和评估，按照有关规定向社会公布相关情况。湿地资源调查、监测、评估等技术规程，由国家林业局在征求有关部门和单位意见的基础上制定。县级以上地方人民政府林业主管部门及有关湿地保护管理机构应当组织开展本行政区域内的湿地资源调查、监测和评估工作，按照有关规定向社会公布相关情况。

（4）《国家湿地公园管理规定》第十五条规定，国家湿地公园管理机构应当定期组织开展湿地资源调查和动态监测，建立档案，并根据监测情况采取相应的保护管理措施。

（5）《内蒙古自治区湿地保护条例》第十条规定，自治区人民政府林业行政主管部门负责组织自治区湿地资源的日常调查和定期普查工作，定期普查工作每5年进行一次。

国外立法参考：（1）韩国《湿地保护法》第4条规定，环境部部长，国土、交通与海洋事务部部长和市/道知事应进行湿地社会和经济功能普查，如湿地生态环境条件、污染状况、湿地受影响区域及周边地区的土地利用实际状况等；环境部部长，国土、交通与海洋事务部部长和市/道知事认为保护和改善湿地或者实施《关于特别是作为水禽栖息地的国际重要湿地公约》有所必需时，可分别在第（1）款所规定的普查以外，进行更为详尽的湿地调查；当湿地环境发生明显变化时，环境部部长，国土、交通与海洋事务部部长和市/道知事可对相关湿地进行调查补充第（1）款规定的普查。第6条规定，需要进行湿地调查时，环境部部长，国土、交通与海洋事务部部长和市/道知事可在调查期间委任湿地调查员；有关调查员的资格、委任程序等必要事项，环境部部长和国土、交通与海洋事务部部长应联合发布条例规定。

（2）《美国联邦政府湿地保护政策》鼓励非法令性计划的出台，如先期规划、湿地重建、湿地调查、公私合作等，从而减轻联邦政府对作为湿地资源保护主要手段的各项法案的依赖程度。

（3）《加拿大湿地保护政策》鼓励相关部门继续参与联邦政府、省政府、地方政府联合制订的湿地调查、评估及监控计划，从而保证以下目标得以实现：明确划定湿地严重流失、湿地质量严重滑坡的地理区域；明确划定需要重点保护的重要湿地；确定湿地资源可持续使用的管理办法。

（4）《湿地资源储备法》规定，通过美国鱼类及野生动植物管理局局长的行动，内政部长应继续国家湿地名录项目，并应在1988年9月30日前，制作由管理局局长指定的作为最重要的优先项目区域的全国湿地名录地图，包括美国整个沿海区域、主要河流的冲积平原和大草原坑洼地区。

第十一条【湿地监测制度】

重点国有林管理机构和湿地保护管理机构应按照职责分工对湿地的自然状况、生态系统功能、生物多样性、森林火灾以及其他影响因素等进行监测。

重点国有林管理机构负责制定湿地监测规范，组织监测网络，统一规划监测站（点）的设置，建立监测数据共享机制，加强对湿地监测的管理。

【说明】理论基础：湿地监测制度是指在一定时间和空间范围内，间断或不间断地监测湿地的环境、生态状况，观察、分析其变化和对湿地影响过程的工作。湿地监测主体包括重点国有林管理机构和湿地保护机构。湿地监测的对象大体分为湿地的自然状况、生态系统功能、生物多样性、森林火灾及其他。重点国有林管理机构的职责是制定湿地监测规范，组织监测网络，统一规划监测站（点）的设置，建立监测数据共享机制，加强对湿地监测的管理。

相关部门通过监测网络的运行，掌握各类湿地变化动态、发展趋势，定期提供监测数据与监测报告，为各级政府提供决策依据。湿地生态系统的监测为科学研究提供了大量的数据依据，是湿地生态系统研究最为真实有力的理论基础。相关部门利用统计学、经济学、环境学、生态学等不同的技术手段对湿地资源进行调查、价值评估，建立湿地资源数据库和相应的信息化管理系统，并实现制度化，可更好地保护湿地。

政策依据：(1)《中共中央、国务院关于加快推进生态文明建设的意见》提出，建立生态文明综合评价指标体系。加快推进对能源、矿产资源、水、大气、森林、草原、湿地、海洋和水土流失、沙化土地、土壤环境、地质环境、温室气体等的统计监测核算能力建设，提升信息化水平，提高准确性、及时性，实现信息共享。加快重点用能单位能源消耗在线监测体系建设。建立循环经济统计指标体系、矿产资源合理开发利用评价指标体系。利用卫星遥感等技术手段，对自然资源和生态环境保护状况开展全天候监测，健全覆盖所有资源环境要素的监测网络体系。提高环境风险防控和突发环境事件应急能力，健全环境与健康调查、监测和风险评估制度。定期开展全国生态状况调查和评估。加大各级政府预算内投资等财政性资金对统计监测等基础能力建设的支持力度。

(2)《全国生态保护“十三五”规划纲要》指出，我国尚未建立统一的生态监测监控网络，难以准确监测我国重要生态区域生态状况，不能及时主动发现重大生态破坏行为。大部分县级环保部门没有设置独立的生态保护科室，难以开展常态化监管。市县环保部门生态保护人员队伍和装备严重不足，导致执法力量薄弱。生态保护科技支撑不够，生态大数据集成应用尚待发挥作用，生态保护法律法规和标准体系尚需完善。

法律依据：(1)《环境保护法》第十七条规定，国家建立、健全环境监测制度。国务院环境保护主管部门制定监测规范，会同有关部门组织监测网络，统一规划国家环境质量监测站（点）的设置，建立监测数据共享机制，加强对环境监测的管理。有关行业、专业等各类环境质量监测站（点）的设置应当符合法律法规规定和监测规范的要求。监测机构应当使用符合国家标准的监测设备，遵守监测规范。监测机构及其负责人对监测数据的真实性和准确性负责。

(2)《湿地保护管理规定》第十条规定，国家林业局定期组织开展全国湿地资源调查、监测和评估，按照有关规定向社会公布相关情况。湿地资源调查、监测、评估等技术规程，由国家林业局在征求有关部门和单位意见的基础上制定。县级以上地方人民政府林业主管部门及有关湿地保护管理机构应当组织开展本行政区域内的湿地资源调查、监测和评估工作，按照有关规定向社会公布相关情况。

(3)《国家湿地公园管理规定》第十五条规定，国家湿地公园管理机构应当定期组织开展湿地资源调查和动态监测，建立档案，并根据监测情况采取相应的保护管理措施。

(4)《内蒙古自治区湿地保护条例》第十条规定，旗县级以上人民政府林业、环境保护、农牧业、水利等行政主管部门，应当按照各自职责加强对湿地生态资源的监测。旗县级以上人民政府林业行政主管部门应当在湿地资源调查和湿地生态资源监测的基础上，建立并及时更新湿地资源信息档案。

国外立法参考：(1)《湿地公约》规定，相关国家要与州/地区政府和私人土地拥有者合作监测湿地状况，编写和定期更新国家湿地资源名录，这个资源名录要包括联邦土地和水域上的湿地资源。

（2）《萨斯喀彻温湿地政策指南》提出了包括提高公众意识、实施湿地监测、制定土地利用规划行动手册，以及对土地所有者实施鼓励政策的进一步战略步骤。

（3）《湿地资源储备法》规定，内政部长应制订并定期审查和修订国家湿地优先保护计划。该计划应基于各个区域基础或内政部长认为适当的其他基础，详细说明有关联邦和州收购时应优先考虑的湿地的种类和利益。

第十二条【湿地监测人员与设备】

重点国有林管理机构和湿地保护管理机构应配备专业监测人员和必备的监测设施设备。

重点国有林管理机构应定期对监测人员进行培训，并及时更新监测设施设备。

监测人员应及时记录监测日志，并定期汇编上报，逐步建立湿地监测数据库。

【说明】理论基础：重点国有林管理机构和湿地保护管理机构的职责是配备监测人员及设备，定期培训监测人员及更新监测设备。监测人员的主要任务是及时记录监测日志，并定期汇编上报。

通过对湿地系统的变化进行全过程信息监测、信息管理、信息收集、整理及归纳，确保对湿地生态红线实施有效保护。

政策依据：（1）《中国湿地保护行动计划》提出，加强执法人员培训，提高执法人员的素质；对执法的技术、手段加强研究。

（2）《国务院办公厅关于做好自然保护区管理有关工作的通知》提出，加强自然保护区生物多样性基础理论、保护技术和管理政策等方面的研究。建立自然保护区生态系统、植被和珍稀濒危物种分布数据库。建立卫星遥感监测和地面监测相结合的自然保护区生态和资源监测体系。认真履行有关国际公约，加强迁徙物种监测与保护、外来物种入侵等领域的国际交流与合作。充分发挥自然保护区的生态环境保护宣传教育、自然科学普及平台功能。加强自然保护区科研、管理等专业人员培训。

法律依据：（1）《环境保护法》第十七条规定，国家建立、健全环境监测制度。国务院环境保护主管部门制定监测规范，会同有关部门组织监测网络，统一规划国家环境质量监测站（点）的设置，建立监测数据共享机制，加强对环境监测的管理。有关行业、专业等各类环境质量监测站（点）的设置应当符合法律法规规定和监测规范的要求。监测机构应当使用符合国家标准的监测设备，遵守监测规范。监测机构及其负责人对监测数据的真实性和准确性负责。

（2）《湿地保护管理规定》第三十二条规定，县级以上人民政府林业主管部门应当按照有关规定开展湿地防火工作，加强防火基础设施和队伍建设。

（3）《国家级森林公园管理办法》第四条规定，县级以上地方人民政府林业主管部门应当指导本行政区域内的国家级森林公园经营管理机构配备管理和技术人员，负责森林风景资源的保护和利用。

国外立法参考：（1）《湿地公约》规定，各缔约国应加强培训能胜任湿地研究、管理和看管的人员；应建立充足的监测设备以测验水质，尤其当湿地水质被工业生产影响时。

（2）《瑞士湿地政策》规定，各州应指派管理人员监管水鸟和候鸟保护区。

（3）《美国联邦政府湿地保护政策》规定，联邦各机构所有从事湿地测绘的人员都必须首先接受跨部门的湿地测绘工作培训。如果条件允许，各州及各地区的有关机构同样也应该参加联邦培训计划。此外，1993 年底，美国工程兵团出台有关法令，规定了私有部门的从业人员如何获得合格证书的程序。美国工程兵团还将考虑接纳已经获得证书的湿地测绘顾问参与实际工作来提高办事效率。

第十三条【湿地保护国际合作制度】

重点国有林管理机构和湿地保护管理机构应支持湿地保护、恢复、调查和监测等基础理论和科学技术研究方面的国际合作。

在湿地内从事科学研究、教学实习和标本采集的国际组织或机构及个人，应向自然保护区管理机构提交活动成果副本。国际组织或机构和个人取得的知识产权的所有权应归属于重点国有林管理机构，国际组织或机构和个人可以无偿使用。

【说明】理论基础： 当今世界面临的环境问题具有普遍性、全球性、关联性的特点，影响着人类生存和发展。保护和改善环境关系到人类的共同利益，是国际社会的共同责任。各国应通过协调一致的国际行动，确保全球的湿地及其生物多样性得到良好的保护和合理利用，以实现生态系统的持续发展。湿地保护应通过管理跨国界的水资源和湿地以及共享的湿地物种，与其他公约和国际组织合作，交流信息和经验，使更多的资金和有关技术流入发展中国家和经济转型国家，应在实施湿地保护和合理利用时进行国际合作。

政策依据：《中共中央、国务院关于加快推进生态文明建设的意见》提出，统筹国内国际两个大局，以全球视野加快推进生态文明建设，树立负责任大国形象，把绿色发展转化为新的综合国力、综合影响力和国际竞争新优势。发扬包容互鉴、合作共赢的精神，加强与世界各国在生态文明领域的对话交流和务实合作，引进先进技术装备和管理经验，促进全球生态安全。加强南南合作，开展绿色援助，对其他发展中国家提供支持和帮助。

法律依据：（1）《湿地保护管理规定》第四条规定，国家林草局负责全国湿地保护工作的组织、协调、指导和监督，并组织、协调有关国际湿地公约的履约工作。

（2）《内蒙古自治区湿地保护条例》第八条规定，旗县级以上人民政府及其有关行政主管部门，应当依照国家有关规定，加强湿地保护工作的国际合作，做好国际援助项目的实施工作。

国外立法参考：（1）《湿地公约》第 5 条规定，缔约国在执行公约义务时，应与有关国家相互磋商，特别是当一片湿地跨越一个以上缔约国领土或多个缔约国共处同一水系时。同时，在制定湿地及其动植物保护政策和规章方面，现在和将来缔约国都应尽力合作和相互支持。

（2）《湿地公约战略计划（2003—2008）》确定了五项总体目标，其中关于国际合作规定，通过积极实施《湿地公约国际合作指导原则》，促进国际合作，尤其是为湿地的保护和合理利用动员资金和技术援助。

第十四条【监管体制】

内蒙古大兴安岭重点国有林区的湿地资源归国家所有。

重点国有林区湿地保护工作实行综合协调、分部门实施的管理体制。

自治区人民政府对重点国有林区湿地保护管理和生态建设负总责。自治区林草行政主管部门代表自治区人民政府履行湿地保护管理和生态建设等监管职责。

重点国有林管理机构对重点国有林区湿地保护工作实施统一的监督管理。林区政府与重点国有林管理机构应承担重点国有林区湿地保护的责任。

重点国有林管理机构下设的国有林管理机构及其派出机构和湿地保护管理机构应按照职责分工，负责各自职责范围内的湿地保护管理工作。

【说明】理论基础：监管体制是指在一定的法律框架下，建立独立运作的监管机构，根据法律、法规所明确界定的监管权限的划分与职责范围，对某一领域的具体事务进行日常监督、管理和管制的综合整体。

重点国有林区湿地保护实行综合协调、分部门实施的监管体制。自治区人民政府负总责，主要由自治区林草行政主管部门代为履行，重点国有林管理机构是责任主体。凡涉及重点国有林区湿地保护工作的各个行政部门与机构应密切配合，共同履行法律、法规规定的各自职责。湿地资源不仅涉及土地、水、生物、矿产等自然资源，而且涉及经济、社会、生态、环境各个方面。多样性的特点决定了在湿地保护利用中，其管理职权必然涉及多个行政管理部门，就会造成各部门各自为政，管理职权冲突或权力交叉现象屡屡出现。为避免此种现象的发生，条例明确地规定了各自的职责范围。

政策依据：(1)《全国生态保护“十三五”规划纲要》提出，把加强生态统一监管作为主要手段。建立全面、严格、及时、有效的监管体系，是加强生态保护统一监管的重要基础。建设“天地一体化”的监测体系和综合监管平台，及时发现和查处生态破坏行为，由被动核查变为主动发现，提高生态保护的精细化和信息化水平。

(2)《关于印发〈国有林场改革方案〉和〈国有林区改革指导意见〉重点工作分工的通知》提出，建立归属清晰、权责明确、监管有效的森林资源产权制度，建立健全林地保护制度、森林保护制度、森林经营制度、湿地保护制度、自然保护区制度、监督制度和考核制度。按照林地性质、生态区位、面积大小、监管事项、对社会全局利益影响的程度等因素由国家、省、市三级林业行政主管部门分级监管。对林地性质变更、采伐限额等强化多级联动监管，充分调动各级监管机构的积极性（林业局牵头，财政部、发展改革委、国土资源部参与）。

（3）《中国湿地行保护行动计划》提出，建立湿地保护的管理协调机制，建立有效的湿地保护管理协调机制是涉及中国湿地保护和利用的发展目标是否顺利实现的关键因素，也是湿地保护事业发展的重要保障条件之一。湿地资源保护和合理利用管理涉及多个政府部门和行业，关系多方的利益，政府部门之间目前急需在管理方面加强协调与合作。地方政府的管理机构，也应明确职责，配置相应管理人员，建立湿地保护与合理利用管理协调机制。

（4）国务院“三定”方案规定，国家林草局负责“组织、指导陆生野生动植物资源的保护和合理开发利用，组织、协调全国湿地保护和有关国际公约的履约”，国家环保总局负责“监督检查生物多样性保护、野生动植物保护、湿地环境保护”，农业部负责“指导渔业水域、宜农滩涂、宜农湿地的开发利用，承办渔业水域、宜农滩涂、宜农湿地保护和管理的协调监督”。

法律依据：（1）《环境保护法》第十条规定，国务院环境保护主管部门，对全国环境保护工作实施统一监督管理；县级以上地方人民政府环境保护主管部门，对本行政区域环境保护工作实施统一监督管理。县级以上人民政府有关部门和军队环境保护部门，依照有关法律的规定对资源保护和污染防治等环境保护工作实施监督管理。第二十六条规定，国家实行环境保护目标责任制和考核评价制度。县级以上人民政府应当将环境保护目标完成情况纳入对本级人民政府负有环境保护监督管理职责的部门及其负责人和下级人民政府及其负责人的考核内容，作为对其考核评价的重要依据。考核结果应当向社会公开。第二十七条规定县级以上人民政府应当每年向本级人民代表大会或者人民代表大会常务委员会报告环境状况和环境保护目标完成情况，对发生的重大环境事件应当及时向本级人民代表大会常务委员会报告，依法接受监督。

（2）《自然保护区条例》第二十一条规定，国家级自然保护区，由其所在地的省、自治区、直辖市人民政府有关自然保护区行政主管部门或者国务院有关自然保护区行政主管部门管理。地方级自然保护区，由其所在地的县级以上地方人民政府有关自然保护区行政主管部门管理。有关自然保护区行政主管部门应当在自然保护区内设立专门的管理机构，配备专业技术人员，负责自然保护区的具体管理工作。

（3）《湿地保护管理规定》第四条规定，国家林业局负责全国湿地保护工作的组织、协调、指导和监督，并组织、协调有关国际湿地公约的履约工作。县级以上地方人民政府林业主管部门按照有关规定负责本行政区域内的湿地保护管理工作。

（4）《内蒙古自治区湿地保护条例》第五条规定，各级人民政府应当建立健全湿地保护与合理利用管理协调机制，加强对湿地保护工作的领导。旗县级以上人民政府林业、环境保护、农牧业、水利、国土资源、建设等行政主管部门，按照各自的职责，依法做好湿地保护工作。旗县级以上人民政府林业行政主管部门负责湿地保护的组织和协调工作。

国外立法参考：（1）韩国《湿地保护法》与《湿地保护法实施细则》规定，国家、都市圈、大都市、道、特别自治道都有保护湿地的义务。根据本法第 4 条和第 5 条的规定，环境部部长应对湿地调查和湿地保护总体规划编制等工作实施统一监督管理。根据本法第 8 条对“内陆湿地”的规定，环境部长应制定并实施有关湿地保护区、湿地管理区以及周边地区或湿地改善区的认定与保护的政策。根据本法第 8 条对“滨海湿地”的规定，国土、交通与海洋事务部部长应制定并实施有关滨海湿地保护区的认定与保护的政策。根据上款规定，都市圈市长、大都市市长、道知事、特别自治道知事应与环境部长和国土、交通与海洋事务部部长合作实施湿地保护区政策。环境部部长或国土、交通与海洋事务部部长可依照本法的规定，向环保部或国土、交通与海洋事务部的附属机构，总统令规定的市/道知事或自治市负责人授予部分权力。依照总统法令的规定，环保部部长或国土、交通与海洋事务部部长可依照本法的规定，将部分权力或行政事务委托给总统令规定的相关中央行政部门负责人或相关专门机构。

（2）《北美湿地保护法》规定，北美湿地保护理事会对湿地保护项目的建议应考虑联邦行动要求准备的环境影响评价或在合适情况下准备的环境影响报告书。理事会对候鸟保护委员会的建议进行审批。内政部长应帮助在美国已经开展的被候鸟保护委员会批准的湿地保护项目实施。内政部长利用联邦可得资金的全部或部分利益实施湿地保护项目。内政部长应就本法实施的情况向适当的委员会报告。负责管理或处理联邦土地和水域的联邦机构负责人，在与该机构和现有的法定机构的任务相一致的程度上，应与美国鱼类和野生动物管理局局长合作，恢复和保护湿地生态系统和该机构管辖土地和水域内的其他候鸟、鱼类和野生动物。

（3）美国《湿地资源储备法》规定，湿地保护监督管理体制包括：内政部长应制订并定期审查和修订国家湿地优先保护计划；内政部长应与环境保护署署长、商务部长、农业部长和各州州长协商后制订国家湿地优先保护计划；内政部长应发布国家湿地名录项目；内政部长应与农业部长协商和合作，并向委员会提交美国湿地的地位、条件和趋势报告。当然，美国的湿地保护机构还包括联邦环境保护局和陆军工程兵团等其他机构。

（4）美国明尼苏达州《湿地保护法》与《湿地保护法实施条例》规定，州层面的湿地保护监督管理体制主要包括以下部门与机构：①水土资源理事会。水土资源理事会是湿地保护的监督机构；水土资源理事会作为政府实体的主管机关，应根据导则解决所发生的问题。②地方政府部门。在七个县市区域，地方政府部门是指该活动所在地的城市、城镇或管制该区域内地表水相关事项的水管理组织或其委托的单位。在七个县市区域以外，地方政府部门是指活动所在地的县、市或其委托的单位。③在州土地上的活动，地方政府部门是对该土地负有行政管理责任的州机关或其派出机构。州机关在采取湿地保护行动或做决策时必须与其他具有管辖权的地方政府协商。④州自然资源部。对矿藏进行开发的项目及可能影响沼泽钙质的项目，需要获得自然资源部的批准授权。⑤流域和水土保持部门。

（5）乌干达《国家环境（湿地、河岸和湖滨管理）条例》规定，区域环境委员会应对湿地资源管理的所有方面与区议会协商、监督和咨询；地方环境委员会应在其管辖区域内成为湿地资源保护与管理的实施机构；下级地方政府委员会的特殊职责包括：确保在湿地集水区范围内从事的任何活动不能影响湿地的水位；管制包括家庭目的的供水、捕鱼、沼泽园林、放牧、纸莎草的收割等活动，确保湿地资源的可持续利用；在地方委员会事先批准之后，建议国家环境管理局根据本条例宣布某个区域为“保护区”；授权保护区内的研究活动；为更好地执行本条例的规定，并确保湿地的明智利用，发布地方指南和指令；伴随地方环境官员的批准，指导涉及湿地利用的项目或一个湿地边缘10米范围内区域的项目环境影响评价的执行；为达到重建目的，宣布湿地对某些活动或所有活动封闭；制定地方和下级政府有关湿地适当管理的法规；履行由执行主任根据法律指派的任何其他职责。地方委员会的职责：当正在发生可能使环境、河岸或湖滨退化的活动时，其管辖范围内的地方环境委员会应书面通知区域环境官员采取适当行动；确保所有河岸和湖滨的保护。环境官员的职责：当正在发生可能使环境、河岸或湖滨退化的活动时，其管辖范围内的环境官员应确保生活在湿地附近的社区参与湿地保护，并帮助环境委员会实施保护湿地的条例和任何其他法律。

我国的湿地保护虽实行综合协调、分部门实施的管理体制，但国家林草行政主管部门属于主管部门。

第十五条【湿地管理机构职责】

重点国有林管理机构的湿地保护管理职责：

（一）宣传、贯彻执行国家、自治区有关湿地保护的法律、法规和政策；

（二）负责国际重要湿地、国家级湿地自然保护区、国家级湿地公园、自治区级湿地自然保护区、自治区级湿地公园的申报、评估等工作；

（三）负责湿地自然保护区、湿地公园、湿地保护小区申请的评估、审批工作；

（四）组织编制、修订湿地保护规划，制定各项管理制度；

（五）负责征占用湿地审查工作；

（六）负责保护管理重点国有林区的湿地资源；

（七）开展湿地资源监测和科学研究，建立湿地资源档案，做好外来物种入侵防控工作；

（八）组织湿地保护宣传教育工作，建立湿地科普示范基地；

（九）组织湿地保护管理的联合执法、监督检查工作；

（十）自治区人民政府规定的其他职责。

【说明】理论基础：职责，即任职者为履行一定组织职能或完成工作使命，所负责的范围和承担的一系列工作任务，以及完成这些工作任务所需承担的相应责任。本条所列举的重点国有林管理机构职责主要有十条。管理职责是由国家或地方权力机关通过立法途径，授予政府行政管理部门对一定领域、一定范围内各项事务进行监督管理的权力。管理职责不但体现着享有该项权力的行政管理部门的权力范围，而且也表示着该行政管理部门在管理职权范围内应承担的义务和责任。

政策依据：《内蒙古大兴安岭重点国有林区改革总体方案》规定，建立精简高效的重点国有林管理机构。按照“人员只出不进、机构只减不增、社会和谐稳定”和精简高效的原则，撤销内蒙古大兴安岭林业管理局，重新组建内蒙古大兴安岭重点国有林管理局，为自治区人民政府直属单位。主要职责为保护和管理重点国有林区的森林、湿地、自然保护区和野生动植物资源；开展森林防火、林业有害生物防治、造林、森林抚育、森林管护、森林资源监测和林业科学研究；组织编制实施森林经营方案；指导林业产业发展；配合地方政府做好林区经济发展、基础设施和公共服务建设、防汛等方面的协调及维护社会稳定工作。

法律依据：（1）《自然保护区条例》第二十二条规定，自然保护区管理机构的主要职责是：“（一）贯彻执行国家有关自然保护的法律、法规和方针、政策；（二）制定自然保护区的各项管理制度，统一管理自然保护区；（三）调查自然资源并建立档案，组织环境监测，保护自然保护区内的自然环境和自然资源；（四）组织或者协助有关部门开展自然保护区的科学研究工作；（五）进行自然保护的宣传教育；（六）在不影响保护自然保护区的自然环境和自然资源的前提下，组织开展参观、旅游等活动。”

（2）《湿地保护管理规定》第四条规定，国家林业局负责全国湿地保护工作的组织、协调、指导和监督，并组织、协调有关国际湿地公约的履约工作。第五条规定，县级以上人民政府林业主管部门及有关湿地保护管理机构应当加强湿地保护宣传教育和培训，结合世界湿地日、爱鸟周和保护野生动物宣传月等开展宣传教育活动，提高公众湿地保护意识。县级以上人民政府林业主管部门应当组织开展湿地保护管理的科学研究，应用推广研究成果，提高湿地保护管理水平。第十六条规定，国家湿地公园管理机构应当定期组织开展湿地资源调查和动态监测，建立档案，并根据监测情况采取相应的保护管理措施。县级以上地方人民政府林业主管部门按照有关规定负责本行政区域内的湿地保护管理工作。

（3）《国家湿地公园管理办法》第十六条规定，国家湿地公园管理机构应当定期组织开展湿地资源调查和动态监测，建立档案，并根据监测情况采取相应的保护管理措施。

国外立法参考：韩国《湿地保护法》规定，在环境部部长的监督下，成立国家湿地审议委员会审议以下有关湿地保护事项：总体规划的编制和修订；实施公约缔约方一般会议通过的决定和建议；环境部部长或国土、交通与海洋事务部部长提交审议的有关湿地保护政策的其他重要事项。

第十六条【征占用湿地审查制度】

重点国有林管理机构严格管控改变湿地用途的项目。

建设项目需要占用或者征收国家重要湿地或者地方重要湿地35公顷以上的，由国务院批准。

建设项目需要占用或者征收前款规定以外湿地的，由自治区人民政府批准，并报国务院备案。

为确保生态保护红线，经批准占用或者征收湿地的，用地单位应当按照占多少、补多少的原则，负责恢复或者重建与所占湿地数量和质量相当的湿地。

【说明】理论基础：征、占用湿地都要遵循批准程序，35公顷以上的，国务院批准；35公顷以下的，要经自治区人民政府批准并报国务院备案，占用单位遵循“占多少，补多少”。包括沼泽、滩涂等在内的湿地，无论其是否已被开发利用，是否已为人类提供了经济价值，都属于有价资源，这种资源也许是显现的价值，也许是潜在的价值。因此，凡依法获得湿地使用权、收益权的当事人，都应按照国家规定向湿地所有权人支付资源使用费。

除了直接开发利用行为外，还有一种利用方式，就是对湿地土地资源的临时占用。虽然占用行为可能是临时的，但也可能因占用而导致被占用湿地生态环境的严重改变。因此，对于湿地占用行为，湿地的所有权人应当按照被占用湿地原有可获得的收益价值，或者按照被占用湿地所具有的生态价值折算，得到湿地占用补偿费用，并将此补偿费用用于临时占用结束后的湿地恢复等。我国在建立湿地红线制度的同时，又提出湿地占补平衡制度，即在将湿地转为其他用途时，必须开垦出一块与其数量与质量相当的湿地以保证湿地总量不被减少。

为了满足国民经济和社会发展的需要，湿地不是只能增加，而不能减少。湿地占补平衡制度只是在一定的阶段内保持湿地“占”和“补”的平衡。想要促进经济的可持续发展，必须采用科学的技术方法，综合利用土地，这样才能促进经济长远发展。

政策依据：（1）《国务院办公厅关于加强湿地保护管理的通知》规定，对涉及向自然湿地区域排污或改变湿地自然状态，以及建设项目占用自然湿地的，行政审批部门要会同相关部门按照《中华人民共和国环境影响评价法》等法律、法规进行环境影响评价和严格审批。

（2）《关于印发湿地保护修复制度方案》规定，落实湿地面积总量管控，确定全国和各省（区、市）湿地面积管控目标，逐级分解落实。合理划定纳入生态保护红线的湿地范围，明确湿地名录，并落实到具体湿地地块。经批准征收、占用湿地并转为其他用途的，用地单位要按照“先补后占、占补平衡”的原则，负责恢复或重建与所占湿地面积和质量相当的湿地，确保湿地面积不减少（国家林草局、国土资源部、国家发展改革委、环境保护部、水利部、农业部、国家海洋局等按职责分工负责）。

（3）国土资源部《关于强化管控落实最严格耕地保护制度的通知》规定，各地要严格执行以补定占、先补后占规定，引导建设不占或少占耕地；耕地后备资源不足的地区相应减少建设占用耕地指标；确需占用的，按照确保粮食生产能力不下降的要求，提出补充耕地安排，补充数量质量相当的耕地，并作为通过预审的必要条件，全面实施耕作剥离再利用制度。

法律依据：（1）《土地管理法》第四条规定，国家实行土地用途管制制度。国家编制土地利用总体规划，规定土地用途，将土地分为农用地、建设用地和未利用地。第四十六条规定，征收下列土地的，由国务院批准：①永久基本农田；②永久基本农田以外的耕地超过 35 公顷的；③其他土地超过 70 公顷的。征收前款规定以外的土地的，由省、自治区、直辖市人民政府批准。第三十条规定，国家保护耕地，严格控制耕地转为非耕地。国家实行占用耕地补偿制度。第三十一条规定，县级以上地方人民政府可以要求占用耕地的单位将所占用耕地耕作层的土壤用于新开垦耕地、劣质地或者其他耕地的土壤改良。第三十二条规定，省、自治区、直辖市人民政府应当严格执行土地利用总体规划和土地利用年度计划，采取措施，确保本行政区域内耕地总量不减少、质量不降低。

（2）《湿地保护管理规定》第三十二条规定，工程建设应当不占或者少占湿地。确需征收或者占用的，用地单位应当依法办理相关手续，并给予补偿。临时占用湿地的，期限不得超过 2 年；临时占用期限届满，占用单位应当对所占湿地进行生态修复。

（3）《内蒙古自治区湿地保护条例》第十八条规定，任何单位和个人不得擅自占用或者改变天然湿地用途。因重要建设项目确需改变天然湿地用途的，应当按照有关法律、法规的规定办理相关审批手续。

国外立法参考：（1）《湿地公约》规定，根据政府间环境协定第 2.2.3. 条款，联邦政府将继续对联邦拥有的土地或占用的土地上的湿地负管理责任。

（2）芬兰《自然保护法》禁止在保护区中的排水、取土、采石等行为，并且限制国家征用权，确定了赔偿义务。该法也规定了一系列许可进行的行为，如钓鱼、用于科研目的猎杀等。

（3）美国《清洁水法》第 404 条规定，禁止未经许可向美国水域（包括湿地）排放污水；如果没有找到可行的方法，那么这个项目的影响必须尽量最小化，并进行补偿。比如，不可避免对水生植物和湿地的影响的最小化的补偿；必须遵守其他联邦和州法律，其中包括要求有州出具的水质证明及排放后的管理措施。

（4）韩国《湿地保护法》第 17 条规定，国家、地方政府、企业经营者损害湿地的面积达到或超过总统令规定的湿地保护区或本法第 16 条规定的湿地改善区的面积时，政府应发布联合条例规定从相关的湿地保护区或湿地改善区内恢复相同面积的湿地。

第十七条【现场检查制度】

重点国有林管理机构有权对管辖范围内的湿地进行现场检查，被检查的单位应当如实反映情况，提供必要的资料。检查机关有义务为被检查的单位保守在检查中获取的商业秘密。

【说明】理论基础：现场检查制度是指环境保护行政主管部门或其他依法行使环境监督管理权的部门，对管辖范围内的排污单位进行现场检查的法律规定。其目的在于检查和督促排污单位执行环境保护法律的要求，及时发现环境违法行为，以便采取相应的措施。

重点国有林管理机构有权对管辖范围内的湿地进行现场检查。现场检查是环境行政监督检查的基本手段之一。我国环境保护部门为了掌握环境状况，实现环境管理职能，保证环境法的贯彻实施，需要采用各种方法、手段来加强对被管理人环境行为的监督和检查。现场检查是环保部门和其他依法行使环境监督权的部门对湿地保护单位实施监督的一种重要手段。现场检查在事前可不通知被检查单位，在被检查单位没有准备的情况下，往往能了解到湿地保护的真实情况，从而减少弄虚作假的可能性。通过现场监督检查，可以及时发现和纠正不法情况，因此其在环境监察工作中具有重要的现实意义。

法律依据：（1）《环境保护法》第二十四条规定，县级以上人民政府环境保护主管部门及其委托的环境监察机构和其他负有环境保护监督管理职责的部门，有权对排放污染物的企事业单位和其他生产经营者进行现场检查。被检查者应当如实反映情况，提供必要的资料。实施现场检查的部门、机构及其工作人员应当为被检查者保守商业秘密。

（2）《中华人民共和国水污染防治法》第二十七条规定，环境保护主管部门和其他依照本法规定行使监督管理权的部门，有权对管辖范围内的排污单位进行现场检查，被检查的单位应当如实反映情况，提供必要的资料。检查机关有义务为被检查的单位保守在检查中获取的商业秘密。

（3）《中华人民共和国大气污染防治法》第二十一条规定，环境保护行政主管部门和其他监督管理部门有权对管辖范围内的排污单位进行现场检查，被检查单位必须如实反映情况，提供必要的资料。

（4）《湿地保护管理规定》第十六条规定，国家林草局对国际重要湿地的保护管理工作进行指导和监督，定期对国际重要湿地的生态状况开展检查和评估，并向社会公布结果。国际重要湿地所在地的县级以上地方人民政府林业主管部门应当会同同级人民政府有关部门对国际重要湿地保护管理状况进行检查，指导国际重要湿地保护管理机构维持国际重要湿地的生态特征。

第十八条【联合执法】

重点国有林管理机构、重点国有林管理机构下设的国有林管理机构及其派出机构和湿地保护管理机构可以根据湿地保护管理的需要，要求重点国有林区县级以上人民政府林业主管部门及其他相关部门开展联合执法活动。

【说明】理论基础：联合执法是指两个或两个以上的行政执法机关按照各自的职责范围，在实施行政执法时进行联合行动。联合执法遵循“依法办事、统一指挥、联合行动、各司其职、各负其责”的原则。

重点国有林管理机构、重点国有林管理机构下设的国有林管理机构及其派出机构和湿地保护管理机构和重点国有林区县级以上人民政府林业主管部门及其他相关部门可开展联合执法活动。加强湿地保护执法队伍建设，在湿地资源管理中严格依法办事，是确保湿地资源及其生态环境保护和可持续利用的关键。

政策依据：《中国湿地保护行动计划》：加强执法力度，严格执法，通过法律和经济手段，制裁过度和不合理地利用湿地资源的行为，打击破坏湿地资源的违法、犯罪活动；建立联合执法和执法监督的体制。

法律依据（1）《中华人民共和国大气污染防治法》第九十二条规定，国务院生态环境主管部门和国家大气污染防治重点区域内有关省、自治区、直辖市人民政府可以组织有关部门开展联合执法、跨区域执法、交叉执法。

（2）《福建湿地保护条例》第四十三条规定，县级以上地方人民政府应当建立湿地执法协作机制，根据湿地保护工作需要，组织、协调林业、海洋与渔业、国土资源、住房和城乡建设、环境保护、水利、农业以及其他有关部门实行湿地保护联合执法。县级以上地方人民政府及其有关部门应当引导志愿者参与湿地保护工作，为志愿服务提供指导和帮助。

第十九条【湿地保护规划制度】

重点国有林管理机构应当会同自治区林业、国土资源、环境保护等有关部门编制重点国有林区湿地保护规划，报自治区人民政府批准。

重点国有林管理机构下设的国有林管理机构应当根据重点国有林区湿地保护规划，编制其管辖范围内的湿地保护规划。

湿地保护规划应当包括下列内容：

（一）湿地资源分布情况、类型特点、生态功能、水资源、生物多样性状况；

（二）保护和利用的指导思想、原则、目标和任务；

（三）湿地保护区划与建设布局；

（四）生态、社会、经济效益分析和评价；

（五）保障措施；

（六）法律规定的其他事项。

经批准的湿地保护规划必须严格执行。未经原批准机关批准，不得调整或者修改。

【说明】理论基础：湿地保护规划是指湿地主管机关，根据湿地资源和环境的特征、存量，湿地社会、经济、生态学意义，以及社会、经济、生态、环境不同阶段的发展要求，通过制定湿地保护规划的方式，限定湿地资源的利用方向和对湿地环境提供保护的制度。在湿地保护中，规划有着重要作用，是贯彻预防原则、防止污染从而改变被动治理的根本措施。《湿地保护管理规定》只是规定了湿地保护规划编制、审核主体与规划的主要内容。

本条湿地保护规划的主要内容就是依据《湿地保护管理规定》做出的规定。

政策依据：（1）《国务院办公厅关于加强湿地保护管理的通知》规定，各地要抓紧编制本地区的湿地保护规划，明确奋斗目标、建设布局、重点项目和政策措施，并纳入本地区经济和社会发展计划，认真组织实施。

（2）《国务院办公厅关于加强湿地保护管理的通知》规定，抓好规划编制工作，促进湿地保护事业健康发展。湿地保护是一项长期而艰巨的任务，国务院已原则同意《全国湿地保护工程规划（2002—2030 年）》作为今后湿地保护的指导意见，林业局要尽快会同有关部门编制 2004—2010 年全国湿地保护工程实施规划，明确建设目标任务和具体措施。各地要抓紧编制本地区的湿地保护规划，明确奋斗目标、建设布局、重点项目和政策措施，并纳入本地区经济和社会发展计划，认真组织实施。

法律依据：（1）《环境保护法》第十三条规定，县级以上人民政府应当将环境保护工作纳入国民经济和社会发展规划。国务院环境保护主管部门会同有关部门，根据国民经济和社会发展规划编制国家环境保护规划，报国务院批准并公布实施。县级以上地方人民政府环境保护主管部门会同有关部门，根据国家环境保护规划的要求，编制本行政区域的环境保护规划，报同级人民政府批准并公布实施。

（2）《湿地保护管理规定》第七条规定，国家林草局会同国务院有关部门编制全国和区域性湿地保护规划，报国务院或者其授权的部门批准。县级以上地方人民政府林业主管部门会同同级人民政府有关部门，按照有关规定编制本行政区域内的湿地保护规划，报同级人民政府或者其授权的部门批准。第八条规定，湿地保护规划应当包括下列内容：①湿地资源分布情况、类型及特点，水资源、野生生物资源状况；②保护和合理利用的指导思想、原则、目标和任务；③湿地生态保护重点建设项目与建设布局；④投资估算和效益分析；⑤保障措施。第九条规定，经批准的湿地保护规划必须严格执行；未经原批准机关批准，不得调整或者修改。

（3）《内蒙古自治区湿地管理条例》第九条规定，自治区人民政府林业行政主管部门会同发展改革、农牧业、水利、国土资源、环境保护、建设等有关行政主管部门，依据全国湿地保护规划，编制自治区湿地保护规划，由自治区人民政府批准后组织实施。自治区湿地保护规划应当纳入自治区国民经济和社会发展规划。旗县级以上人民政府组织林业等有关行政主管部门，依据上一级人民政府湿地保护规划，编制本行政区域湿地保护规划，报上一级人民政府备案。各级人民政府应当保障用于湿地保护的资金投入。

国外立法参考：（1）韩国《湿地保护法》第5条规定，环境部部长、国土、交通与海洋事务部部长应在第4条规定的调查结果基础上，每5年各自编制湿地保护基本规划；与国土、交通与海洋事务部部长协商后，环境部应根据基本规划编制湿地保护总体规划；在此情况下，依据其他法律编制的湿地保护规划应获得最大限度的考虑。

（2）美国明尼苏达州《湿地保护法》规定，湿地保护和管理总体规划可由地方政府部门，或一个或多个地方政府部门根据联合权力协议制定；在规划过程开始时，应通知理事会、自然资源专员、污染控制局、农业专员、地方政府部门和地方公民积极参与规划的制定；规划应通过法令实施，作为地方政府官方控制的一部分。

第二十条【规划衔接和调整】

湿地保护规划、湿地开发利用规划应当与土地利用总体规划相衔接，与城乡建设规划、水资源规划、渔业水域滩涂规划、草原保护建设利用规划、主体功能区划相协调。

湿地保护规划、湿地开发利用规划的调整，应当报经原审批机关批准。

【说明】理论基础：环境保护规划是指根据国家或者一定地区的环境状况和经济社会发展的需要，对一定时期和一定范围内环境的保护和改善活动所做的总体规划和部属。湿地保护规划、开发利用规划要与土地总体规划、城乡建设规划等相衔接，调整要经原审批机关批准。

本条是关于湿地保护利用规划要求的规定。湿地规划是指湿地主管机关，根据湿地资源和环境的特征、存量和湿地社会、经济、生态学意义，以及社会、经济、生态、环境不同阶段的发展要求，通过制定湿地利用或保护规划的方式，限定湿地资源的利用方向和对湿地环境提供保护的制度。

湿地保护规划根据湿地规划编制主体和编制范围的不同，分为国家湿地规划和地方湿地规划。各个规划之间应当保持协调一致。

政策依据：（1）《国务院办公厅关于加强湿地保护管理的通知》提出，各地编制和修订湿地保护规划时，必须加强相关部门的协调，做好与土地利用总体规划、海洋功能区划的衔接，确保自然湿地能够得到有效保护和恢复。

（2）《国务院办公厅关于加强湿地保护管理的通知》提出，抓好规划编制工作，促进湿地保护事业健康发展。要坚持以系统工程和综合治理的方法确保湿地保护任务的落实。各地编制和修订湿地保护规划时，必须加强相关部门的协调，做好与土地利用总体规划、海洋功能区划的衔接，确保自然湿地能够得到有效保护和恢复。要做到水资源利用与湿地保护紧密结合，统筹协调区域或流域内的水资源平衡，充分兼顾湿地保护等生态用水的需要。

法律依据：（1）《土地管理法》第二十二条规定，江河、湖泊综合治理和开发利用规划，应当与土地利用总体规划相衔接。在江河、湖泊、水库的管理和保护范围以及蓄洪滞洪区内，土地利用应当符合江河、湖泊综合治理和开发利用规划，符合河道、湖泊行洪、蓄洪和输水的要求。

（2）《环境保护法》第十三条规定，环境保护规划的内容应当包括生态保护和污染防治的目标、任务、保障措施等，并与主体功能区规划、土地利用总体规划和城乡规划等相衔接。

（3）《内蒙古自治区湿地保护条例》第十七条规定，开发利用天然湿地应当按照湿地保护规划进行，不得破坏湿地生态系统的基本功能，不得破坏野生动植物栖息和生长环境。

国外立法参考：（1）韩国《湿地保护法》第5条规定，编制基本规划或总体规划，环境部部长，国土、交通与海洋事务部部长应与有关中央行政部门负责人协商，并可要求有关中央行政部门负责人和市/道知事在必要时提供相关数据。环境部部长和国土、交通与海洋事务部部长准备修订基本规划或总体规划时，应适用上述规定；环境部部长编制完成总体规划时，他/她应通知有关中央行政部门负责人以及市/道知事。环境部部长修订完总体规划，应适用上述规定。

（2）美国明尼苏达州《湿地保护法》规定，完成原规划要求的相同程序后，规划的修正生效。

第二十一条【湿地保护体系】

重点国有林管理机构可以采取建立湿地自然保护区、湿地公园、湿地森林等方式保护湿地，健全湿地保护管理机构和管理制度，完善湿地保护体系，加强湿地保护。

【说明】理论基础：湿地保护体系，即明确将湿地保护分别按照湿地自然保护区、湿地公园、湿地森林等不同类型，采取不同保护管理方式。

湿地有着面积大、分布广、类型全、区域差异明显、生物多样性丰富的特点，通过建立湿地自然保护区、湿地公园、湿地保护小区、湿地多用途管理区等模式，对湿地进行有效保护。

政策依据：（1）《国务院办公厅关于加强湿地保护管理的通知》提出，对不具备条件划建自然保护区的，也要因地制宜，采取建立湿地多用途管理区或划定野生动植物栖息地等多种形式加强保护管理。

（2）《关于印发湿地保护修复制度方案》提出，国务院湿地保护管理相关部门指导全国湿地保护修复工作。地方各级人民政府湿地保护管理相关部门指导本辖区湿地保护修复工作。对国家和地方重要湿地，要通过设立国家公园、湿地自然保护区、湿地公园、水产种质资源保护区、海洋特别保护区等方式加强保护，在生态敏感和脆弱地区加快保护管理体系建设。加强各级湿地保护管理机构的能力建设，夯实保护基础。在国家和地方重要湿地探索设立湿地管护公益岗位，建立完善县、乡、村三级管护联动网络，创新湿地保护管理形式。

法律依据：（1）《湿地保护管理规定》第十一条规定，县级以上人民政府林业主管部门可以采取湿地自然保护区、湿地公园、湿地保护小区等方式保护湿地，健全湿地保护管理机构和管理制度，完善湿地保护体系，加强湿地保护。

（2）《内蒙古自治区湿地保护条例》第十一条规定，具备下列条件之一的湿地，应当建立湿地自然保护区：①生态系统具有代表性的；②生物多样性丰富或者珍稀、濒危物种集中分布的；③国家和地方重点保护鸟类的繁殖地、越冬地或者重要的迁徙停歇地；④具有特殊保护或者科学研究价值的其他湿地。湿地自然保护区的建立和管理，按照有关法律、法规执行。第十二条规定，在自然景观适宜、生态系统完整、生态特征显著、历史和文化价值独特、便于开展科普宣传教育活动的湿地，可以建立湿地公园。湿地公园的建立和管理办法，由自治区人民政府制定。

第二十二条【湿地分级与名录管理】

重点国有林管理机构对湿地实行分级分类保护制度。

湿地按照其生态功能和生物多样性的重要性，分为重要湿地和一般湿地，并由湿地保护名录予以确定。

重要湿地包括国家级重要湿地和自治区级重要湿地。重要湿地以外的湿地为一般湿地。

国家级重要湿地名录由国家林草局依法审核公布。自治区级重要湿地名录由自治区各级人民政府依法编制、审核公布。一般湿地保护名录由重点国有林管理机构依法编制、审核公布。

【说明】理论基础：湿地分级与名录，是指根据湿地保护规划和湿地生态功能、生物多样性的重要程度，将内蒙古自治区湿地划分为重要湿地和一般湿地，并由湿地名录予以确定。重点国有林管理机构对湿地实行分级分类保护制度。湿地保护名录由自治区人民政府依法编制。通过实施湿地名录，国家可以用科学知识基础确认和优化需要实施特定湿地保护措施的湿地和需要恢复或修复的湿地。

我国根据管辖权限将湿地分为国家级和地方级，按照湿地生态功能和生物多样性的重要性，将湿地分为国家重要湿地、地方重要湿地和一般湿地，并据此确立相应的管理机构与制度安排。

政策依据：《关于印发湿地保护修复制度方案》提出，建立湿地分级体系，根据生态区位、生态系统功能和生物多样性，将全国湿地划分为国家重要湿地（含国际重要湿地）、地方重要湿地和一般湿地，列入不同级别湿地名录，定期更新。国务院林业主管部门会同有关部门制定国家重要湿地认定标准和管理办法，明确相关管理规则和程序，发布国家重要湿地名录。省级林业主管部门会同有关部门制定地方重要湿地和一般湿地认定标准和管理办法，发布地方重要湿地和一般湿地名录。

法律依据：（1）《自然保护区条例》第十一条规定，自然保护区分为国家级自然保护区和地方级自然保护区。在国内外有典型意义、在科学上有重大国际影响或者有特殊科学研究价值的自然保护区，列为国家级自然保护区。除列为国家级自然保护区的外，其他具有典型意义或者重要科学研究价值的自然保护区列为地方级自然保护区。地方级自然保护区可以分级管理，具体办法由国务院有关自然保护区行政主管部门或者省、自治区、直辖市人民政府根据实际情况规定，报国务院环境保护行政主管部门备案。

（2）《湿地保护管理规定》第十二条规定，湿地按照其生态区位、生态系统功能和生物多样性等重要程度，分为国家重要湿地、地方重要湿地和一般湿地。第十三条规定，国家林草局会同国务院有关部门制定国家重要湿地认定标准和管理办法，明确相关管理规则和程序，发布国家重要湿地名录。

国外立法参考：（1）《湿地公约》规定，以湿地的生态系统结构和功能为标准，将湿地划分为重要湿地和一般湿地。重要湿地又被划分为国际、国家重要湿地和省、市、县地方重要湿地。

（2）乌干达《国家环境（湿地、河岸和湖滨管理）条例》规定，主管部门应与执行主任协商制定所有湿地的名录。名录应包含每个湿地的位置、动植物物种的类型，土壤和水文特性，水的排放和成分，可能情况下的水量，水流和水质，现在的利用，依赖湿地的人口密度，保护状态，湿地面积以及其他任何与湿地相关的因素。主管部门应定期检查湿地，决定湿地名录的修订或更正的必要性。主管部门可与执行主任协商，在边界图上登记涉及名录湿地的边界变化，并对名录进行任何必要的改变来反映地面的实际情况。在制定湿地名录时，主管部门应与区域环境委员会协商邀请公众参与决定某个湿地是否应包含在地方、国家或国际重要湿地名录之中。主管部门和区域环境委员会应要求地方环境委员会在做出任何影响湿地的决定前都要在湿地附近召开会议。主管部门应与执行主任协商每 5 年公布一次湿地名录，以反映包含湿地名录在内的湿地的当前状态。执行主任应与主管部门协商每两年对湿地的保护状况进行一次评估，以确定湿地是否退化，并应制定措施来确保对它们的保护。

第二十三条【国家级湿地名录与调整】

符合下列条件之一的，应当列为国家级重要湿地：

（一）典型的或者独特的湿地生态系统；

（二）国家重点保护的野生动物物种的主要栖息地、重点保护野生植物的原生地；

（三）具有重大科学文化价值；

（四）对区域经济社会发展具有重要作用；

（五）经国务院批准公布需要予以特殊保护的湿地。

国家重要湿地名录及其调整，由国务院林草行政主管部门会同国土资源、环境保护、城乡建设、水利、农业、海洋等有关部门提出，经专家论证后，报国务院批准后公布。

【说明】理论基础：本条规定符合所列举的5个条件之一的，应被列为国家级重要湿地。

建立湿地保护名录制度，不仅能有效地实现湿地保护的地方立法目标，而且是湿地资源获得有效保护的基础。我国对于国家重要湿地的设立条件主要是基于该湿地的生态、社会和经济价值确立，并强调由多个主管部门共同提出，经过专家论证。

政策依据：《关于印发湿地保护修复制度方案》提出，落实湿地面积总量管控，确定全国和各省（区、市）湿地面积管控目标，逐级分解落实。合理划定纳入生态保护红线的湿地范围，明确湿地名录，并落实到具体湿地地块。

法律依据：（1）《环境保护法》第二十九条规定，各级人民政府对具有代表性的各种类型的自然生态系统区域，珍稀、濒危的野生动植物自然分布区域，重要的水源涵养区域，具有重大科学文化价值的地质构造、著名溶洞和化石分布区、冰川、火山、温泉等自然遗迹，以及人文遗迹、古树名木，应当采取措施予以保护，严禁破坏。

（2）《自然保护区条例》第十条规定，凡具有下列条件之一的，应当建立自然保护区：①典型的自然地理区域、有代表性的自然生态系统区域以及已经遭受破坏但经保护能够恢复的同类自然生态系统区域；②珍稀、濒危野生动植物物种的天然集中分布区域；③具有特殊保护价值的海域、海岸、岛屿、湿地、内陆水域、森林、草原和荒漠；④具有重大科学文化价值的地质构造、著名溶洞、化石分布区、冰川、火山、温泉等自然遗迹；⑤经国务院或者省、自治区、直辖市人民政府批准，需要予以特殊保护的其他自然区域。

（3）《湿地保护管理规定》第十三条规定，国家林草局会同国务院有关部门制定国家重要湿地认定标准和管理办法，明确相关管理规则和程序，发布国家重要湿地名录。第十四条规定，省、自治区、直辖市人民政府林业主管部门应当在同级人民政府指导下，会同有关部门制定地方重要湿地和一般湿地认定标准和管理办法，发布地方重要湿地和一般湿地名录。第十五条规定，符合国际湿地公约国际重要湿地标准的，可以申请指定为国际重要湿地。申请指定国际重要湿地的，由国务院有关部门或者湿地所在地省、自治区、直辖市人民政府林业主管部门向国家林草局提出。国家林草局应当组织论证、审核，对符合国际重要湿地条件的，在征得湿地所在地省、自治区、直辖市人民政府和国务院有关部门同意后，报国际湿地公约秘书处核准列入《国际重要湿地名录》。

（4）《国家湿地公园管理办法》第五条规定，具备下列条件的，可申请设立国家湿地公园：①湿地生态系统在全国或者区域范围内具有典型性；或者湿地区域生态地位重要；或者湿地主体生态功能具有典型示范性；或者湿地生物多样性丰富；或者集中分布有珍贵、濒危的野生生物物种。②具有重要或者特殊科学研究、宣传教育和文化价值。③成为省级湿地公园两年以上（含两年）。④保护管理机构和制度健全。⑤省级湿地公园总体规划实施良好。⑥土地权属清晰，相关权利主体同意作为国家湿地公园。⑦湿地保护、科研监测、科普宣传教育等工作取得显著成效。

（5）《内蒙古自治区湿地保护条例》第十一条规定，具备下列条件之一的湿地，应当建立湿地自然保护区：①生态系统具有代表性的；②生物多样性丰富或者珍稀、濒危物种集中分布的；③国家和地方重点保护鸟类的繁殖地、越冬地或者重要的迁徙停歇地；④具有特殊保护或者科学研究价值的其他湿地。湿地自然保护区的建立和管理，按照有关法律、法规执行。第十二条规定，在自然景观适宜、生态系统完整、生态特征显著、历史和文化价值独特、便于开展科普宣传教育活动的湿地，可以建立湿地公园。湿地公园的建立和管理办法，由自治区人民政府制定。

国外立法参考：（1）《湿地公约》第 2 条规定，每个缔约国都应指定其领土内适当湿地列入由依第 8 条所设管理局保管的《国际重要湿地名录》（以下简称《名录》），《名录》由根据第 8 条设立的办事处保管。每块湿地的边界都应在地图上精确标明和划定，可包括与湿地毗邻的河岸和海岸地区，以及位于湿地内的岛屿或低潮时水深超过 6 米的海洋水体，特别是具有水禽生境意义的地区岛屿或水体。选择列入《名录》的湿地，应根据它们在生态学、植物学、动物学、湖沼学或水文学方面的国际意义来考虑。首先应列入一年四季均对水禽具有国际意义的湿地。将湿地列入《名录》，并不损害其所属缔约国的专有主权。

（2）韩国《湿地保护法》第 8 条规定，①环境部部长、国土、交通与海洋事务部部长或市/道知事可以划定以下规定的任何一个湿地中的一个具有特殊保护地位的区域作为湿地保护区，并由此划定其周边区域为湿地管理区和外围区域，维持原始自然状态或丰富的生物多样性地区；珍稀或濒危野生动植物的栖息地和迁徙地；具有特别景观、地形或地质学价值的区域。②环境部部长，国土、交通与海洋事务部部长或市/道知事可指定以下任何一个湿地作为湿地改善区，湿地保护区中的湿地损害已经恶化或可能恶化的区域；湿地生态系统处于不良状况区域中通过人为管理等得到改善的区域；依照第 1 款或第 2 款规定划定湿地保护区时，环境部部长或国土、交通与海洋事务部部长应在听取市/道知事和当地居民的意见之后，同相关中央行政部门负责人共同商议决定；依照第 1 款或第 2 款规定划定湿地保护区时，市/道知事应在听取城市负责人和当地居民的意见后，同相关行政部门负责人共同商议决定；当环境部部长，国土、交通与海洋事务部部长或市/道知事划定湿地保护区时，他/她应通过发布联合条例公布所划定湿地保护区的名称、位置、面积和其他事项；湿地保护区划定等其他重要事项等应由总统令规定。

（3）乌干达《国家环境（湿地、河岸和湖滨管理）条例》：湿地名录：（1）主管部门应与执行主任协商制定所有湿地的名录。（2）第（1）款规定的名录应包含每个湿地：①湿地的位置；②动植物物种的类型；③土壤和水文特性；④水的排放和成分；⑤可能情况下的水量、水流和水质；⑥现在的利用；⑦湿地流域引起注意，特别是那些依赖湿地的人口密度；⑧保护状态；⑨湿地面积；⑩其他任何与湿地相关的因素。（3）这种湿地的边界应在合适的边界图上显现。（4）主管部门应定期检查湿地，决定湿地名录的修订或更正的必要性。（5）主管部门可与执行主任协商，在边界图上登记涉及第（3）款名录湿地的边界变化，并对名录进行任何必要的改变以反映地面的实际情况。（6）在制定湿地名录时，主管部门应与区域环境委员会协商邀请公众参与决定某个湿地是否应包含在地方、国家或国际重要湿地名录之中。（7）根据第（6）款规定的毫无偏见的普遍性，主管部门和区域环境委员会应要求地方环境委员会在做出任何影响湿地的决定前都要在湿地附近召开会议。（8）主管部门应与执行主任协商每5年公布一次湿地名录，以反映包含湿地名录在内的湿地的当前状态。（9）执行主任应与主管部门协商每两年对湿地的保护状况进行一次评估，以确定湿地是否退化，并应制定措施确保他们的保护。

第二十四条【自治区级湿地名录与调整】

自治区级重要湿地是指国家重要湿地名录以外由自治区重点保护的湿地。

自治区级重要湿地名录及其调整，由自治区人民政府林草行政主管部门会同有关部门提出，经专家论证后，报自治区人民政府批准后公布。

未纳入国家重要湿地和地方重要湿地名录的湿地，列为一般湿地。一般湿地名录及其调整，由重点国有林管理机构公布。

【说明】理论基础：自治区级重要湿地名录，即自治区重点保护的湿地。

自治区级重要湿地为国家重要湿地名录以外由自治区重点保护的湿地。

本条规定自治区级重要湿地名录与调整由自治区人民政府林业主管部门会同有关部门提出，经专家论证后，报自治区人民政府批准后公布。

未被纳入重要湿地名录的为一般湿地名录，一般湿地名录及其调整由重点国有林管理机构公布。

政策依据：《关于印发湿地保护修复制度方案》指出，国务院林业主管部门会同有关部门组织实施国家重要湿地的监测评价，制定全国湿地资源调查和监测、重要湿地评价、退化湿地评估等规程或标准，组织实施全国湿地资源调查，调查周期为10年。省级及以下林业主管部门会同有关部门组织实施地方重要湿地和一般湿地的监测评价。加强部门间湿地监测评价协调工作，统筹解决重大问题。

法律依据：《湿地保护管理规定》第十四条规定，省、自治区、直辖市人民政府林业主管部门应当在同级人民政府指导下，会同有关部门制定地方重要湿地和一般湿地认定标准和管理办法，发布地方重要湿地和一般湿地名录。第十五条规定，符合国际湿地公约国际重要湿地标准的，可以申请指定为国际重要湿地。申请指定国际重要湿地的，由国务院有关部门或者湿地所在地省、自治区、直辖市人民政府林业主管部门向国家林草局提出。国家林草局应当组织论证、审核，对符合国际重要湿地条件的，在征得湿地所在地省、自治区、直辖市人民政府和国务院有关部门同意后，报国际湿地公约秘书处核准列入《国际重要湿地名录》。

国外立法参考：（1）乌干达《国家环境（湿地、河岸和湖滨管理）条例》规定，部长在与主管部门协商并与环境政策委员会的事先批准一起，可通过法律宣布某个湿地是本条例规定进程的主题，即成为特别受保护的国家或国际重要湿地。根据第1款所做的宣告应规定一个湿地是否：①是充分受保护的湿地；②是部分受保护的湿地；③隶属于地方社区的保护。根据第①款宣告的湿地因其生物多样性、生态重要性、风景、自然遗产或旅游目的应成为任何国际和国家的重要区域。在本条例第三个计划中指定的湿地应被宣告为国际和国家重要湿地。

（2）韩国《湿地保护法》第9条规定，为履行《湿地公约》，政府决定向大会秘书通知本国内应被列入国际重要湿地名录的湿地时，环境部部长和国土、交通与海洋事务部部长应与相关中央行政部门负责人协商，从湿地保护区或虽未被列为湿地保护区，但具有同等保护价值的湿地中决定应被列入的湿地名录。当政府决定将依照规定列入湿地名录的湿地撤销或缩小其范围时，应尽力准备相应的湿地保护措施。政府应忠实履行公约所规定的事项，如保护和管理被列入公约湿地名录的湿地、合作研究、与其他缔约方的数据交换等。

第二十五条【湿地自然保护区】

具备自然保护区设立条件的湿地，应当依法建立湿地自然保护区。湿地自然保护区分为国家级湿地自然保护区和地方级湿地自然保护区。

地方级湿地自然保护区的建立和管理按照有关法律、法规执行。

【说明】理论基础：自然保护区是指对有代表性的自然生态系统、珍稀濒危野生动植物物种的天然集中分布区、有特殊意义的自然遗迹等保护对象所在的陆地、陆地水体或者海域，依法划出一定面积予以特殊保护和管理的区域。

本条规定湿地自然保护区的设立和管理按照自然保护区管理的有关规定执行，不另做规定。湿地自然保护区是将典型性湿地、生态系统特别脆弱的湿地、珍稀濒危野生动植物物种天然集中的湿地及其他具有特殊意义的湿地，依法划定出一定的面积予以特殊保护和管理的区域。湿地自然保护区制度是最行之有效的、为湿地提供全面保护的制度，其指导思想是在湿地自然保护区区域内实行一体化管理，即对湿地功能、湿地资源和湿地过程的综合管理。我国采取的是湿地自然保护区和湿地公园的分类方法。

政策依据：《国务院办公厅关于加强湿地保护管理的通知》提出，建立湿地自然保护区是保护湿地有效的措施。

法律依据：（1）《自然保护区条例》第十一条规定，自然保护区分为国家级自然保护区和地方级自然保护区。在国内外有典型意义、在科学上有重大国际影响或者有特殊科学研究价值的自然保护区，列为国家级自然保护区。除列为国家级自然保护区的外，其他具有典型意义或者重要科学研究价值的自然保护区列为地方级自然保护区。第十二条规定，地方级自然保护区的建立，由自然保护区所在的县、自治县、市、自治州人民政府或者省、自治区、直辖市人民政府有关自然保护区行政主管部门提出申请，经地方级自然保护区评审委员会评审后，由省、自治区、直辖市人民政府环境保护行政主管部门进行协调并提出审批建议，报省、自治区、直辖市人民政府批准，并报国务院环境保护行政主管部门和国务院有关自然保护区行政主管部门备案。跨两个以上行政区域的自然保护区的建立，由有关行政区域的人民政府协商一致后提出申请，并按照前两款规定的程序审批。建立海上自然保护区，需经国务院批准。

（2）《湿地保护管理规定》第十一条规定，县级以上人民政府林业主管部门可以采取湿地自然保护区、湿地公园、湿地保护小区等方式保护湿地，健全湿地保护管理机构和管理制度，完善湿地保护体系，加强湿地保护。

（3）《内蒙古自治区湿地保护条例》第十一条规定，具备下列条件之一的湿地，应当建立湿地自然保护区：①生态系统具有代表性的；②生物多样性丰富或者珍稀濒危物种集中分布的；③国家和地方重点保护鸟类的繁殖地、越冬地或者重要的迁徙停歇地；④具有特殊保护或者科学研究价值的其他湿地。湿地自然保护区的建立和管理按照有关法律、法规执行。

国外立法参考：（1）美国明尼苏达州《湿地保护法》规定，由地方综合水资源管理计划划定的湿地优先保护区，以及位于由水土资源理事会划定的湿地优先保护区的湿地的所有人向其提出的湿地保护区申请，如果选择接受申请，申请就必须根据理事会提供的表格做出。如果申请的湿地不只属于一个县，则申请书应提交给具有较大面积湿地的县。申请应以法律要求的执行和承认方式进行，申请必须至少包括如下信息和水土资源管理委员会要求的其他信息：被批准地区的法律说明，其中必须包括在湿地周围至少有 16.5 英尺宽的高地带以及每英亩的湿地可能包括面积达 4 亩的总高地；由县级审计员核审的包裹识别号码；所有者的姓名和地址；由所有者订立的声明，声明该土地将作为湿地保护并只能用于由土地资源管理理事会所规定的用途。所有者还应做出限制性声明，声明上述内容将对所有者和所有者的继承人或受让人具有约束力，并运行该土地。高地带必须种植永久性植被，而不是杂草。

（2）美国明尼苏达州《湿地保护法实施条例》规定，水资源保护计划确定的优先保护区内的湿地有资格被选为湿地自然保护区。选中的湿地免收财产税。确定为湿地恢复和重建的优先保护站点只有在重建后才有资格成为湿地自然保护区。接收可替代贷款的湿地区域不具有被指定为湿地自然保护区的资格。如果湿地是处在优先保护地区和优先保护区域县或流域区可以接受申请。湿地自然保护区的生效日是在县通知土地所有权者接受其申请之日起 30 日后的第一日。

（3）韩国《湿地保护法》第 8 条规定，环境部部长，国土、交通与海洋事务部部长或市/道知事可以划定以下规定的任何一个湿地中的一个具有特殊保护地位的区域作为湿地保护区，并由此划定其周边区域为湿地管理区和外围区域，维持原始自然状态或丰富的生物多样性地区；珍稀或濒危野生动植物的栖息地和迁徙地；具有特别景观、地形或地质学价值的区域。环境部部长，国土、交通与海洋事务部部长或市/道知事可指定以下任何一个湿地作为湿地改善区，湿地保护区中的湿地损害已经恶化或可能恶化的区域；湿地生态系统处于不良状况区域中通过人为管理等得到改善的区域。划定湿地保护区时，环境部部长或国土、交通与海洋事务部部长应在听取市/道知事和当地居民的意见之后，同相关中央行政部门负责人共同商议决定。划定湿地保护区时，市/道知事应在听取城市负责人和当地居民的意见后，同相关行政部门负责人共同商议决定。当环境部部长，国土、交通与海洋事务部部长或市/道知事划定湿地保护区时，他/她应通过发布联合条例公布所划定湿地保护区的名称、位置、面积和其他事项。湿地保护区划定等其他重要事项等应由总统令规定。

第二十六条【湿地公园与分区保护管理】

湿地公园是指拥有一定规模和范围，以湿地景观为主体，以湿地生态系统保护为核心，兼顾湿地生态系统服务功能展示、科普宣教和湿地合理利用示范，蕴含一定文化或美学价值，可供人们进行科学研究和生态旅游，予以特殊保护和管理的湿地区域。

湿地公园应划定保育区。根据自然条件和管理需要，可划分恢复重建区、合理利用区，实行分区管理。

保育区除开展保护、监测、科学研究等必需的保护管理活动外，不得进行任何与湿地生态系统保护和管理无关的其他活动。恢复重建区应当开展培育和恢复湿地的相关活动。合理利用区应当开展以生态展示、科普教育为主的宣教活动，可开展不损害湿地生态系统功能的生态体验及管理服务等活动。其他区可以根据资源现状，结合自然条件，开展不得污染环境、破坏资源或者景观的活动。

保育区、恢复重建区的面积之和及其湿地面积之和应分别大于湿地公园总面积、湿地公园湿地总面积的60%。

【说明】理论基础：湿地公园是指以湿地良好生态环境和多样化湿地景观资源为基础，以湿地的科普宣教、湿地功能利用、弘扬湿地文化等为主题，并建有一定规模的旅游观光、休闲娱乐的生态型主题公园。湿地公园又可分为湿地保育区、恢复重建区、宣教展示区、合理利用区和管理服务区等，实行分区保护管理。

政策依据：（1）《国家林业局关于印发〈国家湿地公园管理办法（试行）〉的通知》提出，湿地公园是指以保护湿地生态系统、合理利用湿地资源为目的，可供开展湿地保护、恢复、宣传、教育、科研、监测、生态旅游等活动的特定区域。

（2）《国家湿地公园建设规范》指出，湿地公园是指拥有一定规模和范围，以湿地景观为主体，以湿地生态系统保护为核心，兼顾湿地生态系统服务功能展示、科普宣教和湿地合理利用示范，蕴含一定文化或美学价值，可供人们进行科学研究和生态旅游，予以特殊保护和管理的湿地区域。

法律依据：（1）《湿地保护管理规定》第二十条规定，以保护湿地生态系统、合理利用湿地资源、开展湿地宣传教育和科学研究为目的，并可供开展生态旅游等活动的湿地，可以设立湿地公园。湿地公园分为国家湿地公园和地方湿地公园。

（2）《国家湿地公园保护管理办法》第二条规定，国家湿地公园是指以保护湿地生态系统、合理利用湿地资源、开展湿地宣传教育和科学研究为目的，经国家林草局批准设立，按照有关规定予以保护和管理的特定区域。第十一条规定，国家湿地公园应划定保育区。根据自然条件和管理需要，可划分恢复重建区、合理利用区，实行分区管理。保育区除开展保护、监测、科学研究等必需的保护管理活动外，不得进行任何与湿地生态系统保护和管理无关的其他活动。恢复重建区应当开展培育和恢复湿地的相关活动。合理利用区应当开展以生态展示、科普教育为主的宣教活动，可开展不损害湿地生态系统功能的生态体验及管理服务等活动。保育区、恢复重建区的面积之和及其湿地面积之和应分别大于湿地公园总面积、湿地公园湿地总面积的60%。

（3）《北京市湿地公园管理暂行办法》第十二条规定，湿地公园分为保育区、生态功能展示体验区、服务管理区和其他区。保育区只能开展保护、监测等必需的保护活动。生态功能展示体验区可以开展生态旅游、科普教育等活动。服务管理区可以开展管理、接待和服务等活动。其他区可以根据资源现状，结合自然条件，开展不得污染环境、破坏资源或者景观的活动。

第二十七条【湿地保护小区】

湿地保护小区是指以保护湿地生态系统、合理利用湿地资源和开展湿地宣传教育为目的，按照有关规定予以保护和管理的特定区域。湿地保护小区是湿地保护类型之一，是湿地保护体系的组成部分。

湿地保护小区的设立和保护管理由重点国有林管理机构规定。

【说明】理论基础：湿地保护小区是指以保护湿地生态系统、合理利用湿地资源和开展湿地宣传教育为目的，按照有关规定予以保护和管理的特定区域。湿地保护小区是湿地保护类型之一，是湿地保护体系的组成部分。湿地小区是对自然保护区建设的重要补充。在湿地资源相对丰富、影响重大或具有特殊湿地类型、珍稀动植物分布、生态敏感性高但面积相对较小的区域划定湿地保护小区。湿地保护小区的设立和保护管理由重点国有林管理机构规定。

政策依据：《关于加强湿地保护管理的通知》提出，要采取多种形式，加快推进自然湿地的抢救性保护。对不具备条件划建自然保护区的，也要因地制宜，采取建立湿地保护小区、各种类型湿地公园、湿地多用途管理区或划定野生动植物栖息地等多种形式加强保护管理。

法律依据：（1）《湿地保护管理规定》第十一条规定，县级以上人民政府林业主管部门可以采取湿地自然保护区、湿地公园、湿地保护小区等方式保护湿地，健全湿地保护管理机构和管理制度，完善湿地保护体系，加强湿地保护。

（2）《湖南省湿地保护条例》第二十四条规定，对有特殊保护价值但不具备划定为湿地自然保护区条件的湿地，可以由湿地所在地县级或者设区的市、自治州人民政府批准建立湿地保护小区，或者由省人民政府林业行政主管部门会同有关部门批准建立湿地公园。

（3）《吉林省湿地保护条例》第二十七条规定，对尚不具备条件建立湿地自然保护区和湿地公园的，所在地县级以上人民政府湿地保护主管部门及相关部门可以建立湿地保护小区或者野生动植物栖息地，具体管理参照自然保护区有关规定执行。

（4）《安徽省湿地保护小区管理办法（征求意见稿）》明确界定了“湿地保护小区”的概念、设立程序、申报资料、命名与建设管理等内容。

第二十八条【湿地环境影响评价】

编制湿地保护规划和开发利用规划，建设对湿地有影响的项目，应当依法进行环境影响评价。

未依法进行环境影响评价的湿地保护规划和开发利用规划，不得组织实施；未依法进行环境影响评价的建设项目，不得开工建设。

【说明】理论基础：环境影响评价是指对规划和建设项目实施后可能造成的环境影响进行分析、预测和评估，提出预防或者减轻不良环境影响的对策和措施，并进行跟踪监测的方法与制度。环境影响评价制度是改革传统经济发展模式、贯彻可持续发展原则的重要手段，能有效协调经济发展和环境保护的关系，为决策者提供科学合理的依据。同时，环境影响评价制度是环境管理的有效手段。

湿地环境影响评价制度是指在湿地区域内进行开发活动之前，对实施该活动可能给湿地环境质量造成的影响进行调查、预测和评估，并做出科学合理的分析、提供处理的意见和建议。

政策依据：（1）《中国湿地保护行动计划》提出，建立对天然湿地开发以及用途变更的生态影响评估、审批管理程序，实施湿地开发环境影响评价制度，在涉及湿地开发利用的重大问题方面，通过部门间的联合行动，采取协调一致的保护行动，严格依法论证、审批并监督实施。

（2）《国务院办公厅关于做好自然保护区管理有关工作的通知》提出，涉及自然保护区的开发建设项目的环境影响评价文件，应对项目可能造成的对自然保护区功能和保护对象的影响做出预测，提出保护与恢复治理方案。

（3）环保部《关于加强湿地生态保护工作的通知》提出，加强湿地开发的环境管理，组织制定湿地保护的法规。对于以湿地为对象进行经济开发，涉及湿地丧失或湿地功能受影响的在建项目，凡未做环境影响评价的应当责成补做；凡经评价或科学论证属于不合理利用的项目，应向主管部门或当地政府提出意见。

法律依据：（1）《环境保护法》第十九条规定，编制有关开发利用规划，建设对环境有影响的项目，应当依法进行环境影响评价。未依法进行环境影响评价的开发利用规划，不得组织实施；未依法进行环境影响评价的建设项目，不得开工建设。

（2）《中华人民共和国环境影响评价法》是专门针对规划和建设项目环境影响评价的法律。该法对于规划和建设项目环境影响评价的主体、对象和程序等都做出了明确详细的规定。

（3）《建设项目环境保护管理条例》是专门针对建设项目环境影响评价的行政法规。该条例对于建设项目环境影响评价的主体、对象和程序等都做出了明确详细的规定。

（4）《规划环境影响评价条例》是专门针对规划环境影响评价的行政法规。该条例对于规划，包括综合规划和专项规划，环境影响评价的主体、对象和程序等都做出了明确详细的规定。

国外立法参考：（1）挪威《环境影响评价法》（1996）要求所有大的、可能影响景观和重要栖息地的项目均应执行环境影响评价。

（2）乌干达《国家环境（湿地、河岸和湖滨管理）条例》规定，可能对湿地、河岸或湖滨有重大影响的项目开发者，应根据《环境管理法》第 19、第 20 和第 21 节的要求进行环境影响评价。开发者应对这样的活动进行年度审计和监督，并应根据《环境管理法》第 22 节和第 23 节向执行主任和主管部门提交报告。

第二十九条【资源保护】

湿地自然保护区、湿地公园和湿地保护小区内的水体、地形地貌、野生动物、植物植被等生态环境，应当保持生态原状，严格保护。确需进行整修或者利用的，应取得重点国有林管理机构同意。

重点国有林管理机构应根据湿地自然保护区、湿地公园和湿地保护小区的安全需要，在森林防火期对重要区域实行定期封闭，并可划定一定的范围，限制人员进入。

【说明】理论基础：本条是关于对湿地自然保护区和湿地公园的自然资源和生态环境的管理，以及关于湿地生态安全的森林防火的规定。

政策依据：《中国湿地保护行动计划》提出，根据中国湿地资源保护的现状，多方采取有效措施，尽可能地恢复已退化的湿地，减缓降低人为因素对湿地的负面影响，开展一批重点湿地的恢复治理工程，有计划地恢复五大淡水湖泊面积，湿地点污染源基本得到控制，开展治山与治水结合进行的综合治理，促进湿地的综合保护与治理，有效地减缓湿地的退化，遏制人为活动导致的天然湿地数量下降趋势。

法律依据：《湿地保护管理规定》第三十二条规定，县级以上人民政府林业主管部门应当按照有关规定开展湿地防火工作，加强防火基础设施和队伍建设。第三十三条规定，县级以上人民政府林业主管部门应当会同同级人民政府有关部门协调、组织、开展湿地有害生物防治工作；湿地保护管理机构应当按照有关规定承担湿地有害生物防治的具体工作。

国外立法参考：加拿大湿地政策或实施指南通常包含湿地分类保护的内容，其中包括对某些湿地的无条件保护；在一定限制条件以及确保影响较轻的前提下，允许在某些湿地上进行开发活动；恢复和复原已经退化的湿地，或在湿地严重损失的地区重建新的湿地。

第三十条【一般湿地的保护措施】

未建立湿地自然保护区、湿地公园和湿地保护小区的湿地，重点国有林管理机构应根据实际情况采取相应的保护措施，防止湿地面积减少，维护湿地生态系统结构和功能。

【说明】理论基础：一般湿地是指未建立湿地自然保护区、湿地公园或湿地保护小区的湿地。本条是关于一般湿地保护措施的规定，即根据实际情况采取相应的保护措施，防止湿地面积减少，维护湿地生态系统结构和功能。

政策依据：《国务院办公厅关于加强湿地保护管理的通知》提出，对不具备条件划建自然保护区的，也要因地制宜，采取建立湿地多用途管理区或划定野生动植物栖息地等多种形式加强保护管理。

第三十一条【湿地水资源保护】

重点国有林管理机构及其下设机构和湿地保护管理机构在编制湿地保护规划和湿地开发利用规划时，应维持河流的合理流量和湖泊等湿地的合理水位，维护湿地的生态功能。

【说明】理论基础：水不但是湿地资源的组成部分，而且是湿地赖以存在及湿地生物赖以生存的关键要素。没有水的存在，也就没有湿地和湿地生态系统的存在。因此，保障湿地水量供给，是湿地保护立法的一项重要内容。

本条是关于保障湿地生态用水的规定，要求编制湿地保护规划和湿地开发利用规划时，应维持河流的合理流量和湖泊等湿地的合理水位，维护湿地的生态功能。湿地中的水是湿地生态系统维持和改善的主要保障。

政策依据：《中共中央、国务院关于加快推进生态文明建设的意见》：保护和修复自然生态系统。

法律依据：（1）《水法》第四条规定，开发、利用、节约、保护水资源和防治水害，应当全面规划、统筹兼顾、标本兼治、综合利用、讲求效益，发挥水资源的多种功能，协调好生活、生产经营和生态环境用水。第二十一条规定，开发、利用水资源，应当首先满足城乡居民生活用水，并兼顾农业、工业、生态环境用水以及航运等需要。在干旱和半干旱地区开发、利用水资源，应当充分考虑生态环境用水需要。

（2）《内蒙古自治区湿地保护条例》第十四条规定，旗县级以上人民政府应当采取措施，保护湿地水资源。对因水资源缺乏导致功能退化的湿地，应当通过调水等措施补水，维护湿地生态功能。除抢险、救灾外，在湿地取水或者拦截湿地水源，不得影响湿地合理水位或者截断湿地水系与外围水系的联系，不得破坏鱼类等水生生物洄游通道和产卵场。

（3）《湖南省湿地保护条例》第十二条第二款规定，省人民政府林业行政主管部门应当会同省人民政府水利行政主管部门对可控水位的重要沼泽类型湿地确定合理的水位。当水位出现异常时，当地人民政府林业、水利行政主管部门应当采取恢复合理水位的相应措施。

（4）《宁夏回族自治区湿地保护条例》规定，对失去水资源保障的湿地保护区，应当合理补充水源，维护湿地生态功能。

国外立法参考：（1）澳大利亚《新南威尔士州湿地保护法》规定，保护湿地的生物多样性和生态价值，特别是其水文环境（保持水质和水量）以及物种栖息地价值。

（2）美国明尼苏达州《湿地保护实施条例》规定，出于维护保养目的，或作为植被栖息地管理活动的一部分而进行的临时的或季节性的水位管理活动，不会导致湿地转为非湿地或转变为非退化湿地。

第三十二条【湿地补水】

因缺水导致湿地生态功能退化的，应建立湿地生态补水机制，对于季节性缺水严重的湿地，由重点国有林管理机构会商相关部门给予补水。

【说明】理论基础：湿地补水是恢复湿地功能，使湿地生态系统得以维持和改善的重要措施。

政策依据：（1）《国务院办公厅关于加强湿地保护管理的通知》提出，要做到水资源利用与湿地保护紧密结合，统筹协调区域或流域内的水资源平衡，充分兼顾湿地保护等生态用水的需要。

（2）《关于印发湿地保护修复制度方案》提出，水资源利用要与湿地保护紧密结合，统筹协调区域或流域内的水资源平衡，维护湿地的生态用水需求。从生态安全、水文联系的角度，利用流域综合治理方法，建立湿地生态补水机制，明确技术路线、资金投入以及相关部门的责任和义务。水库蓄水和泄洪要充分考虑相关野生动植物保护需求。

法律依据：（1）《水法》第二十二条规定，跨流域调水，应当进行全面规划和科学论证，统筹兼顾调出和调入流域的用水需要，防止对生态环境造成破坏。

（2）《湿地保护管理规定》第三十一条规定，县级以上地方人民政府林业主管部门应当会同同级人民政府有关部门，在同级人民政府的组织下建立湿地生态补水协调机制，保障湿地生态用水需求。

（3）《内蒙古自治区湿地保护条例》第十四条规定，旗县级以上人民政府应当采取措施，保护湿地水资源。对因水资源缺乏导致功能退化的湿地，应当通过调水等措施补水，维护湿地生态功能。

（4）《宁夏回族自治区湿地保护条例》规定，对失去水资源保障的湿地保护区，应当合理补充水源，维护湿地生态功能。

第三十三条【外来物种的监管】

向湿地引进外来物种，引入外来物种前应按照国家有关规定实行严格的申报和实验审查评价程序，并按照有关技术规范进行试验。

重点国有林管理机构应对引进湿地的外来物种进行动态监测，发现有害的，及时报告自治区人民政府和国家林草局，并采取措施，消除危害。

重点国有林管理机构应按照职责分工开展湿地有害生物防治工作。

严禁非法引入外来物种。

【说明】理论基础：本条规定对湿地引进外来物种必须要经过审批手续并按照有关技术规范进行试验。大兴安岭国有林区中还有相当一部分是次生天然林区，一般是不希望有外来物种进入的。但是，如果确实基于湿地生态系统与食物链的需要，可以在合法合规的情况下，通过法定程序予以引进。

重点国有林管理机构承担及时报告、防止危害的责任。外来物种是指出现在其过去或现在的自然分布范围及潜在扩散范围以外的物种。引进外来物种虽可能在经济、生态、社会等方面带来收益，但失败的引进也可能产生很多危害，因此对于引进外来物种必须加强监管。

政策依据：《内蒙古大兴安岭重点国有林区改革总体方案》提出，坚持生态为本、保护优先。尊重自然规律，加大统筹治理力度，确保内蒙古大兴安岭国家重点生态功能区的森林、湿地等自然生态系统得到有效保护，确保森林资源总量持续增加、森林资源质量持续提高、生态产品生产能力持续提升、生态功能持续增强，充分发挥其维护生态安全、淡水安全、物种安全、国土安全、气候安全等作用。

法律依据：（1）《环境保护法》第三十条规定，引进外来物种以及研究、开发和利用生物技术，应当采取措施，防止对生物多样性的破坏。

（2）《野生动物保护法》第三十七条规定，从境外引进野生动物物种的，应当经国务院野生动物保护主管部门批准。从境外引进列入本法第三十五条第一款名录的野生动物，还应当依法取得允许进出口证明书。依法实施进境检疫。海关凭进口批准文件或者允许进出口证明书以及检疫证明按照规定办理通关手续。从境外引进野生动物物种的，应当采取安全可靠的防范措施，防止其进入野外环境，避免对生态系统造成危害。确需将其放归野外的，按照国家有关规定执行。

(3)《中华人民共和国陆生野生动物保护实施条例》第二十三条规定，从国外或者外省、自治区、直辖市引进野生动物进行驯养繁殖的，应当采取适当措施，防止其逃至野外；需要将其放生于野外的，放生单位应当向所在省、自治区、直辖市人民政府林业行政主管部门提出申请，经省级以上人民政府林业行政主管部门指定的科研机构进行科学论证后，报国务院林业行政主管部门或者其授权的单位批准。擅自将引进的野生动物放生于野外或者因管理不当使其逃至野外的，由野生动物行政主管部门责令限期捕回或者采取其他补救措施。

(4)《内蒙古自治区湿地保护条例》第十六条规定，向湿地引进外来物种，必须按照国家有关规定进行审批和试验。旗县级以上人民政府林业、农牧业等有关行政主管部门对引进湿地的外来物种进行动态监测，发现有害的，及时报告本级人民政府和上一级行政主管部门，并采取措施，消除危害。

国外立法参考：(1)《湿地公约》规定，审议所有有关联邦机构向澳大利亚引进动植物的检查程序，以确保预防原则在可能影响澳大利亚湿地的决策中得以实施；支持对特殊用途湿地的研究，并鼓励根据本政策的指导原则应用这一技术。

(2) 乌干达《国家环境（湿地、河岸和湖滨管理）条例》规定，意图实施以下活动的任何人应向执行主任提交第一计划制定的表格 A 的申请：在河岸或湖滨引入或种植任何植物，无论外来的还是本地的；引入任何动物或微生物进入河岸或湖滨，无论外来的或本地的。

第三十四条【湿地污染防治】

重点国有林管理机构应编制湿地污染防治规划，严格控制工业污染物和畜禽养殖业污染物的排放，合理控制化肥和农药使用量，并定期开展湿地污染调查和评估。

【说明】理论基础：污染防治是指运用技术、经济、法律及其他管理手段和措施，对污染源的污染物排放量进行监督和控制。湿地污染的防控制度是指对湿地环境污染进行预防和治理，将污染物的排放控制在不超出湿地生态系统自净能力标准内的制度。政府有关部门需要根据职责和权限，依法制定污染防控规划和污染控制标准。湿地污染防控制度是保证湿地生态用水健康和湿地生物多样性的前提和基础，对维系湿地生态系统安全具有重大意义。

政策依据：（1）《中共中央、国务院关于加快推进生态文明建设的意见》提出，按照以人为本、防治结合、标本兼治、综合施策的原则，建立以保障人体健康为核心、以改善环境质量为目标、以防控环境风险为基线的环境管理体系，健全跨区域污染防治协调机制，加快解决人民群众反映强烈的大气、水、土壤污染等突出环境问题。

（2）《中国湿地保护行动计划》提出，为了防治海洋和内陆水体污染，中国政府积极稳步地实施了各项管理制度和措施，使中国水环境污染控制与防治水平不断提高。通过停止采伐天然林、开展封山植树、退耕还林和加大山水综合治理等措施，治理生态环境，防治水土流失。同时在严格控制工业企业"三废"排放，减轻农药和化肥对湿地的危害；减少矿山尾矿、矿渣、废石、废水的乱排放，防治地质、海洋灾害对湿地造成的污染和危害，以及防治船舶废弃物污染等方面都做了许多探索性工作。

（3）《关于加强湿地保护管理的通知》提出，要强化对自然湿地开发利用的管理。对涉及向自然湿地区域排污或改变湿地自然状态，以及建设项目占用自然湿地的，行政审批部门要会同相关部门按照《中华人民共和国环境影响评价法》等法律法规进行环境影响评价和严格审批。

法律依据：（1）《环境保护法》第四条规定，保护环境是国家的基本国策。国家采取有利于节约和循环利用资源、保护和改善环境、促进人与自然和谐的经济、技术政策和措施，使经济社会发展与环境保护相协调。

（2）《湿地保护管理规定》第二十三条规定，省级以上人民政府林业主管部门应当对国家湿地公园的建设和管理进行监督检查和评估。因自然因素或者管理不善导致国家湿地公园条件丧失的，或者对存在问题拒不整改或者整改不符合要求的，国家林业局应当撤销国家湿地公园的命名，并向社会公布。第二十九条规定，除法律法规有特别规定的以外，在湿地内禁止从事下列活动：倾倒有毒有害物质、废弃物、垃圾；擅自放牧、捕捞、取土、取水、排污、放生；其他破坏湿地及其生态功能的活动。

（3）《国家湿地公园管理办法》第十九条规定，除国家另有规定外，国家湿地公园内禁止下列行为：倾倒有毒有害物质、废弃物、垃圾。

（4）《内蒙古自治区湿地保护条例》第十五条规定，旗县级以上人民政府环境保护行政主管部门应当对湿地及周边地区排放废水、倾倒固体废物等行为进行监督。农用薄膜、农药容器、捕捞网具等不可降解或者难以腐烂的废弃物，其使用者应当回收。造成湿地环境污染的，按照谁污染、谁治理的原则，依法采取治理措施。

国外立法参考：（1）韩国《湿地保护法》第4条规定，环境部部长，国土、交通与海洋事务部部长和市/道知事应进行湿地的社会和经济功能普查，如湿地的生态环境条件、污染状况、湿地受影响区域及周边地区土地利用的实际状况等。

（2）乌干达《国家环境（湿地、河岸和湖滨管理）条例》规定的目标是最小化和控制污染、预防河岸和湖滨的淤积，并控制污染或退化活动；河岸和湖滨保护的特定措施，如预防土壤侵蚀、淤积和水污染是至关重要的；当湖滨或湖岸根据条例被开发时，为促进旅游或其他美学利用之目的，开发者应确保来自设备的污水或废物能够进行预处理或充分处理，以符合最佳环境的方式清理和处置垃圾。

（3）明尼苏达州《湿地保护实施条例》规定，一个人要在湿地上进行活动，必须确保采取适当侵蚀控制措施，防止湿地或任何受纳水域的沉积；为达到所需的目的和防止水质恶化的目的，有必要限制挖掘区域的最小面积；对被用作雨水管理盆地的挖掘和去除污染基底的挖掘，仅限于去除沉积的沉积物；地方政府部门必须对在废物处置场发现的废物类型和数量进行评估；涉及已知或潜在的危险废物或污染物的活动，必须根据可适用的联邦和州的标准开展。

第三十五条【湿地恢复、修复】

因气候变化、自然灾害和人为原因等造成湿地生态特征和功能退化的，或者依法依规退耕还湿的，重点国有林管理机构应进行调查，指导湿地保护管理机构制订湿地恢复、修复方案，并向自治区人民政府和国家林草局报告。

因建设项目等造成湿地生态特征和功能退化甚至消失的，重点国有林管理机构应要求建设单位限期恢复、修复，或以其他方式补偿，并向自治区人民政府和国家林草局报告。

对逾期不予恢复、修复或者确实无法恢复、修复的，由重点国有林管理机构应会商自治区人民政府后，按照有关规定处理。

【说明】理论基础：湿地恢复、修复是指通过生态技术或生态工程对退化或消失的湿地进行修复或重建，再现干扰前的结构和功能，以及相关的物理、化学和生物学特征，使其发挥应有的作用。重点国有林管理机构对湿地的恢复、修复负有责任，并向自治区人民政府和国家林草局报告。

政策依据：（1）《中国湿地保护行动计划》提出，根据中国湿地资源保护的现状，多方采取有效措施，尽可能地恢复已退化的湿地，降低人为因素对湿地的负面影响，开展一批重点湿地的恢复治理工程，有计划地恢复五大淡水湖泊面积，湿地点污染源基本得到控制，开展治山与治水结合进行的综合治理，促进湿地的综合保护与治理，有效地减缓湿地的退化，遏制人为活动导致的天然湿地数量下降趋势。

（2）《关于进一步加强涉及自然保护区开发建设活动监督管理的通知》提出，坚决整治各种违法开发建设活动。地方各有关部门要依据相关法规，对检查发现的违法开发建设活动进行专项整治。禁止在自然保护区内进行开矿、开垦、挖沙、采石等法律明令禁止的活动，对在核心区和缓冲区内违法开展的水（风）电开发、房地产、旅游开发等活动，要立即予以关停或关闭，限期拆除，并实施生态恢复。对于实验区内未批先建、批建不符的项目，要责令停止建设或使用，并恢复原状。对违法排放污染物和影响生态环境的项目，要责令限期整改；整改后仍不达标的，要坚决依法关停或关闭。

法律依据：（1）《环境保护法》第六十一条规定，建设单位未依法提交建设项目环境影响评价文件或者环境影响评价文件未经批准，擅自开工建设的，由负有环境保护监督管理职责的部门责令停止建设，处以罚款，并可以责令恢复原状。

（2）《湿地保护管理规定》第十八条规定，因气候变化、自然灾害等造成国际重要湿地生态特征退化的，省、自治区、直辖市人民政府林业主管部门应当会同同级人民政府有关部门进行调查，指导国际重要湿地保护管理机构制订实施补救方案，并向同级人民政府和国家林草局报告。因工程建设等造成国际重要湿地生态特征退化甚至消失的，省、自治区、直辖市人民政府林业主管部门应当会同同级人民政府有关部门督促、指导项目建设单位限期恢复，并向同级人民政府和国家林草局报告；对逾期不予恢复或者确实无法恢复的，由国家林草局会商所在地省、自治区、直辖市人民政府和国务院有关部门后，按照有关规定处理。第二十六条规定，县级以上人民政府林业主管部门及有关湿地保护管理机构应当组织开展退化湿地修复工作，恢复湿地功能或者扩大湿地面积。

（3）《国家湿地公园管理办法》第二十一条规定，因自然因素造成国家湿地公园生态特征退化的，省级林业主管部门应当进行调查，指导国家湿地公园管理机构制订实施补救方案，并向国家林业局报告。

国外立法参考：（1）美国《清洁水法》第 404 款规定，依轻重缓急顺序来缓解这些不良影响。首先，避免不必要的影响；其次，最低限度地减小对环境的影响；最后，通过湿地恢复或重建等举措来补救无法避免的破坏性影响。

（2）美国马萨诸塞州《湿地保护法》规定，凡通过购买、继承或其他方式获得土地的人，如已经在该土地上实施违反按照本法令发布的任何规则的行为，则应立即按照上述规则纠正违规行为或将该土地恢复到违规行为实施之前的状态。

（3）乌干达《国家环境（湿地、河岸和湖滨管理）条例》规定，执行主任可要求已经退化的湿地、河岸和湖滨允许重建，或者根据《环境管理法》第 67、第 68、第 69、第 70 和第 71 节的规定发布一个恢复令。

第三十六条【湿地标志、保护设施保护】

湿地保护管理机构应加强湿地界标、标志、标牌、监测设施设备、防火设施设备，以及其他湿地保护设施的保护，禁止任何人破坏。

【说明】政策依据：《全国生态保护“十三五”规划纲要》提出，提高自然保护区管理水平，强化自然保护区管护能力建设，完善自然保护区范围和功能区界限核准以及勘界立标工作，推进自然保护区开展综合科考和本底调查。

法律依据：（1）《森林法》第二十三条规定，禁止毁林开垦和毁林采石、采砂、采土以及其他毁林行为。禁止在幼林地和特种用途林内砍柴、放牧。进入森林和森林边缘地区的人员，不得擅自移动或者损坏为林业服务的标志。

（2）《野生植物保护条例》第十一条规定，禁止破坏国家重点保护野生植物和地方重点保护野生植物的保护点的保护设施和保护标志。

（3）《自然保护区条例》第十四条规定，自然保护区的范围和界线由批准建立自然保护区的人民政府确定，并标明区界，予以公告。

（4）《国家湿地公园管理办法》第十条规定，国家湿地公园应当按照总体规划确定的范围进行标桩定界，任何单位和个人不得擅自改变和挪动界标。

（5）《北京市湿地保护条例》第十六条规定，湿地公园应当按照总体规划确定的范围进行标桩定界，任何单位和个人不得擅自改变和挪动界标。

第三十七条【湿地开发利用规划】

重点国有林管理机构下设的国有林管理机构应会同湿地保护管理机构编制其管辖湿地的开发利用规划，报重点国有林管理机构批准。

湿地开发利用规划应当包括下列内容：

（一）湿地资源分布情况、类型特点、生态功能、水资源、生物多样性状况；

（二）开发利用的指导思想、原则、目标和任务；

（三）开发利用项目及管理规定；

（四）开发利用项目的生态、社会、经济效益评估；

（五）其他相关事项。

【说明】理论基础：对湿地进行开发利用应当编制有关的开发利用规划。

湿地规划是指湿地主管机关，根据湿地资源和环境的特征、存量，湿地社会、经济、生态学意义以及社会、经济、生态、环境不同阶段的发展要求，通过制定湿地利用或保护规划的模式，限定湿地资源的利用方向和对湿地环境提供保护的制度。

政策依据：《中国湿地保护行动计划》提出，建立对天然湿地开发以及用途变更的生态影响评估、审批管理程序，实施湿地开发环境影响评价制度，在涉及湿地开发利用的重大问题方面，通过部门间的联合行动，采取协调一致的保护行动，严格依法论证、审批并监督实施。

法律依据：（1）《环境保护法》第十九条规定，编制有关开发利用规划，建设对环境有影响的项目，应当依法进行环境影响评价。未依法进行环境影响评价的开发利用规划，不得组织实施；未依法进行环境影响评价的建设项目，不得开工建设。

（2）《湿地保护管理规定》第二十八条规定，县级以上人民政府林业主管部门应当对开展生态旅游等利用湿地资源的活动进行指导和监督。

（3）《国家湿地公园管理办法》第十三条规定，国家湿地公园管理机构应当具体负责国家湿地公园的保护管理工作，制定并实施湿地公园总体规划和管理计划，完善保护管理制度。

（4）《内蒙古自治区湿地保护条例》第十七条规定，开发利用天然湿地应当按照湿地保护规划进行，不得破坏湿地生态系统的基本功能，不得破坏野生动植物栖息和生长环境。禁止在天然湿地内擅自进行采砂、采石、采矿、挖塘、砍伐林木和开垦活动。第十八条规定，任何单位和个人不得擅自占用或者改变天然湿地用途。因重要建设项目确需改变天然湿地用途的，应当按照有关法律、法规的规定办理相关审批手续。

国外立法参考：（1）韩国《湿地保护法》第 11 条规定，环境部部长，国土、交通与海洋事务部部长或市/道知事应与有关行政部门负责人协商后编制并实施湿地保护区等的保护计划。保护计划应包括以下事项：湿地保护的基本事项；本法第 12 条规定的保护和利用湿地设施安装事宜；保护、使用和管理湿地的相关事宜。编制湿地保护计划的方法、程序等必要事项应由总统令规定。

（2）明尼苏达州《湿地保护条例》规定，在一定程度上，综合湿地保护与管理规划应以流域边界为基础。地方政府应考虑跨政治边界流域的联合规划工作。综合湿地保护和管理规划必须包括在建立流域目标的基础上，分析现有规划区的生态条件和相应的发展目标，并维护和改善这些条件。

（3）韩国《湿地保护法实施令》规定，第 2 条总统令规定的事项是指湿地保护法规定的下列事项：湿地破坏的原因分析和受损湿地的恢复；相关中央行政部门与当地政府之间有关合作保护湿地的事项；培养湿地保护的专业人才，建立湿地保护专门机构；与湿地保护有关的教育和公共关系；《湿地保护法》第 5 条中规定的实施国家湿地管理规划的财政资源及其筹措方法。

第三十八条【利用方式】

湿地资源的开发利用应当符合湿地保护规划和湿地开发利用规划，不得破坏湿地生态特征和功能，并应体现湿地资源的不同功能定位，可以采取生态旅游、休闲度假、湿地动植物产品生产、碳交易等方式对湿地资源进行开发利用。

【说明】理论基础：本条对湿地的利用方式进行了限制。首先，应当符合湿地保护规划和湿地开发利用规划；其次，不得破坏湿地生态特征和功能；最后，体现湿地资源的不同功能定位。

政策依据：（1）《中共中央、国务院关于加快推进生态文明建设的意见》提出，全面促进资源节约循环高效使用，推动利用方式根本转变。节约资源是破解资源瓶颈约束、保护生态环境的首要之策。要深入推进全社会节能减排，在生产、流通、消费各环节大力发展循环经济，实现各类资源节约高效利用。加大自然生态系统和环境保护力度，切实改善生态环境质量。健全自然资源资产产权制度和用途管制制度，完善自然资源资产用途管制制度，明确各类国土空间开发、利用、保护边界，实现能源、水资源、矿产资源按质量分级、梯级利用。

（2）《中国湿地保护行动计划》提出，湿地提供丰富的动植物产品。中国鱼产量和水稻产量都居世界第一位；湿地提供的莲、藕、菱、芡及浅海水域的一些鱼、虾、贝、藻类等是富有营养的副食品；有些湿地动植物还可入药；有许多动植物还是发展轻工业的重要原材料，如芦苇就是重要的造纸原料；湿地动植物资源的利用还间接带动了加工业的发展；中国的农业、渔业、牧业和副业生产在相当程度上要依赖于湿地提供的自然资源和水资源。水是人类不可缺少的生态要素，湿地是人类发展工、农业生产用水和城市生活用水的主要来源。我国众多的沼泽、河流、湖泊和水库在输水、储水和供水方面发挥着巨大效益。湿地具有自然观光、旅游、娱乐等美学方面的功能，中国有许多重要的旅游风景区都分布在湿地区域。滨海的沙滩、海水是重要的旅游资源，还有不少湖泊因自然景色壮观秀丽而吸引人们向往，辟为旅游和疗养胜地。尤其是城市中的水体，在美化环境、调节气候、为居民提供休憩空间方面有着重要的社会效益。教育与科研价值。湿地生态系统、多样的动植物群落、濒危物种等，在科研中都有重要地位，它们为教育和科学研究提供了对象、材料和试验基地。一些湿地中保留着过去和现在的生物、地理等方面演化进程的信息，在研究环境演化、古地理方面有着重要价值。

法律依据：（1）《环境保护法》第三十条规定，开发利用自然资源，应当合理开发，保护生物多样性，保障生态安全，依法制订有关生态保护和恢复治理方案并予以实施。

（2）《湿地保护管理规定》第二十八条规定，县级以上人民政府林业主管部门应当对开展生态旅游等利用湿地资源的活动进行指导和监督。

（3）《内蒙古自治区湿地保护条例》第十七条规定，开发利用天然湿地应当按照湿地保护规划进行，不得破坏湿地生态系统的基本功能，不得破坏野生动植物栖息和生长环境。

国外立法参考：（1）加拿大联邦政府湿地保护政策规定，利用湿地应该考虑子孙后代可持续地、有效地利用湿地的可能性。《自然遗产政策》的目的在于保护安大略省自然遗产免受开发的影响。《政策声明》对加拿大内陆湿地与东部和南部湿地的土地利用方式区分对待。加拿大东部和南部是湿地流失最严重的地区，因此对具有重要意义的湿地不允许进行任何开发或变换位置的行动。对加拿大内陆湿地，“如果能够证明采取的行动对该地区的自然特征和生态功能没有任何负面影响”，则可以允许在具有重要意义的湿地上进行开发或位置变迁。

（2）乌干达《国家环境（湿地、河岸和湖滨管理）条例》规定，本条例的目标是为乌干达人民和生活在该区域的社区利益，实现河岸和湖滨资源的可持续利用和保护；促进河岸和湖滨资源的明智利用与地方和国家社会经济发展的自然资源管理相结合；提供河岸和湖滨受管制的公共利用和享受。河岸和湖滨资源应以可持续的方式利用。

第三十九条【禁止行为】

除法律法规有特别规定的以外，禁止在湿地范围内从事下列活动：

（一）填埋、排干湿地或者擅自改变湿地用途；

（二）取用或者截断湿地水源；

（三）砍伐、放牧、狩猎、捕捞、放生、捡拾鸟蛋（卵）、采药、采集植物和林副产品、开垦、烧荒、葬坟、开矿、采石、挖沙、取土等活动；

（四）破坏野生动植物栖息地、鱼类洄游通道；

（五）非法引进外来物种；

（六）非法建设生产经营设施；

（七）非法排放污水或者有毒有害气体，倾倒固体废弃物；

（八）非法移动、破坏界标、标志、标牌及其他湿地保护设施、设备；

（九）其他破坏湿地及其生态功能的活动。

【说明】理论基础：本条是关于湿地范围内禁止性行为的规定。

管制措施可用于对损害湿地活动进行控制。在许可制度下，主管部门虽然可禁止一个拟议的活动，或无条件批准，或服从减缓，或恢复的条件，但管制措施的实施和执行会施加一个严重的行政负担，并可能引起公众的反对。为使管制措施更可行，立法需要确立一个不需要许可的标准和与湿地保护和明智利用相适应的活动的一般豁免。为保护湿地生态系统及其功能而对在湿地从事的活动进行禁限是各国通行的做法。

政策依据：（1）《中共中央、国务院关于加快推进生态文明建设的意见》提出，建立严格监管所有污染物排放的环境保护管理制度。完善污染物排放许可证制度，禁止无证排污和超标准、超总量排污。

（2）《关于加强湿地保护管理的通知》提出，从维护可持续发展的长远利益出发，必须坚持保护优先的原则，对现有自然湿地资源实行普遍保护，坚决制止随意侵占和破坏湿地的行为。要严格控制开发占用自然湿地，凡是列入国际重要湿地和国家重要湿地名录，以及位于自然保护区内的自然湿地，一律禁止开垦占用或随意改变用途。对开垦占用或改变湿地用途的，应责令停止违法行为，采取各种补救措施，努力恢复湿地的自然特性和生态特征，并严格按照有关法律、法规予以处罚。要依法做好湿地登记、确权、发证等基础工作，为湿地保护和管理提供依据。

(3)《关于印发湿地保护修复制度方案》提出，按照主体功能定位确定各类湿地功能，实施负面清单管理。禁止擅自征收、占用国家和地方重要湿地，在保护的前提下合理利用一般湿地，禁止侵占自然湿地等水源涵养空间，已侵占的要限期予以恢复，禁止开（围）垦、填埋、排干湿地，禁止永久性截断湿地水源，禁止向湿地超标排放污染物，禁止对湿地野生动物栖息地和鱼类洄游通道造成破坏，禁止破坏湿地及其生态功能的其他活动。

法律依据：(1)《自然保护区条例》第二十六条规定，禁止在自然保护区内进行砍伐、放牧、狩猎、捕捞、采药、开垦、烧荒、开矿、采石、挖沙等活动；但是，法律、行政法规另有规定的除外。

(2)《湿地保护管理规定》第二十九条规定，除法律法规有特别规定的以外，在湿地内禁止从事下列活动：①开（围）垦、填埋或者排干湿地；②永久性截断湿地水源；③挖沙、采矿；④倾倒有毒有害物质、废弃物、垃圾；⑤破坏野生动物栖息地和迁徙通道、鱼类洄游通道，滥采滥捕野生动植物；⑥引进外来物种；⑦擅自放牧、捕捞、取土、取水、排污、放生；⑧其他破坏湿地及其生态功能的活动。

(3)《国家湿地公园管理办法》第十九条规定，除国家另有规定外，国家湿地公园内禁止下列行为：①开（围）垦、填埋或者排干湿地；②截断湿地水源；③挖沙、采矿；④倾倒有毒有害物质、废弃物、垃圾；⑤从事房地产、度假村、高尔夫球场、风力发电、光伏发电等任何不符合主体功能定位的建设项目和开发活动；⑥破坏野生动物栖息地和迁徙通道、鱼类洄游通道，滥采滥捕野生动植物；⑦引入外来物种。⑧擅自放牧、捕捞、取土、取水、排污、放生。⑨其他破坏湿地及其生态功能的活动。

(4)《内蒙古自治区湿地保护条例》第十三条规定，在天然湿地内从事割芦苇、割草、放牧、捕鱼等活动，应当在旗县级人民政府公布的时限和范围内进行。旗县级人民政府在规定上述时限和范围时，应当遵循候鸟迁徙和湿地植物生长规律，妥善安排当地居民的生产生活。禁止在湿地范围内捡拾鸟卵、采用灭绝性方式捕捞鱼类及其他水生生物，禁止非法猎捕野生动物。第十七条，开发利用天然湿地应当按照湿地保护规划进行，不得破坏湿地生态系统的基本功能，不得破坏野生动植物栖息和生长环境。禁止在天然湿地内擅自进行采砂、采石、采矿、挖塘、砍伐林木和开垦活动。

国外立法参考：韩国《湿地保护法》规定，任何人不得在湿地保护区从事以下任何活动：建筑物或其他构筑物的新建或扩建（限制的情况是建筑物或构筑物的总面积不能超过原面积 2 倍的建筑），土质的形式和质量的变化；引起湿地的水位或水量增减；掘取泥土、沙子、卵石或石子等；采掘矿产；人为引进、种植、捕猎或采集野生动植物（但当地居民在联合条例发布之前持续进行以生活或休闲等方式为目的的种植、捕猎、采集行为除外）。任何人不得在湿地管理区及周边地区或湿地改善区内放任野生动物或植物干扰《野生动物和植物保护法》第 2 条第 4 款规定的干扰生态系统的行为，或《海洋生态保护管理法》第 2 条 12 项规定的干扰海洋生态系统中的有机体的行为。根据第 8 条第 1 款的规定，在湿地管理区及湿地周边保护区从事土地开垦项目、公共水域开垦项目的实施者或其施工规模与湿地管理区及湿地周边保护区的面积相同或更大的可能损害湿地保护的行为，应得到环境部部长，国土、交通与海洋事务部部长或市/道知事的许可。在需要相关中央行政部门负责人许可的情况下，他/她应与环境部部长，国土、交通与海洋事务部部长或市/道知事协商。

第四十条【监督检查】

重点国有林管理机构应当加强对湿地保护规划实施情况的监督检查。

重点国有林管理机构下设的国有林管理机构及其派出机构和湿地保护管理机构应当对湿地的保护利用进行监督检查。

重点国有林区县级以上人民政府林业主管部门及其他相关部门应对上述机构的监督检查予以协助。

【说明】理论基础：具有湿地保护管理、监督管理职责的重点国有林管理机构、国有林管理机构及其派出机构和湿地保护管理机构根据自己的职责范围对湿地法律、法规与规划实施情况进行监督管理。

政策依据：《国务院办公厅关于做好自然保护区管理有关工作的通知》提出，强化监督检查，根据功能定位和主要保护对象的特点对自然保护区实施分类管理。定期开展自然保护区专项执法检查和管理评估，严肃查处各类违法行为，提高规范化管理水平。对管理不善、保护不力的，有关部门要责令其限期整改。对环境和资源受到严重破坏，不再符合条件或失去保护价值的自然保护区，原批准机关要给予降级或撤销处理。对由于人为因素导致自然保护区降级或撤销的，要依照相关规定追究有关人员的责任。环境保护部要会同有关部门制定自然保护区评估标准，有关部门可根据所管理自然保护区的特点和需要制定相应标准。

法律依据：（1）《自然保护区条例》第二十一条规定，县级以上人民政府环境保护行政主管部门有权对本行政区域内各类自然保护区的管理进行监督检查；县级以上人民政府有关自然保护区行政主管部门有权对其主管的自然保护区的管理进行监督检查。被检查的单位应当如实反映情况，提供必要的资料。检查者应当为被检查的单位保守技术秘密和业务秘密。

（2）《湿地保护管理规定》第十六条规定，国家林业局对国际重要湿地的保护管理工作进行指导和监督，定期对国际重要湿地的生态状况开展检查和评估，并向社会公布结果。国际重要湿地所在地的县级以上地方人民政府林业主管部门应当会同同级人民政府有关部门对国际重要湿地保护管理状况进行检查，指导国际重要湿地保护管理机构维持国际重要湿地的生态特征。第十八条规定，因气候变化、自然灾害等造成国际重要湿地生态特征退化的，省、自治区、直辖市人民政府林业主管部门应当会同同级人民政府有关部门进行调查，指导国际重要湿地保护管理机构制订实施补救方案，并向同级人民政府和国家林业局报告。因工程建设等造成国际重要湿地生态特征退化甚至消失的，省、自治区、直辖市人民政府林业主管部门应当会同同级人民政府有关部门督促、指导项目建设单位限期恢复，并向同级人民政府和国家林业局报告；对逾期不予恢复或者确实无法恢复的，由国家林业局会商所在地省、自治区、直辖市人民政府和国务院有关部门后，按照有关规定处理。第二十八条规定，县级以上人民政府林业主管部门应当对开展生态旅游等利用湿地资源的活动进行指导和监督。

（3）《国家湿地公园管理办法》第二十条规定，省级以上林业主管部门组织对国家湿地公园的建设和管理状况开展监督检查和评估工作，并根据评估结果提出整改意见。监督评估的主要内容包括："（一）准予设立国家湿地公园的本底条件是否发生变化。（二）机构能力建设、规章制度的制定及执行等情况。（三）总体规划实施情况。（四）湿地资源的保护管理和合理利用等情况。（五）宣传教育、科研监测和档案管理等情况。（六）其他应当检查的内容。"第二十一条规定，因自然因素造成国家湿地公园生态特征退化的，省级林业主管部门应当进行调查，指导国家湿地公园管理机构制订实施补救方案，并向国家林业局报告。经监督评估发现存在问题的国家湿地公园，省级以上林业主管部门通知其限期整改。限期整改的国家湿地公园应当在整改期满后15日内向下达整改通知的林业主管部门报送书面整改报告。

国外立法参考：（1）韩国《湿地保护法》第22条规定，环境部部长，国土、交通与海洋事务部部长或市/道知事，可要求破坏湿地的项目施工方或湿地保护和管理人，制作必要报告，或要求他/她提交湿地的占有、交易、使用、损害等的数据，并可让所属的公务员对他们进行调查。任何从事第1款规定调查的公务员应向相关利益方出示证件。第1、第2款规定的报告、调查、证件等必要事项，由总统令规定。

（2）乌干达《国家环境（湿地、河岸和湖滨管理）条例》规定，当正在发生可能使环境、河岸或湖滨退化的活动时，其管辖范围内的地方环境委员会应书面通知区域环境官员采取适当行动；环境官员的职责是确保所有河岸和湖滨的保护。当正在发生可能使环境、河岸或湖滨退化的活动时，其管辖范围内的环境官员应确保生活在湿地附近的社区参与湿地保护，并帮助环境委员会实施保护湿地的条例和任何其他法律。国家当局应与主管部门协商后执行名录并鉴定和监测处于环境退化威胁中的湖滨和河岸。

（3）美国明尼苏达州《湿地保护实施条例》规定，根据理事会要求的格式和期限，地方政府部门必须每年都向理事会报告有关执行本章规定的信息。未遵守理事会的报告要求时，地方政府可能受到根据第 3 分章内容所做的处罚。

第四十一条【突发事件应急制度】

可能发生湿地防火、防汛等突发事件的企事业单位，应当制订有关湿地防火、防汛等突发事件的应急预案，做好应急准备。

重点国有林管理机构和湿地保护管理机构应依照《中华人民共和国突发事件应对法》的规定，做好湿地防火、防汛等突发事件的风险控制、应急准备、应急处置和事后恢复等工作，并定期进行演练。

【说明】理论基础：突发事件应急预案是指面对突发事件，如自然灾害、事故、环境公害及人为破坏的应急管理、指挥、救援计划等。应急方案的制定、实施主体是各企事业单位。本条规定的突发事件的应急预案、风险控制、应急准备、应急处置和事后恢复等工作参照《中华人民共和国突发事件应对法》（以下简称《突发事件应对法》）的规定。突发环境事件应急制度是指为了维护公共安全及环境保护、生态平衡，力图防患于未然，最大限度地防止并消除突发环境事件造成的各种危害而形成的一系列制度。突发环境事件应急制度的内容包括应急预案、应急机构、计划、体系、措施等，它不是单一的制度，而是一个内容丰富的制度集合。在突发环境事件发生之前，其作为一种机制，表现为静态；当突发环境事件发生时，突发环境应急制度才会根据现实的具体需要，快速整合社会资源，并转化为现实的状态，用以消除突发环境事件的危害；而当突发环境发生事件消除之后，应急制度会迅速归于静态。

政策依据：《中共中央、国务院关于加快推进生态文明建设的意见》提出，建立监测评估与预警体系。加快灾害调查评价、监测预警、防治和应急等防灾减灾体系建设。建立健全化学品、持久性有机污染物、危险废物等环境风险防范与应急管理工作机制。切实加强核设施运行监管，确保核安全万无一失。

法律依据：（1）《突发事件应对法》对突发事件的预防与应急准备、监测与预警、应急处置与救援、事后恢复与重建等应对活动都做出了规定。本法所称突发事件，是指突然发生，造成或者可能造成严重社会危害，需要采取应急处置措施予以应对的自然灾害、事故灾难、公共卫生事件和社会安全事件。按照社会危害程度、影响范围等因素，自然灾害、事故灾难、公共卫生事件分为特别重大、重大、较大和一般四级。法律、行政法规或者国务院另有规定的，从其规定。

（2）《环境保护法》第四十七条规定，各级人民政府及其有关部门和企事业单位，应当依照《突发事件应对法》的规定，做好突发环境事件的风险控制、应急准备、应急处置和事后恢复等工作。县级以上人民政府应当建立环境污染公共监测预警机制，组织制订预警方案；环境受到污染，可能影响公众健康和环境安全时，依法及时公布预警信息，启动应急措施。

（3）《国家级森林公园管理办法》第二十四条规定，国家级森林公园经营管理机构应当在危险地段设置安全防护设施和安全警示标识，制订突发事件应急预案。没有安全保障的区域，不得对公众开放。国家鼓励国家级森林公园采取购买责任保险的方式，提高旅游安全事故的应对能力。

（4）《内蒙古自治区旅游条例》第二十八条规定，旅游经营者对旅游设备设施和游览地可能存在的危险，应当向旅游者做出说明和明确警示，并采取措施，防止危害的发生。旅游经营者应当制订旅游安全应急预案，并配备必要的旅游安全设备设施。旅游者在旅游过程中人身、财产受到损害时，旅游经营者应当及时向有关部门报告，并采取有效救护及其他相应措施。

国外立法参考：（1）美国明尼苏达州《湿地保护法》规定，应急特征所必需的工作和任何排干或填补活动都应在应急工作完成后，由地方政府部门处理。

（2）美国明尼苏达州《湿地保护法实施条例》规定，紧急性质的工作也有必要进行，应急工作完成后，地方政府部门必须解决遗留的任何影响。

（3）韩国《自然灾害防治法》第2条第2款规定，为防范、应急和恢复自然灾害，应采取如救援等必要措施。

第四十二条【应急方案的启动与应急措施】

企事业单位发生湿地防火、防汛等突发性事件，造成或者可能造成湿地破坏或毁损事故的，应当立即启动本单位的应急预案，采取扑灭、隔离、疏导等应急措施，防止火势蔓延、水土流失、山体崩塌等事故发生，并向湿地保护管理机构和重点国有林管理机构报告。重点国有林管理机构接到报告后，应当及时向自治区人民政府报告。

【说明】理论基础：应急方案的启动条件是发生湿地防火、防汛等突发性事件，造成或者可能造成湿地破坏或毁损事故时。

所采取的措施包括扑灭、隔离、疏导等应急措施，防止火势蔓延、水土流失、山体崩塌等事故，同时规定了事故报告程序。

政策依据：《中共中央、国务院关于加快推进生态文明建设的意见》提出，加快灾害调查评价、监测预警、防治和应急等防灾减灾体系建设。

法律依据：（1）《突发事件应对法》对突发事件应急预案的启动、应急处置与救援、事后恢复与重建等应对活动都做出了规定。

（2）《环境保护法》第四十七条规定，县级以上人民政府应当建立环境污染公共监测预警机制，组织制订预警方案；环境受到污染，可能影响公众健康和环境安全时，依法及时公布预警信息，启动应急措施。企事业单位应当按照国家有关规定制订突发环境事件应急预案，报环境保护主管部门和有关部门备案。在发生或者可能发生突发环境事件时，企事业单位应当立即采取措施处理，及时通报可能受到危害的单位和居民，并向环境保护主管部门和有关部门报告。突发环境事件应急处置工作结束后，有关人民政府应当立即组织评估事件造成的环境影响和损失，并及时将评估结果向社会公布。

（3）《水法》第四十五条规定，跨省、自治区、直辖市的水量分配方案和旱情紧急情况下的水量调度预案，由流域管理机构商有关省、自治区、直辖市人民政府制订，报国务院或者其授权的部门批准后执行。其他跨行政区域的水量分配方案和旱情紧急情况下的水量调度预案，由共同的上一级人民政府水行政主管部门商有关地方人民政府制订，报本级人民政府批准后执行。水量分配方案和旱情紧急情况下的水量调度预案经批准后，有关地方人民政府必须执行。在不同行政区域之间的边界河流上建设水资源开发、利用项目，应当符合该流域经批准的水量分配方案，由有关县级以上地方人民政府报共同的上一级人民政府水行政主管部门或者有关流域管理机构批准。

第四十三条【行政法律责任】

违反本条例规定，有下列行为之一的单位、组织、机构或个人，由湿地保护管理机构责令其改正，并可以根据不同情节处以100元以上5000元以下的罚款：

（一）擅自移动或者破坏湿地界标或保护设施的；

（二）未经批准进入湿地或者在湿地内不服从保护管理机构管理的；

（三）经批准在湿地内从事科学研究、教学实习和标本采集的单位、组织、机构或个人，不向湿地保护管理机构提交活动成果副本的。

【说明】理论基础：行政法律责任是指行政主体对行政相对人因违反行政法规而依法强制其承担的法律责任，它主要是由行政违法引起的法律后果。

政策依据：《国务院办公厅关于加强湿地保护管理的通知》提出，地方各级人民政府要加强对自然湿地保护的监管，组织力量对违法占用、开垦、填埋以及污染自然湿地的情况进行检查，依法制止、打击各种破坏湿地的违法行为，对造成湿地生态严重破坏的责任单位和个人要依法追究责任。

法律依据：《自然保护区条例》第三十四条规定，违反本条例规定，有下列行为之一的单位和个人，由自然保护区管理机构责令其改正，并可以根据不同情节处以100元以上5000元以下的罚款：①擅自移动或者破坏自然保护区界标的；②未经批准进入自然保护区或者在自然保护区内不服从管理机构管理的；③经批准在自然保护区的缓冲区内从事科学研究、教学实习和标本采集的单位和个人，不向自然保护区管理机构提交活动成果副本的。

国外立法参考：（1）美国马萨诸塞州《湿地保护法令》规定，任何人在本法令所保护的任何区域内实施平整、填埋、挖掘或改变湿地用途的行为，都必须获得授权……这种违规行为每持续一天，就可看作构成一次触犯法律……法令规定，对于违反本法令规定的任何人：①处以 2.5 万美元以下罚金，或处 2 年以下徒刑，或并处与以上相等的罚金和徒刑；②对每一项违规行为均处以 2.5 万美元以下的民事罚款。

（2）美国明尼苏达州《湿地保护法》规定，公民违反依照第 103G.127 节许可证规定的条件或限制，并违反行政专员依照第（a）款发布的命令，应处以每一违法行为每天不超过 2.5 万美元的民事罚款。

第四十四条【非法改变湿地用途】

违反本条例规定，未经批准，擅自改变湿地用途的，由重点国有林管理机构责令停止违法行为、限期恢复原状，并处非法改变湿地每平方米 10~30 元的罚款。有违法所得的，没收违法所得，并处非法所得的 10%以上 50%以下的罚款。

在规定的期限内无法恢复原状或不采取任何恢复措施的，由重点国有林管理机构指定的单位采取措施恢复原状，所需费用由破坏者承担。

【说明】理论基础：本条规定了非法改变湿地用途要承担的责任，由重点国有林管理机构做出，限期恢复并处罚款，罚款标准是每平方米 10~30 元。

在限期内无法恢复或不履行的，重点国有林管理机构指定的单位采取措施恢复原状，所需费用由破坏者承担。

政策依据：《关于印发湿地保护修复制度方案》提出，严厉查处违法利用湿地的行为，造成湿地生态系统破坏的，由湿地保护管理相关部门责令限期恢复原状，情节严重或逾期未恢复原状的，依法给予相应处罚，涉嫌犯罪的，移送司法机关严肃处理。

法律依据：（1）《土地管理法》第七十五条规定，违反本法规定，占用耕地建窑、建坟或者擅自在耕地上建房、挖砂、采石、采矿、取土等，破坏种植条件的，或者因开发土地造成土地荒漠化、盐渍化的，由县级以上人民政府自然资源主管部门、农业农村主管部门等按照职责责令限期改正或者治理，可以并处罚款；构成犯罪的，依法追究刑事责任。

（2）《森林法》第八十一条规定，违反本法规定，有下列情形之一的，由县级以上人民政府林业主管部门依法组织代为履行，代为履行所需费用由违法者承担：①拒不恢复植被和林业生产条件，或者恢复植被和林业生产条件不符合国家有关规定；②拒不补种树木，或者补种不符合国家有关规定。恢复植被和林业生产条件、树木补种的标准，由省级以上人民政府林业主管部门制定。

（3）《安徽省湿地保护条例》第三十五条规定，违反本条例第二十一条第一项规定，擅自开垦、围垦、填埋等改变湿地用途的，由县级以上人民政府国土资源行政主管部门或者林业行政主管部门责令停止违法行为，没收违法所得；限期恢复，并处非法所得的10%以上50%以下的罚款。

参考立法：《湿地保护条例（送审稿）》第三十二条规定，违反本条例规定，未经批准，擅自改变湿地用途的，由国土资源、海洋等部门责令限期恢复原状，并处非法改变湿地每平方米10~30元的罚款。

国外立法参考：美国马萨诸塞州《湿地保护法令》规定，任何人在本法令所保护的任何区域内实施平整、填埋、挖掘或改变湿地用途的行为，都必须获得授权，这种违规行为每持续一天，就可看作构成一次触犯法律。

第四十五条【违反禁止行为】

违反本条例规定，在湿地从事砍伐、放牧、狩猎、捕捞、放生、捡拾鸟蛋（卵）、采药、采集植物和林副产品、开垦、烧荒、葬坟、开矿、采石、挖沙、取土等活动的，由湿地保护管理机构没收违法所得，责令停止违法行为，限期恢复原状或者采取其他补救措施；对湿地造成破坏的，可处以50元以上1万元以下的罚款。

【说明】理论基础：在湿地从事的禁止行为包括砍伐、放牧、狩猎、捕捞、放生、捡拾鸟蛋（卵）、采药、采集植物和林副产品、开垦、烧荒、葬坟、开矿、采石、挖沙、取土等。违反禁止行为的，由湿地保护管理机构没收违法所得，责令停止违法行为，限期恢复原状或者采取其他补救措施，也可以处以罚款。

政策依据：《国务院办公厅关于加强湿地保护管理的通知》提出，采取有效措施，坚决制止随意侵占和破坏湿地的行为。从维护可持续发展的长远利益出发，必须坚持保护优先的原则，对现有自然湿地资源实行普遍保护，坚决制止随意侵占和破坏湿地的行为。要严格控制开发占用自然湿地，凡是列入国际重要湿地和国家重要湿地名录，以及位于自然保护区内的自然湿地，一律禁止开垦占用或随意改变用途。对开垦占用或改变湿地用途的，应责令停止违法行为，采取各种补救措施，努力恢复湿地的自然特性和生态特征，并严格按照有关法律、法规予以处罚。要依法做好湿地登记、确权、发证等基础工作，为湿地保护和管理提供依据。要强化对自然湿地开发利用的管理。对涉及向自然湿地区域排污或改变湿地自然状态，以及建设项目占用自然湿地的，行政审批部门要会同相关部门按照《中华人民共和国环境影响评价法》等法律法规进行环境影响评价和严格审批。地方各级人民政府要加强对自然湿地保护的监管，组织力量对违法占用、开垦、填埋以及污染自然湿地的情况进行检查，依法制止、打击各种破坏湿地的违法行为，对造成湿地生态严重破坏的责任单位和个人要依法追究责任。

法律依据：（1）《森林法》第七十四条规定，违反本法规定，进行开垦、采石、采砂、采土或者其他活动，造成林木毁坏的，由县级以上人民政府林业主管部门责令停止违法行为，限期在原地或者异地补种毁坏株数1倍以上3倍以下的树木，可以处毁坏林木价值五倍以下的罚款；造成林地毁坏的，由县级以上人民政府林业主管部门责令停止违法行为，限期恢复植被和林业生产条件，可以处恢复植被和林业生产条件所需费用3倍以下的罚款。

（2）《自然保护区条例》第三十五条规定，违反本条例规定，在自然保护区进行砍伐、放牧、狩猎、捕捞、采药、开垦、烧荒、开矿、采石、挖沙等活动的单位和个人，除可以依照有关法律、行政法规规定给予处罚的以外，由县级以上人民政府有关自然保护区行政主管部门或者其授权的自然保护区管理机构没收违法所得，责令停止违法行为，限期恢复原状或者采取其他补救措施；对自然保护区造成破坏的，可以处以300元以上1万元以下的罚款。

（3）《内蒙古大兴安岭汗马国家级自然保护区条例》第十八条规定，违反本条例规定，在保护区内进行砍伐、放牧、狩猎、捕捞、放生、采药、烧荒、葬坟、打拉烧柴、采集林副产品等活动的单位和个人，由保护区管理机构责令其停止违法行为，没收违法所得，可以查封、扣押有关设施、设备、物品；对保护区造成破坏的，依法承担赔偿责任，并对个人处以 300 元以上 2000 元以下的罚款，对单位处以 5000 元以上 1 万元以下的罚款。违反本条例规定，在保护区内进行开垦、开矿、采石、挖沙、取土等活动的单位和个人，由保护区管理机构责令其停止违法行为，查封、扣押实施违法行为的工具及施工机械、设备，没收违法所得，限期恢复原状，并对个人处以 2000 元以上 5000 元以下的罚款，对单位处以 5000 元以上 1 万元以下的罚款。

国外立法参考：（1）美国马萨诸塞州《湿地保护法令》规定，责令任何违反本法令规定的人恢复土地原状，并采取其他有效措施纠正其违规行为。

（2）加拿大安大略省的《公共土地法案》规定，禁止在未获许可前提下清理或填埋公共土地，或是在海岸地带实施挖掘或填埋活动。此外，该法案还授权法院判令对受破坏海岸土地或公共土地采取复原行动。

（3）德国《自然保护法》指定了一些具有高生态价值的系统，包括泥炭地、沼泽、池塘等。对于这些地区，该法要求：禁止可能破坏或严重损害这些地区的活动；对不顾及公众利益的措施，采取替代措施或要求赔偿。

第四十六条【妨碍公务的法律责任】

妨碍湿地保护管理人员执行公务的，由湿地保护管理机构依照《中华人民共和国行政处罚法》的规定给予处罚；情节严重，构成犯罪的，依法追究刑事责任。

【说明】理论基础：本条规定对于妨碍公务的，依照《中华人民共和国行政处罚法》的规定给予处罚；情节严重，构成犯罪的，依法追究刑事责任。

法律依据：（1）《森林法》第八十条规定，违反本法规定，拒绝、阻碍县级以上人民政府林业主管部门依法实施监督检查的，可以处 5 万元以下的罚款，情节严重的，可以责令停产停业整顿。

（2）《自然保护区条例》第三十九条规定，妨碍自然保护区管理人员执行公务的，由公安机关依照《中华人民共和国治安管理处罚法》的规定给予处罚；情节严重，构成犯罪的，依法追究刑事责任。

第四十七条【湿地重大损害事故的法律责任】

违反本条例规定，造成湿地重大损害事故，导致公私财产重大损失或者人身伤亡的严重后果，构成犯罪的，对直接负责的主管人员和其他直接责任人员依法追究刑事责任。

【说明】理论基础：法律责任是指因违反了法定义务或契约义务，或不当行使法律权利、权力所产生的，由行为人承担的不利后果。就其性质而言，法律关系可以分为法律上的功利关系和法律上的道义关系，与此相应，法律责任方式也可以分为补偿性方式和制裁性方式。

本条规定了对直接负责的主管人员和其他直接责任人员依法追究刑事责任的情形。

政策依据：《关于划定并严守生态保护红线的若干意见》提出，对违反生态保护红线管控要求、造成生态破坏的部门、地方、单位和有关责任人员，按照有关法律法规和《党政领导干部生态环境损害责任追究办法（试行）》等规定实行责任追究。对推动生态保护红线工作不力的，区分情节轻重，予以诫勉、责令公开道歉、组织处理或党纪政纪处分，构成犯罪的，依法追究刑事责任。

法律依据：（1）《环境保护法》第六十九条规定，违反本法规定，构成犯罪的，依法追究刑事责任。

（2）《野生动物保护法》第四十二条规定，野生动物保护主管部门或者其他有关部门、机关不依法做出行政许可决定，发现违法行为或者接到对违法行为的举报不予查处或者不依法查处，或者有滥用职权等其他不依法履行职责的行为的，由本级人民政府或者上级人民政府有关部门、机关责令改正，对负有责任的主管人员和其他直接责任人员依法给予记过、记大过或者降级处分；造成严重后果的，给予撤职或者开除处分，其主要负责人应当引咎辞职；构成犯罪的，依法追究刑事责任。

第四十八条【行政责任】

湿地保护管理人员滥用职权、玩忽职守、徇私舞弊，构成犯罪的，依法追究刑事责任；情节轻微，尚不构成犯罪的，由湿地保护管理机构给予行政处分。

【说明】理论基础：行政责任是指因为违反行政法或行政法规定应承担的法律责任，行政法律规范要求国家行政机关及其公务人员在行政活动中履行和承担其义务。

本条规定了湿地保护管理人员滥用职权、玩忽职守、徇私舞弊所要承担的行政责任；构成犯罪的，承担刑事责任。

政策依据：《生态环境损害赔偿制度改革试点方案》提出，建立对生态环境损害索赔行为的监督机制，赔偿权利人及其指定的相关部门或机构的负责人、工作人员在索赔工作中存在滥用职权、玩忽职守、徇私舞弊的，依纪依法追究责任；涉嫌犯罪的，应当移送司法机关。

法律依据：（1）《环境保护法》第六十八条规定，地方各级人民政府、县级以上人民政府环境保护主管部门和其他负有环境保护监督管理职责的部门有下列行为之一的，对直接负责的主管人员和其他直接责任人员给予记过、记大过或者降级处分；造成严重后果的，给予撤职或者开除处分，其主要负责人应当引咎辞职：①不符合行政许可条件准予行政许可的；②对环境违法行为进行包庇的；③依法应当做出责令停业、关闭的决定而未作出的；④对超标排放污染物、采用逃避监管的方式排放污染物、造成环境事故以及不落实生态保护措施造成生态破坏等行为，发现或者接到举报未及时查处的；⑤违反本法规定，查封、扣押企事业单位和其他生产经营者的设施、设备的；⑥篡改、伪造或者指使篡改、伪造监测数据的；⑦应当依法公开环境信息而未公开的；⑧将征收的排污费截留、挤占或者挪作他用的；⑨法律法规规定的其他违法行为。

（2）《野生动物保护法》第四十二条规定，野生动物保护主管部门或者其他有关部门、机关不依法做出行政许可决定，发现违法行为或者接到对违法行为的举报不予查处或者不依法查处，或者有滥用职权等其他不依法履行职责的行为的，由本级人民政府或者上级人民政府有关部门、机关责令改正，对负有责任的主管人员和其他直接责任人员依法给予记过、记大过或者降级处分；造成严重后果的，给予撤职或者开除处分，其主要负责人应当引咎辞职；构成犯罪的，依法追究刑事责任。

（3）《森林法》第七十条规定，县级以上人民政府林业主管部门或者其他有关国家机关未依照本法规定履行职责的，对直接负责的主管人员和其他直接责任人员依法给予处分。依照本法规定应当做出行政处罚决定而未做出的，上级主管部门有权责令下级主管部门做出行政处罚决定或者直接给予行政处罚。

（4）《自然保护区条例》第四十一条规定，自然保护区管理人员滥用职权、玩忽职守、徇私舞弊，构成犯罪的，依法追究刑事责任；情节轻微，尚不构成犯罪的，由其所在单位或者上级机关给予行政处分。

第四十九条【生效】

本条例自××××年××月××日起生效。

【说明】理论基础：附则，是附在法律、法规后面的规则，是在法的整体中作为总则和分则辅助性内容存在的组成部分。在我国，法律性文件的附则部分，主要是规定文件的生效时间，解释权、修改权的归属等问题。本条规定的是本条例的生效时间，即本条例被内蒙古自治区人大通过的日期。

第五章

内蒙古大兴安岭根河源国家湿地公园管理办法

第一节　根河源国家湿地公园概况

一、根河源国家湿地公园概况

根河源国家湿地公园是于 2012 年经国家林草局批准成立的，2015 年 2 月 6 日，被国家旅游局和环保部评审为国家生态旅游示范区。2015 年 8 月 14 日，晋升为国家 AAAA 级旅游景区。根河源国家湿地公园占地面积为 59060. 48 公顷，各类湿地面积 20291. 01 公顷，湿地率为 34. 36%。公园拥有森林、沼泽、河流、湖泊等多种生态系统，森林与湿地交错分布，处于原始或自然状态，是目前我国原生态保持最完好、最典型的温带湿地生态系统。

园内野生动植物种类繁多，湿地植被类型可划分为森林湿地植被、灌丛湿地植被、苔草湿地植被 3 类。湿地植物共有 95 科 215 属 553 种；湿地动物共有 18 目 27 科 67 属 117 种。公园的主体——根河是额尔古纳河最大支流之一，担负着额尔古纳河水量供给和水生态安全的重任，维系着呼伦贝尔大草原的生态安全。

二、根河源国家湿地公园分区情况

根河源国家湿地公园总面积为 59060. 48 公顷，湿地保育区面积为 30855. 98 公顷，占湿地公园总面积的 52. 24%。恢复重建区面积为 653. 16 公顷，占湿地公园总面积的 1. 10%。合理利用区面积为 27526. 34 公顷，占湿地公园总面积的46.61%。宣教展示区面积为15.00公顷，占湿地公园总面积的0.03%。管理服务区面积为10.00公顷，占湿地公园总面积的0.02%。湿地公园边界及各功能区界限清楚并以界桩标牌公示。

第二节　根河源国家湿地公园保护存在的问题

一、法治体系不完善

根河源国家湿地公园还没有一部关于湿地公园建设、保护、管理与合理利用的专门法规，存在无法可依的情况。在执法方面，存在执法人员没有湿地公园保护管理所必需的执法权限的问题，影响了正常的执法工作和执法效率。

二、湿地管理体制、机制不完善

根河源国家湿地公园的管理主体包括国有林管理机构和湿地公园管理机构，存在的主要管理问题是人员的配置重叠和监管职责不明确。重点国有林区管理机构的改革还没有完成，给根河市国有林管理机构和湿地公园管理机构的职责确认与人员安排带来不确定因素。

三、湿地公园保护管理亟待加强

根河源国家湿地公园还处在建设与完善阶段，保护管理方法与手段还很不成熟，管理水平很薄弱，保护管理的人员、设施设备、资金都很缺乏，这些问题也影响了湿地公园保护管理工作的有效开展。

四、监测体系不完善

根河源国家湿地公园的监测设施设备与人员都比较缺乏，没有形成完善的监测体系与监测网络，有关湿地公园生态结构与功能的变化、生物多样性变化的数据与档案还不完善。

五、基础研究薄弱，人才缺乏，技术水平落后

目前，根河源国家湿地公园保护的基础研究还非常薄弱，特别是对湿地的结构、功能、演替规律、价值和作用等方面缺乏系统、深入的研究，

制约了湿地公园保护与管理的推进。

六、资金投入严重不足

根河源国家湿地公园保护与管理资金投入严重不足，是湿地公园保护与管理工作面临的主要问题。示范建设、湿地监测、湿地研究、人员培训、执法手段与队伍建设等方面都缺乏专门的资金支持。由于资金短缺，因此许多湿地公园保护项目和行动难以实施。

第三节　根河源国家湿地公园保护立法的必要性

一、根河源国家湿地公园保护立法具有重大意义

湿地与森林、海洋一起被称为全球三大自然生态系统，是“地球之肾”，具有保持水土、净化水质、蓄洪防旱、调节气候和维护生物多样性等重要生态功能，对维护地球的生态平衡具有十分重要的作用。健康的“湿地”生态系统不仅是国家生态安全和建设美丽中国的重要组成部分，而且是经济社会可持续发展的重要基础，对于维护生态平衡、改善生态状况、减缓气候变暖、实现经济社会可持续发展具有十分重要的意义。

根河源国家湿地公园具有生态区位重要、生态功能突出、类型复杂多样、生物多样性丰富、生态景观壮丽等特点。

根河源国家湿地公园保护工作虽取得了一定成效，但仍面临许多困难，如法治体系不完善，湿地管理体制、机制不配套，监测体系与网络不成熟，资金投入严重不足，湿地保护执法薄弱等问题亟待解决。加大湿地保护力度，妥善解决湿地保护与利用中的问题，尽快制定一部符合根河源国家湿地公园保护现状的地方性法规是非常必要的，这也是贯彻落实党的十八大提出加强生态文明建设的具体体现和重要举措。

二、根河源国家湿地公园保护立法具有示范性作用

目前，根河源国家湿地公园已经通过了国家林草局的验收，并正式挂牌运营。重点国有林区还有很多的湿地公园尚处于建设、申请与待审批阶段。国家级湿地公园的保护立法是其中一项重要的内容。因此，根河源国

家湿地公园保护立法不仅会对湿地公园未来的保护与管理工作起到积极的推动作用，而且会对整个重点国有林区其他正在进行建设、申请与待审批的湿地公园起到示范作用。

三、根河源国家湿地公园保护立法是发挥湿地多功能效益的有效方法

湿地既是人类最重要的环境资本之一，也是自然界富有生物多样性和较高生产力的生态系统，它不仅具有丰富的资源，还具有巨大的环境调节功能和生态效益。湿地公园在提供水资源、调节气候、涵养水源，促淤造陆、降解污染物，保护生物多样性和为人类提供生产、生活资源方面发挥了重要作用。

湿地公园保护、管理与合理利用关系国民经济的发展，要最佳地发挥湿地多功能效益，就必须采取有力措施，切实加强湿地公园的保护管理工作，以保证湿地资源的可持续利用。

根河源国家湿地公园保护立法在发挥湿地多功能效益方面将会起到其他管理行为或手段无法替代的作用。

四、根河源国家湿地公园保护立法是解决湿地公园保护、管理与合理利用工作中存在问题的有效手段

（1）完善重点国有林区湿地监管体制。重点国有林区湿地保护立法的一个重要目标就是理顺监管各方的关系，明确各自的职责权限，兼顾管理者、保护者和开发利用者之间的利益。

（2）逐步完善重点国有林区湿地法治体系。第一，通过立法解决重点国有林区湿地保护无法可依的问题。第二，解决重点国有林区湿地保护与管理执法权限过窄、执法效力低下、执法不到位的问题。

（3）完善监测体系，逐步建立重点国有林区湿地数据库。通过立法确立湿地监测制度，培训湿地监测人员，建立专业湿地监测队伍，及时记录湿地监测资料，逐步建立湿地数据库。

（4）加强湿地保护宣传教育工作。通过立法要求湿地自然保护区、湿地公园和湿地保护小区的管理机构定期开展湿地保护宣传教育工作，包括

建立宣教基地、开展宣教研讨、组织宣教活动。

（5）多渠道筹措湿地保护资金。通过立法确立湿地保护基金制度、生态补偿制度、湿地捐赠制度等，从政府、企业、社会和个人多渠道筹集湿地保护资金。

第四节　根河源国家湿地公园立法条文说明

一、根河源国家湿地公园保护立法的总体框架

（一）名称

《根河源国家湿地公园保护办法（草案文本）》。

（二）章节目录

《根河源国家湿地公园保护办法（草案文本）》共分六章、三十八条，包括：

第一章　总则

第二章　监督管理

第三章　规划与分区

第四章　保护与利用

第五章　法律责任

第六章　附则。

二、《根河源国家湿地公园保护办法（草案文本）》说明

第一章　总则

第一条【立法目的】

为加强根河源国家湿地公园（以下简称湿地公园）的保护，维护湿地生态功能和生物多样性，促进湿地公园可持续发展，根据有关法律、行政法规的规定，结合本地实际，制定本办法。

【说明】理论基础：立法目的是指立法的基本意图与指导思想。立法目的解决的是为什么制定这样一部地方性法规的问题。本条例的立法目的

包括三个：保护湿地，包括维护湿地生态功能和生物多样性；促进湿地资源可持续利用；促进生态文明建设。

政策依据：政策依据是指党中央和国务院发布的有关湿地保护管理的政策性文件中的相关内容。例如，《中共中央、国务院关于加快推进生态文明建设的意见》《国务院办公厅关于加强湿地保护管理的通知》《全国生态保护“十三五”规划纲要》《中国湿地保护行动计划》《国务院办公厅关于做好自然保护区管理有关工作的通知》《关于加强湿地保护管理的通知》《关于切实做好全面停止商业性采伐试点工作的通知》《关于进一步加强涉及自然保护区开发建设活动监督管理的通知》《生态环境损害赔偿制度改革试点方案》《关于设立统一规范的国家生态文明试验区的意见》《关于健全生态保护补偿机制的意见》《关于加强资源环境生态红线管控的指导意见》《国有林区改革指导意见》《国有林场改革方案》《关于印发〈国有林场改革方案〉和〈国有林区改革指导意见〉重点工作分工的通知》《内蒙古大兴安岭重点国有林区改革总体方案》《关于印发湿地保护修复制度方案》等。

法律依据：法律依据是指法律、法规中的相关规定，包括宪法、法律、行政法规、部门规章、地方性法规、地方性规章等。例如，《中华人民共和国环境保护法》《中华人民共和国土地管理法》《中华人民共和国水法》《中华人民共和国野生动物保护法》《中华人民共和国森林法》《中华人民共和国自然保护区条例》《中华人民共和国野生植物保护条例》《湿地保护管理规定》《国家湿地公园管理办法》和《内蒙古自治区湿地保护条例》等法律、法规和地方性法规规章。

（1）《自然保护区条例》第一条规定，为了加强自然保护区的建设和管理，保护自然环境和自然资源。

（2）《国家湿地公园管理办法》第一条规定，为加强国家湿地公园建设和管理，促进国家湿地公园健康发展，有效保护湿地资源，根据《湿地保护管理规定》及国家有关政策，制定本办法。

（3）《湿地保护管理规定》第一条规定，加强湿地保护管理，履行国际湿地公约。

（4）《内蒙古自治区湿地保护条例》第一条规定，为了加强湿地保护，维护湿地生态功能和生物多样性，促进湿地资源可持续利用，根据国家有关法律、法规，结合自治区实际，制定本条例。

国外立法参考：主要是指相关国家或国际法中有关湿地保护方面的相关规定，包括美国、韩国、乌干达、澳大利亚的湿地相关法律，及《湿地公约》等。我国于1992年6月签署《生物多样性公约》，1992年7月加入《湿地公约》等。

（1）《北美湿地保护条例》规定，本法旨在保护北美湿地生态系统和依赖这些栖息地的水禽、其他迁徙鸟类、鱼类和野生动物。

（2）韩国《湿地保护法》规定，本法的目的是保护湿地和生物多样性，规定有效保护和管理湿地的必要事项，并有助于促进实现《湿地公约》目的的国际合作。

（3）美国明尼苏达州《湿地保护法实施条例》规定，实施《湿地保护法》的目的，即达到明尼苏达州现存湿地在数量、质量和生物多样性方面的零净损失；通过恢复或提升，减退或排干的湿地提高明尼苏达湿地数量、质量和生物多样性；避免来自破坏、减退湿地数量、质量和生物多样性活动的直接或间接的影响；在避免活动不可行、不明智时，替代湿地价值。

（4）乌干达《国家环境（湿地、河岸和湖滨管理）条例》规定，本条例的目标是提供乌干达湿地及其资源的保护和明智利用；实现乌干达宪法第37条第2款的目的；确保集水区保护和洪水控制；确保为所有公民的共同利益的生态和旅游目的可持续利用湿地；确保受保护湿地作为动植物栖息地；提供湿地受管制的公共利用和享受；加强研究和与研究相关的活动；并最小化和控制污染。

第二条【适用范围】

湿地公园的建设、保护、管理和利用等活动，应遵守本办法。

根河源国家湿地公园是指以湿地景观为主体，以湿地生态系统保护为核心，兼顾湿地生态系统服务功能展示、科普宣教和湿地合理利用示范，蕴含一定文化或美学价值，可供人们进行科学研究和生态旅游，予以特殊保护和管理的湿地区域。

湿地公园是自然保护体系的重要组成部分，湿地公园保护属社会公益事业。国家鼓励公民、法人和其他组织捐资或者志愿参与国家湿地公园保护和建设工作。

【说明】理论基础：法律的适用范围是指法律的时间效力、对人的效力和空间效力。本条例的适用范围解决的是本条例适用的空间效力。本条例的适用范围是湿地公园的建设、保护、管理和利用等活动。

政策依据：《国家湿地公园建设规范》（中华人民共和国林业行业标准LY/T 1755—2008）规定，湿地公园为拥有一定规模和范围，以湿地景观为主体，以湿地生态系统保护为核心，兼顾湿地生态系统服务功能展示、科普宣教和湿地合理利用示范，蕴含一定文化或美学价值，可供人们进行科学研究和生态旅游，予以特殊保护和管理的湿地区域。

法律依据：（1）《湿地保护管理规定》第二十条规定，以保护湿地生态系统、合理利用湿地资源、开展湿地宣传教育和科学研究为目的，并可供开展生态旅游等活动的湿地，可以设立湿地公园。湿地公园分为国家湿地公园和地方湿地公园。

（2）《国家湿地公园管理办法》第一条规定，国家湿地公园的设立、建设、管理和撤销应遵守本办法。第二条规定，国家湿地公园是指以保护湿地生态系统、合理利用湿地资源、开展湿地宣传教育和科学研究为目的，经国家林业局批准设立，按照有关规定予以保护和管理的特定区域。国家湿地公园是自然保护体系的重要组成部分，属社会公益事业。国家鼓励公民、法人和其他组织捐资或者志愿参与国家湿地公园保护和建设工作。

（3）《内蒙古自治区湿地保护条例》第十二条规定，在自然景观适宜、生态系统完整、生态特征显著、历史和文化价值独特、便于开展科普宣传教育活动的湿地，可以建立湿地公园。湿地公园的建立和管理办法，由自治区人民政府制定。

国外立法参考：美国《马萨诸塞州湿地保护法令》规定，该法令适用的空间范围包括邻接海洋或任何河口、港湾、江河、溪流、池塘、湖泊的任何堤岸；淡水湿地、沿海湿地、海滩、沙丘、平地、沼泽、湿草地、沼地；或任何位于该水体之下的土地；或任何受到潮汐、沿海风暴潮、洪水影响的土地。

第三条【基本原则】

湿地公园的建设、保护、管理和利用应坚持保护优先、生态系统方法、合理利用和公众参与原则。

【说明】理论基础：法律原则是指为法律规则提供某种基础或本源的综合性的、指导性的原理或价值准则的一种法律规范。所谓基本原则，是指调整的社会关系领域比较宽广，体现了法律的基本精神和根本价值的原则。它是整个法律体系或某个部门法所适用的原则。湿地保护的立法原则是指通过湿地立法明确规定或体现的，反映湿地保护立法基本理念、价值、特点和目的的，对湿地保护和利用活动具有普遍指导作用的准则。其贯穿于整个湿地保护法体系，既包括普遍的环境立法原则，也包括特殊的湿地立法原则。

本条规定本条例的基本原则是湿地保护应坚持保护优先、生态系统方法、合理利用和公众参与原则。保护优先是指在经济社会发展综合决策等活动中优先考虑湿地保护，内蒙古大兴安岭重点国有林管理机构应将湿地保护作为其经济社会发展的前提和基础。生态系统方法原则是指湿地保护立法和湿地开发利用与保护管理活动不仅应当遵循生态系统方法，也应当在生态系统方法的指引下进行。合理利用原则是指在湿地保护目标得以实现的前提下，利用自身资源优势，合理开发、适度经营，以解决保护湿地经费困难的问题，同时又可以探索一条适应人口、资源、环境协调发展的途径。公众参与原则是一切环境保护法所遵循的基本原则之一。坚持湿地保护管理的公众参与原则就是指坚持在湿地生态系统所开展的所有活动都应当获得公众的参与、支持和监督。

政策依据：（1）《国务院办公厅关于加强湿地保护管理的通知》提出，从维护可持续发展的长远利益出发，必须坚持保护优先的原则，对现有自然湿地资源实行普遍保护。

（2）《中共中央、国务院关于加快推进生态文明建设的意见》提出，坚持把节约优先、保护优先、自然恢复为主作为基本方针。

（3）《关于印发湿地保护修复制度方案》提出，坚持生态优先、保护优先的原则，维护湿地生态功能和作用的可持续性；坚持全面保护、分级管理的原则，将全国所有湿地纳入保护范围，重点加强自然湿地、国家和地方重要湿地的保护与修复；坚持政府主导、社会参与的原则，地方各级人民政府对本行政区域内湿地保护负总责，鼓励社会各界参与湿地保护与修复；坚持综合协调、分工负责的原则，充分发挥林业、国土资源、环境保护、水利、农业、海洋等湿地保护管理相关部门的职能作用，协同推进湿地保护与修复；坚持注重成效、严格考核的原则，将湿地保护修复成效纳入对地方各级人民政府领导干部的考评体系，严明奖惩制度。

法律依据：（1）《中华人民共和国宪法》第九条第二款规定，国家保障自然资源的合理利用，保护珍贵的动物和植物。

（2）《土地管理法》第三条规定，十分珍惜、合理利用土地和切实保护耕地是我国的基本国策。各级人民政府应当采取措施，全面规划，严格管理，保护、开发土地资源，制止非法占用土地的行为。

（3）《环境保护法》第五条规定，环境保护坚持保护优先、预防为主、综合治理、公众参与、损害担责的原则。第十九条规定，开发利用自然资源，必须采取措施保护生态环境。第五十三条规定，公民、法人和其他组织依法享有获取环境信息、参与和监督环境保护的权利。各级人民政府环境保护主管部门和其他负有环境保护监督管理职责的部门，应当依法公开环境信息、完善公众参与程序，为公民、法人和其他组织参与和监督环境保护提供便利。第五十七条规定，公民、法人和其他组织发现任何单位和个人有污染环境和破坏生态行为的，有权向环境保护主管部门或者其他负有环境保护监督管理职责的部门举报。公民、法人和其他组织发现地方各级人民政府、县级以上人民政府环境保护主管部门和其他负有环境保护监督管理职责的部门不依法履行职责的，有权向其上级机关或者监察机关举报。接受举报的机关应当对举报人的相关信息予以保密，保护举报人的合法权益。

（4）《湿地保护管理规定》第三条规定，国家对湿地实行全面保护、科学修复、合理利用、持续发展的方针。

（5）《国家湿地公园管理办法》第四条规定，国家湿地公园的建设和管理，应当遵循“全面保护、科学修复、合理利用、持续发展”的方针。

（6）《内蒙古自治区湿地保护条例》第四条规定，湿地保护工作应当遵循保护优先、科学规划、合理利用和持续发展的原则。

国外立法参考：（1）《湿地公约》第 3.1 条规定，各缔约国应制定和执行规划，以促进对被列入名录的湿地的保护，并尽可能地合理使用其领土内的湿地。

（2）《加拿大联邦政府湿地保护政策》规定，环境保护和可持续发展应该优先考虑湿地的价值；湿地保护的关键是在经济决策中贯彻环保宗旨；湿地保护运动应该与环境保护及可持续发展的整体系统相互协调；继续发展和更新科学知识和专业知识是保证湿地保护政策得以实施的根本条件；各级政府应与包括湿地所有者、非政府组织、私人机构在内的广大公众加强协作；联邦政府应在倡导湿地保护和实施湿地保护政策的过程中发挥重要作用；与国内机构、代表进行协作，贯彻实施联邦政府制定的水陆湿地保护合作计划；借助通信和教育手段来促成加拿大人民对湿地保护态度和观念的根本转变；通过管理跨境资源，以及积极参与国际条约、国际大会和国际论坛，推动全球湿地保护工作的开展。

（3）澳大利亚联邦政府湿地政策的主要目标是确保联邦政府的行动与公约期望相一致，尤其是提倡采用《湿地公约》中“合理利用”的湿地管理原则。《澳大利亚环境和生物多样性保护法》规定了湿地名录湿地管理的基本目的必须与《湿地公约》相一致。

（4）乌干达《国家环境（湿地、河岸和湖滨管理）条例》规定，本部分确立所有湿地管理应遵守以下原则：①湿地资源应以与湿地持续存在及其水文和服务功能相一致的可持续方式利用；②法律要求湿地开展的所有可能产生不利影响活动的环境影响评价是强制性的；③保护国际、国家和地方重要的作为生态系统、动植物物种栖息地以及为文化与美学目的和水文功能的湿地是至关重要的；④湿地的明智利用应解释为国家和地方通过意识觉醒和信息传播管理湿地资源的方法。

第四条【湿地公园调查】

湿地公园管理机构应定期组织开展湿地资源调查。

湿地公园每 5 年进行一次调查，湿地公园调查结果由重点国有林管理机构公布。

【说明】理论依据：湿地调查是指对湿地的数量和质量在野外实践中进行分析研究。本条规定的湿地调查部门包括重点国有林管理机构和湿地保护管理机构等。调查频率是5年一次。

政策依据：《中国湿地保护行动计划》提出，中国政府十分重视湿地调查和科学研究工作，有关部门和科研教学院所就湿地调查、分类、形成演化、生态保护、污染防治、合理开发利用与管理等领域开展了多方面的科学研究，开展全国湿地资源调查，初步掌握了全国资源状况；对沼泽、湖泊、红树林、珊瑚礁等生态系统进行了长期深入的研究，积累了大量资料；在一些珍稀水鸟的地理分布、种群数量、生态习性、饲养繁殖、致危因素以及保护策略等方面做了大量研究；通过开展鸟类环志工作，对中国鸟类特别是水鸟的迁徙活动有了深入了解。在湿地水生动植物生态环境科学研究方面，主要开展了黄渤海区、杭州湾、大亚湾、长江流域、淮河流域、珠江口等海域与流域的污染与生态系统的研究。在世界淡水豚的研究领域中，中国关于白鳍豚的科学研究工作处于领先地位；扬子鳄、中华鲟、胭脂鱼等物种的人工繁殖已取得成功；大鲵、海龟、山瑞等物种的人工驯养以及其他相关科研领域里的一些研究也取得了较大的进展。

法律依据：（1）《湿地保护管理规定》第十条规定，国家林业局定期组织开展全国湿地资源调查、监测和评估，按照有关规定向社会公布相关情况。湿地资源调查、监测、评估等技术规程，由国家林业局在征求有关部门和单位意见的基础上制定。县级以上地方人民政府林业主管部门及有关湿地保护管理机构应当组织开展本行政区域内的湿地资源调查、监测和评估工作，按照有关规定向社会公布相关情况。第二十三条规定，省级以上人民政府林业主管部门应当对国家湿地公园的建设和管理进行监督检查和评估。

（2）《国家湿地公园管理办法》第十五条规定，国家湿地公园管理机构应当定期组织开展湿地资源调查和动态监测，建立档案，并根据监测情况采取相应的保护管理措施。

国外立法参考：（1）《美国联邦政府湿地保护政策》规定，鼓励非法令性计划的出台，如先期规划、湿地重建、湿地调查、公私合作等，从而减缓联邦政府对作为湿地资源保护主要手段的各项法案的依赖程度。

（2）《加拿大湿地保护政策》鼓励相关部门继续参与联邦政府、省政府、地方政府联合制订的湿地调查、评估及监控计划，从而保证以下目标得以实现：明确划定湿地严重流失、湿地质量严重滑坡的地理区域；明确划定需要重点保护的重要湿地；确定湿地资源可持续利用的管理办法。

（3）韩国《湿地保护法》第 3 条规定，根据本法第 4 条和第 5 条的规定，环境部部长应对湿地调查和湿地保护总体规划编制等工作实施统一监督管理。

第五条【湿地公园生态红线制度】

重点国有林管理机构应科学划定湿地公园的生态保护红线，维持湿地生态功能不降低、生物多样性不改变和湿地面积不减少。

【说明】理论依据：生态红线是指对维护国家和区域生态安全及经济社会可持续发展，保障人民群众健康具有关键作用，在提升生态功能、改善环境质量、促进资源高效利用等方面必须实行严格保护的空间边界控制与数量限制。生态保护红线制度是指有关生态保护红线划定对象、基本原则、主要制度、配套措施及罚则等一系列法律规定的总称。本条规定湿地公园的生态保护红线由重点国有林管理局划定。

政策依据：（1）《中共中央、国务院关于加快推进生态文明建设的意见》提出，到 2020 年，“生态保护红线”等“关键制度建设取得决定性成果”。树立底线思维，设定并严守生态保护红线，将各类开发活动限制在资源环境承载能力之内，科学划定湿地等领域生态红线。

（2）《中共中央关于全面深化改革若干重大问题的决定》提出，加快生态文明制度建设，划定生态保护红线，坚定不移实施主体功能区制度，建立国土空间开发保护制度，严格按照主体功能区定位推动发展，建立国家公园体制。建立资源环境承载能力监测预警机制，对水土资源、环境容量和海洋资源超载区域实行限制性措施。对限制开发区域和生态脆弱的国家扶贫开发工作重点县取消地区生产总值考核。

法律依据：（1）《环境保护法》第二十九条规定，国家在重点生态功能区、生态环境敏感区和脆弱区等区域划定生态保护红线，实行严格保护。

（2）《国家湿地公园管理办法》第二十一条规定，因自然因素造成国家湿地公园生态特征退化的，省级林业主管部门应当进行调查，指导国家湿地公园管理机构制订实施补救方案，并向国家林业局报告。经监督评估发现存在问题的国家湿地公园，省级以上林业主管部门通知其限期整改。限期整改的国家湿地公园应当在整改期满后15日内向下达整改通知的林业主管部门报送书面整改报告。

（3）《国家级自然保护区调整管理规定》第五条规定，对国家级自然保护区不得随意调整。调整国家级自然保护区原则上不得缩小核心区、缓冲区面积，应确保主要保护对象得到有效保护，不破坏生态系统和生态过程的完整性，不损害生物多样性，不得改变自然保护区性质。对面积偏小，不能满足保护需要的国家级自然保护区，应鼓励扩大保护范围。自批准建立或调整国家级自然保护区之日起，原则上五年内不得进行调整。调整国家级自然保护区应当避免与国家级风景名胜区在范围上产生新的重叠。

第六条【生态保护补偿制度】

国家林业主管部门和内蒙古自治区人民政府应通过财政转移支付、碳金融等方式，建立湿地公园生态效益补偿制度。具体办法由自治区人民政府制定。

【说明】理论依据：生态保护补偿是指弥补生态系统的损失、消耗，恢复生态系统平衡和生态功能。生态保护补偿制度是有关生态补偿的原则、主体、客体、标准、方式以及专项资金的设立和使用规定的总称。本条是明确政府建立生态保护补偿制度职责的规定。

政策依据：（1）《中共中央、国务院关于加快推进生态文明建设的意见》提出，健全生态保护补偿机制。

（2）《中共中央关于全面深化改革若干重大问题的决定》提出，加快生态文明制度建设，实行资源有偿使用制度和生态补偿制度。坚持谁受益、谁补偿原则，完善对重点生态功能区的生态补偿机制，推动地区间建立横向生态补偿制度。

法律依据：（1）《环境保护法》第三十一条规定，国家建立、健全生态保护补偿制度。国家加大对生态保护地区的财政转移支付力度。有关地方人民政府应当落实生态保护补偿资金，确保其用于生态保护补偿。国家指导受益地区和生态保护地区人民政府通过协商或者按照市场规则进行生态保护补偿。

（2）《湿地保护管理规定》第二十五条规定，因保护湿地给湿地所有者或者经营者合法权益造成损失的，应当按照有关规定予以补偿。

（3）《内蒙古自治区湿地保护条例》第十九条规定，自治区实行湿地生态效益补偿制度。因湿地保护使湿地资源所有者、使用者的合法权益受到损害的，政府应当给予补偿，并对其生产、生活做出妥善安排。具体办法由自治区人民政府制定。

国外立法参考：韩国《湿地保护法》规定，国家可援助从事湿地保护项目，如安装湿地保护和使用设施等的地方政府和其他组织预算内的全部或部分费用。

第七条【宣传教育制度】

国有林管理机构和湿地公园管理机构应当按照职责分工加强湿地保护宣传教育和普及工作，鼓励基层群众性自治组织、社会组织、湿地公园保护志愿者开展湿地公园保护法律法规和湿地公园保护知识的宣传，营造保护湿地公园的良好风气。

湿地公园管理机构可以采取湿地公园保护宣传周或月，以及湿地公园科学教育宣传基地等形式，组织开展湿地公园科普宣传教育和普及工作。

【说明】政策依据：（1）《国务院办公厅关于加强湿地保护管理的通知》提出，各地区、各有关部门要广泛开展宣传教育，进一步提高全民生态保护意识，提高保护湿地的自觉性。

（2）《关于印发湿地保护修复制度方案》提出，面向公众开展湿地科普宣传教育，利用互联网、移动媒体等手段，普及湿地科学知识，努力形成全社会保护湿地的良好氛围。抓好广大中小学生湿地保护知识教育，树立湿地保护意识。研究建立湿地保护志愿者制度，动员公众参与湿地保护和相关知识传播。

法律依据：（1）《环境保护法》第九条规定，各级人民政府应当加强环境保护宣传和普及工作，鼓励基层群众性自治组织、社会组织、环境保护志愿者开展环境保护法律法规和环境保护知识的宣传，营造保护环境的良好风气。教育行政部门、学校应当将环境保护知识纳入学校教育内容，培养学生的环境保护意识。新闻媒体应当开展环境保护法律法规和环境保护知识的宣传，对环境违法行为进行舆论监督。

（2）《湿地保护管理规定》第五条规定，县级以上人民政府林业主管部门及有关湿地保护管理机构应当加强湿地保护宣传教育和培训，结合世界湿地日、世界野生动植物日、爱鸟周和保护野生动物宣传月等开展宣传教育活动，提高公众湿地保护意识。

（3）《国家湿地公园管理办法》第十四条规定，国家湿地公园应当设置宣教设施，建立和完善解说系统，宣传湿地功能和价值，普及湿地知识，提高公众湿地保护意识。

（4）《内蒙古自治区湿地保护条例》第六条规定，各级人民政府及其有关行政主管部门应当开展湿地保护的宣传教育活动，提高公民的湿地保护意识。

国外立法参考：（1）《湿地公约》规定，制订并执行一项关于湿地、湿地价值和管理方式的有针对性的国家社区意识及教育计划。

（2）《加拿大联邦政府湿地保护政策》规定，联邦政府要激发公众保护意识，强化公众对加拿大湿地资源的认识，积极鼓励公众参与湿地保护运动，包括土地所有者、非政府组织、地方政府和机构以及私人机构；与其他政府或非政府组织以及私人机构通力合作，制定和呈交如何培养全国公众保护意识的方案，并且务必在各个层次保证这一方案的实施，政界也不例外；定期公布环境状况报告，向全体加拿大公民通报湿地资源的现状，并且借助各种适于大众普及教育的渠道，确保广大公民获得与湿地研究有关的各项成果；加强对国家公园、国家野生动物保护区及其他联邦水陆保护区的宣传，拟定重点湿地保护网系统，从而充分体现具有重要意义的湿地的价值；继续提供与可持续性土地使用管理和土地保护措施相关的信息和知识，特别是那些影响到土壤、水、湿地保护和管理的信息和知识；为广大公众评论和评价联邦政府湿地保护政策实施情况提供适当机会；推动目标湿地教育的发展，丰富各种用途广泛的资料。

（3）《澳大利亚环境和生物多样性保护法》规定，鼓励在澳大利亚各湿地设立教育及说明性设施；支持并提出使湿地管理人员懂得综合环境和自然资源管理原则的倡议，从而宣传生态可持续发展原则；制作一些教育材料，协助管理由其他活动引进的对湿地的影响；支持类似澳大利亚水观察计划的活动，该计划宣传综合集水管理理念并在澳大利亚城乡居民之间创建水及土地管理的共同理念。

第八条【湿地公园保护科研激励制度】

国有林管理机构和湿地保护管理机构应支持开展湿地公园建设、保护、管理、恢复、利用和监测等方面的基础理论和科学技术研究，推广应用科学研究成果，提高湿地公园保护的科学技术水平。

【说明】政策依据：（1）《关于设立统一规范的国家生态文明试验区的意见》提出，探索建立生态保护与修复投入和科技支撑保障机制，构建绿色金融体系，发展绿色产业，推行绿色消费，建立先进科学技术研究应用和推广机制等。

（2）《关于印发湿地保护修复制度方案》提出，完善科技支撑体系，加强湿地基础和应用科学研究，突出湿地与气候变化、生物多样性、水资源安全等关系的研究。开展湿地保护与修复技术示范，在湿地修复关键技术上取得突破。建立湿地保护管理决策的科技支撑机制，提高科学决策水平。

法律依据：（1）《环境保护法》第七条规定，国家支持环境保护科学技术研究、开发和应用，鼓励环境保护产业发展，促进环境保护信息化建设，提高环境保护科学技术水平。

（2）《湿地保护管理规定》第五条规定，县级以上人民政府林业主管部门应当组织开展湿地保护管理的科学研究，应用推广研究成果，提高湿地保护管理水平。

（3）《内蒙古自治区湿地保护条例》第七条规定，各级人民政府应当鼓励、支持单位和个人开展湿地保护和有关的科学研究，推广应用湿地保护先进技术。

国外立法参考：（1）《加拿大联邦政府湿地保护政策》规定，联邦政府要运用和丰富与湿地保护的科学技术基础相关的专业知识，保证各级策划人、管理者、调节人、决策人能够获得制定湿地政策所必需的信息。

（2）《北美湿地保护法》规定，候鸟保护委员会与理事会的两名成员一起应对理事会根据最大程度实践标准推荐的任何湿地保护项目优先给予批准、拒绝或重新安排。如果候鸟保护委员会批准任何湿地保护项目，应提供联邦资金。如果候鸟保护委员会拒绝或重新安排委员会推荐的优先的湿地保护项目，应当给理事会和相关委员会提供一份书面声明以解释其拒绝或优先修改的理由。

第九条【湿地公园监测制度】

湿地公园管理机构应对湿地的自然状况、生态系统功能、生物多样性、森林火灾以及其他影响因素等进行动态监测，建立档案。

【说明】理论依据：湿地监测制度是指在一定时间和空间范围内，间断或不间断地监测湿地的环境、生态状况，观察、分析其变化和对湿地影响过程的工作。湿地监测主体包括重点国有林管理机构和湿地保护机构。湿地监测的对象大体分为湿地的自然状况、生态系统功能、生物多样性、森林火灾及其他。重点国有林管理机构的职责是制定湿地监测规范，组织监测网络，统一规划监测站（点）的设置，建立监测数据共享机制，加强对湿地监测的管理。

通过监测网络的运行，相关部门能掌握各类湿地变化动态、发展趋势，定期提供监测数据与监测报告，为各级政府提供决策依据。湿地生态系统的监测为科学研究提供了大量的数据，是湿地生态系统研究最为真实有力的理论基础。利用统计学、经济学、环境学、生态学等不同的技术手段对湿地资源进行调查、价值评估，建立湿地资源数据库和相应的信息化管理系统，并实现制度化，可更好地保护湿地。

政策依据：（1）《中共中央、国务院关于加快推进生态文明建设的意见》提出，建立生态文明综合评价指标体系。加快推进对能源、矿产资源、水、大气、森林、草原、湿地、海洋和水土流失、沙化土地、土壤环境、地质环境、温室气体等的统计监测核算能力建设，提升信息化水平，提高准确性、及时性，实现信息共享。加快重点用能单位能源消耗在线监测体系建设。建立循环经济统计指标体系、矿产资源合理开发利用评价指标体系。利用卫星遥感等技术手段，对自然资源和生态环境保护状况开展全天候监测，健全覆盖所有资源环境要素的监测网络体系。提高环境风险防控和突发环境事件应急能力，健全环境与健康调查、监测和风险评估制度。定期开展全国生态状况调查和评估。加大各级政府预算内投资等财政性资金对统计监测等基础能力建设的支持力度。

（2）《全国生态保护“十三五”规划纲要》提出，我国尚未建立统一的生态监测监控网络，难以准确监测我国重要生态区域生态状况，不能及时主动发现重大生态破坏行为。大部分县级环保部门没有设置独立的生态保护科室，难以开展常态化监管。市县环保部门生态保护人员队伍和装备严重不足，导致执法力量薄弱。生态保护科技支撑不够，生态大数据集成应用尚待发挥作用，生态保护法律法规和标准体系尚需完善。

法律依据：（1）《环境保护法》第十七条规定，国家建立、健全环境监测制度。国务院环境保护主管部门制定监测规范，会同有关部门组织监测网络，统一规划国家环境质量监测站（点）的设置，建立监测数据共享机制，加强对环境监测的管理。有关行业、专业等各类环境质量监测站（点）的设置应当符合法律法规规定和监测规范的要求。监测机构应当使用符合国家标准的监测设备，遵守监测规范。监测机构及其负责人对监测数据的真实性和准确性负责。

（2）《湿地保护管理规定》第十条规定，国家林业局定期组织开展全国湿地资源调查、监测和评估，按照有关规定向社会公布相关情况。湿地资源调查、监测、评估等技术规程，由国家林业局在征求有关部门和单位意见的基础上制定。县级以上地方人民政府林业主管部门及有关湿地保护管理机构应当组织开展本行政区域内的湿地资源调查、监测和评估工作，按照有关规定向社会公布相关情况。

（3）《国家湿地公园管理规定》第十五条规定，国家湿地公园管理机构应当定期组织开展湿地资源调查和动态监测，建立档案，并根据监测情况采取相应的保护管理措施。

（4）《内蒙古自治区湿地保护条例》第十条规定，旗县级以上人民政府林业、环境保护、农牧业、水利等行政主管部门，应当按照各自职责加强对湿地生态资源的监测。旗县级以上人民政府林业行政主管部门应当在湿地资源调查和湿地生态资源监测的基础上，建立并及时更新湿地资源信息档案。

国外立法参考：（1）《湿地公约》规定，政府要监测湿地状况与州/地域政府和私人土地拥有者合作，编写和定期更新国家湿地资源名录，这个资源名录要包括联邦土地和水域上的湿地资源。

（2）《萨斯喀彻温湿地政策指南》提出了包括提高公众意识、实施湿地监测、制定土地利用规划行动手册，以及对土地所有者实施鼓励政策的进一步战略步骤。

（3）《湿地资源储备法》规定，内政部长应制订并定期审查和修订国家湿地优先保护计划。该计划应基于各个区域基础或内政部长认为适当的其他基础，详细说明有关联邦和州收购时应优先考虑的湿地的种类和利益。内政部长应与环境保护署署长、商务部部长、农业部部长和各州州长协商后制订国家湿地优先保护计划。

第十条【湿地监测人员与设备】

湿地公园管理机构应配备专业监测人员和必备的监测设施设备。

监测人员应及时记录监测日志，逐步建立湿地监测数据库，并定期汇编上报国有林管理机构。

【说明】理论基础：重点国有林管理机构和湿地保护管理机构的职责是配备监测人员及设备，定期培训监测人员及更新监测设备。监测人员的主要任务是及时记录监测日志，并定期汇编上报。

通过对湿地系统的变化进行全过程信息监测、信息管理、信息收集、整理及归纳，确保对湿地生态红线实施有效保护。

政策依据：（1）《中国湿地保护行动计划》提出，加强执法人员培训，提高执法人员的素质；对执法的技术、手段加强研究。

（2）《国务院办公厅关于做好自然保护区管理有关工作的通知》提出，增强科技支撑。加强自然保护区生物多样性基础理论、保护技术和管理政策等方面的研究。建立自然保护区生态系统、植被和珍稀濒危物种分布数据库。建立卫星遥感监测和地面监测相结合的自然保护区生态和资源监测体系。认真履行有关国际公约，加强迁徙物种监测与保护、外来物种入侵等领域的国际交流与合作。充分发挥自然保护区的生态环境保护宣传教育、自然科学普及平台功能。加强自然保护区科研、管理等专业人员培训。

法律依据：（1）《环境保护法》第十七条规定，国家建立、健全环境监测制度。国务院环境保护主管部门制定监测规范，会同有关部门组织监测网络，统一规划国家环境质量监测站（点）的设置，建立监测数据共享机制，加强对环境监测的管理。

（2）《湿地保护管理规定》第三十二条规定，县级以上人民政府林业主管部门应当按照有关规定开展湿地防火工作，加强防火基础设施和队伍建设。

（3）《国家湿地公园管理办法》第十五条规定，国家湿地公园管理机构应当定期组织开展湿地资源调查和动态监测，建立档案，并根据监测情况采取相应的保护管理措施。

（4）《国家级森林公园管理办法》第四条规定，县级以上地方人民政府林业主管部门应当指导本行政区域内的国家级森林公园经营管理机构配备管理和技术人员，负责森林风景资源的保护和利用。

国外立法参考：（1）《湿地公约》规定，各缔约国应加强培训能胜任湿地研究、管理和看管的人员。应建立充足的监测设备以测验水质，尤其当湿地水质被工业生产影响时。

（2）《瑞士湿地政策》规定，各州应指派管理人员监管水鸟和候鸟保护区。

（3）《美国联邦政府湿地保护政策》规定，联邦各机构所有从事湿地测绘的人员都必须首先接受跨部门的湿地测绘工作培训。如果条件允许，各州及各地区的有关机构同样也应该参加联邦培训计划。此外，1993 年底，美国工程兵团将出台有关法令，规定私有部门的从业人员如何获得合格证书的程序。美国工程兵团还将考虑接纳已经获得证书的湿地测绘顾问参与实际工作来提高办事效率。

第十一条【现场检查制度】

国有林管理机构有权对湿地公园进行现场检查，被检查的单位应当如实反映情况，提供必要的资料。检查机关有义务为被检查的单位保守在检查中获取的商业秘密。

【说明】政策依据：现场检查制度是指环境保护行政主管部门或其他依法行使环境监督管理权的部门，对管辖范围内的排污单位进行现场检查的法律规定。其目的在于检查和督促排污单位执行环境保护法律的要求，及时发现环境违法行为，以便采取相应的措施。

本条规定国有林管理机构有权对湿地公园进行现场检查，被检查单位有如实反映情况并提供必要资料的义务。检查机关有义务为被检查的单位保守在检查中获取的商业秘密。

法律依据：《环境保护法》第二十四条规定，县级以上人民政府环境保护主管部门及其委托的环境监察机构和其他负有环境保护监督管理职责的部门，有权对排放污染物的企事业单位和其他生产经营者进行现场检查。被检查者应当如实反映情况，提供必要的资料。实施现场检查的部门、机构及其工作人员应当为被检查者保守商业秘密。

第十二条【湿地公园保护国际合作制度】

国有林管理机构和湿地公园管理机构应支持湿地建设、保护、恢复、调查和监测等基础理论和科学技术研究方面的国际合作。

在湿地内从事科学研究、教学实习和标本采集的国际组织或机构和外国公民，应向国有林管理机构提交活动成果副本。

【说明】理论基础：当今世界面临的环境问题具有普遍性、全球性、关联性的特点，影响着人类的生存和发展。保护和改善湿地生态系统关系到人类的共同利益，是国际社会的共同责任。各国应通过协调一致的国际行动，确保全球的湿地公园及其生物多样性得到良好的保护和合理利用，以实现生态系统的持续发展。通过管理跨国界的水资源和湿地以及共享的湿地物种，与其他公约和国际组织合作，交流信息和经验，使更多的资金和有关技术流入发展中国家和经济转型国家，应在实施湿地公园保护和合理利用时进行国际合作。

政策依据：《中共中央、国务院关于加快推进生态文明建设的意见》提出，广泛开展国际合作，统筹国内国际两个大局，以全球视野加快推进生态文明建设，树立负责任大国形象，把绿色发展转化为新的综合国力、综合影响力和国际竞争新优势。发扬包容互鉴、合作共赢的精神，加强与世界各国在生态文明领域的对话交流和务实合作，引进先进技术装备和管理经验，促进全球生态安全。加强南南合作，开展绿色援助，对其他发展中国家提供支持和帮助。

法律依据：（1）《湿地保护管理规定》第四条规定，国家林草局负责全国湿地保护工作的组织、协调、指导和监督，并组织、协调有关国际湿地公约的履约工作。

（2）《内蒙古自治区湿地保护条例》第八条规定，旗县级以上人民政府及其有关行政主管部门，应当依照国家有关规定，加强湿地保护工作的国际合作，做好国际援助项目的实施工作。

国外立法参考：（1）《湿地公约》规定，缔约国在执行公约义务时，应与有关国家相互磋商，特别是当一片湿地跨越一个以上缔约国领土或多个缔约国共处同一水系时。同时，在制定湿地及其动植物保护政策和规章方面，现在和将来缔约国都应尽力合作和相互支持。

（2）《湿地公约战略计划（2003—2008）》确定了五项总体目标，其中关于国际合作，就是通过积极实施《湿地公约国际合作指导原则》，促进国际合作，尤其是为湿地的保护和合理利用动员资金和技术援助。

第二章　监督管理

第十三条【政府责任】

根河市人民政府应将湿地公园保护纳入国民经济和社会发展规划以及综合评价考核体系，湿地公园建设、保护和管理所需经费，应当列入根河市人民政府财政预算。

【说明】理论基础：本条是明确政府对湿地公园建设、保护和管理职责的规定。湿地公园建设、保护和管理涉及多个部门的职能。本条规定明确了根河市人民政府应当加强对湿地公园保护工作的资金支持。湿地的公共价值既是国家对湿地进行管理和财政投入的理论基础，也是湿地保护立法的基础。

政策依据：《国务院办公厅关于加强湿地保护管理的通知》：湿地保护是一项重要的生态公益事业，做好湿地保护管理工作是政府的职能，要把湿地保护列入政府的重要议事日程，作为重要工作纳入责任范围，从法规制度、政策措施、资金投入、管理体系等方面采取有力措施，加强湿地保护管理工作。

法律依据：（1）《环境保护法》第八条规定，各级人民政府应当加大保护和改善环境、防治污染和其他公害的财政投入，提高财政资金的使用效益。第十三条规定，县级以上人民政府应当将环境保护工作纳入国民经济和社会发展规划。

（2）《国家湿地公园管理办法》第二条规定，国家湿地公园是自然保护体系的重要组成部分，属社会公益事业。国家鼓励公民、法人和其他组织捐资或者志愿参与国家湿地公园保护和建设工作。

（3）《内蒙古自治区湿地保护条例》第九条规定，自治区湿地保护规划应当纳入自治区国民经济和社会发展规划。旗县级以上人民政府组织林业等有关行政主管部门，依据上一级人民政府湿地保护规划，编制本行政区域湿地保护规划，报上一级人民政府备案。各级人民政府应当保障用于湿地保护的资金投入。

（4）《广西壮族自治区湿地保护条例》第五条规定，县级以上人民政府应当将湿地保护纳入本级国民经济和社会发展规划，并将湿地保护经费和湿地生态补偿经费纳入同级财政预算。乡镇人民政府、街道办事处应当配合湿地有关主管部门做好湿地保护和管理的相关工作。

国外立法参考：（1）韩国《湿地保护法》第 3 条规定，国家、都市圈、大都市、道、特别自治道都有保护湿地的义务。第 4 条和第 5 条规定，环境部部长应对湿地调查和湿地保护总体规划编制等工作实施统一监督管理。第 8 条规定，环境部部长应制定并实施有关湿地保护区、湿地管理区以及周边地区或湿地改善区的认定与保护的政策；国土、交通与海洋事务部部长应制定并实施有关的滨海湿地保护区的认定与保护的政策；都市圈市长、大都市市长、道知事、特别自治道知事应与环境部部长和国土、交通与海洋事务部部长合作实施湿地保护区政策。

（2）《北美湿地保护法》规定，执行本法可得的资金数额授权内政部根据本法第 8 条分配的目地的分配。

（3）乌干达《国家环境（湿地、河岸和湖滨管理）条例》规定，乌干达政府或地方政府应为乌干达人民共同利益为人民托管和保护湿地。乌干达政府和地方政府应为乌干达人民共同利益为人民托管和保护河岸和湖滨。对于国际、国家和地方作为重要的生态系统、动植物物种栖息地，以及为文化和美学目的和水文功能的湿地的保护是至关重要的。

第十四条【监管体制】

重点国有林管理机构和根河市国有林管理机构是湿地公园的监督管理部门，有权对湿地公园保护工作进行指导、监督和管理。

湿地公园管理机构是湿地公园的主管部门，负责湿地公园的建设、保护、管理与利用工作。

根河市人民政府及其林业主管部门应与国有林管理机构密切配合，共同履行保护湿地公园的责任。

【说明】理论基础：监管体制是指在一定的法律框架下，建立独立运作的监管机构，根据法律、法规所明确界定的监管权限的划分与职责范围，对某一领域的具体事务进行日常监督、管理和管制的综合整体。

根河源国家湿地公园的监管体制实行综合协调、分部门实施的监管体制。重点国有林管理机构和根河市国有林管理机构是湿地公园的监督管理部门，根河源国家湿地公园管理机构是根河源国家湿地公园的主管部门，根河市人民政府及其林业主管部门对涉及根河源国家湿地公园的相关事务承担综合协调责任。根河源国家湿地公园的建设、保护与管理不仅涉及土地、水、生物、矿产等自然资源，而且涉及经济、社会、生态、环境各个方面，多样性的特点决定了在根河源国家湿地公园的建设、保护与管理中，其管理职权必然涉及多个行政管理部门，本办法明确地规定了各自的职责范围。

政策依据：（1）《关于印发〈国有林场改革方案〉和〈国有林区改革指导意见〉重点工作分工的通知》提出，建立归属清晰、权责明确、监管有效的森林资源产权制度，建立健全林地保护制度、森林保护制度、森林经营制度、湿地保护制度、自然保护区制度、监督制度和考核制度。按照林地性质、生态区位、面积大小、监管事项、对社会全局利益影响的程度等因素由国家、省、市三级林业行政主管部门分级监管。对林地性质变更、采伐限额等强化多级联动监管，充分调动各级监管机构的积极性。

（2）《中国湿地保护行动计划》提出，建立湿地保护的管理协调机制，建立有效的湿地保护管理协调机制是涉及中国湿地保护和利用的发展目标是否顺利实现的关键因素，也是湿地保护事业发展的重要保障条件之一。湿地资源保护和合理利用管理涉及着多个政府部门和行业，关系多方的利益，政府部门之间目前急需在管理方面加强协调与合作。地方政府的管理机构，也应明确职责，配置相应管理人员，建立湿地保护与合理利用管理协调机制。

法律依据：（1）《环境保护法》第十条规定，国务院环境保护主管部门，对全国环境保护工作实施统一监督管理；县级以上地方人民政府环境保护主管部门，对本行政区域环境保护工作实施统一监督管理。县级以上人民政府有关部门和军队环境保护部门，依照有关法律的规定对资源保护和污染防治等环境保护工作实施监督管理。

（2）《自然保护区条例》第二十一条规定，国家级自然保护区，由其所在地的省、自治区、直辖市人民政府有关自然保护区行政主管部门或者国务院有关自然保护区行政主管部门管理。地方级自然保护区，由其所在地的县级以上地方人民政府有关自然保护区行政主管部门管理。有关自然保护区行政主管部门应当在自然保护区内设立专门的管理机构，配备专业技术人员，负责自然保护区的具体管理工作。

（3）《湿地保护管理规定》第四条规定，国家林业局负责全国湿地保护工作的组织、协调、指导和监督，并组织、协调有关国际湿地公约的履约工作。县级以上地方人民政府林业主管部门按照有关规定负责本行政区域内的湿地保护管理工作。

（4）《国家湿地公园管理办法》第三条规定，县级以上林业主管部门负责国家湿地公园的指导、监督和管理。第十三条规定，国家湿地公园管理机构应当具体负责国家湿地公园的保护管理工作，制定并实施湿地公园总体规划和管理计划，完善保护管理制度。

（5）《内蒙古自治区湿地保护条例》第五条规定，各级人民政府应当建立健全湿地保护与合理利用管理协调机制，加强对湿地保护工作的领导。旗县级以上人民政府林业、环境保护、农牧业、水利、国土资源、建设等行政主管部门，按照各自的职责，依法做好湿地保护工作。旗县级以上人民政府林业行政主管部门负责湿地保护的组织和协调工作。

国外立法参考：（1）韩国《湿地保护法》与《湿地保护法实施细则》规定，国家、都市圈、大都市、道、特别自治道都有保护湿地的义务。环境部部长应对湿地调查和湿地保护总体规划编制等工作实施统一监督管理。环境部长应制定并实施有关湿地保护区、湿地管理区以及周边地区或湿地改善区的认定与保护的政策。国土、交通与海洋事务部部长应制定并实施有关的滨海湿地保护区的认定与保护的政策。都市圈市长、大都市市长、道知事、特别自治道知事应与环境部部长和国土、交通与海洋事务部部长合作实施湿地保护区政策。环境部部长或国土、交通与海洋事务部部长可依照本法的规定，向环保部或国土、交通与海洋事务部的附属机构、总统令规定的市/道知事或自治市负责人授予部分权力。依照总统法令的规定，环境部部长或国土、交通与海洋事务部部长可依照本法的规定，将部分权力或行政事务委托给总统令规定的相关中央行政部门负责人或相关专门机构。

（2）《北美湿地保护法》规定，北美湿地保护理事会开展湿地保护项目的建议应考虑联邦行动要求准备环境影响评价或在合适情况下准备环境影响报告书。理事会对候鸟保护委员会建议的审批。内政部长应帮助在美国开展已经被候鸟保护委员会批准的湿地保护项目。内政部长利用联邦可得资金在其中获得全部或部分的利益开展湿地保护项目。内政部长应就本法实施的情况向适当的委员会报告。内政部长与理事会合作制定并实施协助实施本法的一项充分保护北美湿地系统及依赖这些系统的物种的战略；制定和实施监测和评价根据本法完成的湿地保护项目有效性的程序。

（3）美国《湿地资源储备法》规定，内政部长应制订并定期审查和修订国家湿地优先保护计划。内政部长应与环境保护署署长、商务部部长、农业部部长和各州州长协商后制订国家湿地优先保护计划。通过美国鱼类及野生动物管理局局长的行动，内政部长应发布国家湿地名录项目。内政部长应与农业部部长协商和合作，并向委员会提交美国湿地的地位、条件和趋势的报告。当然，美国的湿地保护机构还包括联邦环境保护局和陆军工程兵团等其他机构。

（4）乌干达《国家环境（湿地、河岸和湖滨管理）条例》规定，区域环境委员会应对湿地资源管理的所有方面与区议会的协商、监督和咨询负责。地方环境委员会应在其管辖区域内成为湿地资源保护与管理的实施机构。下级地方政府委员会的特殊职责包括确保在湿地集水区范围内从事的任何活动不能影响湿地的水位；管制包括家庭目的的供水、捕鱼、沼泽园林、放牧、纸莎草的收割等活动，确保湿地资源的可持续利用；在地方委员会事先批准之后，建议国家环境管理局根据本条例宣布某个区域为“保护区”；授权保护区内的研究活动；为更好地执行本条例的规定，并确保湿地的明智利用，发布地方指南和指令；伴随地方环境官员的批准，指导涉及湿地利用的项目或一个湿地边缘10米范围内的区域的项目环境影响评价的执行；为达到重建目的，宣布湿地对某些活动或所有活动封闭；制定地方和下级政府有关湿地适当管理的法规；履行由执行主任根据法律指派的任何其他职责。地方委员会的职责：当正在发生可能使环境、河岸或湖滨退化活动时，其管辖范围内的地方环境委员会应书面通知区域环境官员采取适当行动；确保所有河岸和湖滨的保护。环境官员的职责：当正在发生可能使环境、河岸或湖滨退化活动时，其管辖范围内的环境官员应确保生活在湿地附近的社区参与湿地保护，并帮助环境委员会实施保护湿地的条例和任何其他法律。

第十五条【监管职责】

湿地公园管理机构负责湿地公园的管理工作，其具体职责是：

（一）实施湿地公园保护规划和开发利用规划，保护湿地资源的安全性、完整性，维护湿地生态特征和生态功能；

（二）宣传和贯彻有关湿地保护和管理的法律、法规，开展湿地保护宣传教育；

（三）制定并组织实施湿地公园保护和管理制度；

（四）负责湿地资源的调查、评估和建档工作；

（五）其他法定的职责。

管理人员和技术人员应当经过必要的岗位培训。

【说明】理论基础：职责，即任职者为履行一定组织职能或完成工作使命，所负责的范围和承担的一系列工作任务，以及完成这些工作任务所需承担的相应责任。本条所列举的重点国有林管理机构职责主要有十条："（一）宣传、贯彻执行国家、自治区有关湿地保护的法律、法规和政策；（二）负责国际重要湿地、国家级湿地自然保护区、国家级湿地公园、自治区级湿地自然保护区、自治区级湿地公园的申报、评估等工作；（三）负责湿地自然保护区、湿地公园、湿地保护小区申请的评估、审批工作；（四）组织编制、修订湿地保护规划，制定各项管理制度；（五）负责征占用湿地审查工作；（六）负责保护管理重点国有林区的湿地资源；（七）开展湿地资源监测和科学研究，建立湿地资源档案，做好外来物种入侵防控工作；（八）组织湿地保护宣传教育工作，建立湿地科普示范基地；（九）组织湿地保护管理的联合执法、监督检查工作；（十）自治区人民政府规定的其他职责。管理职责是由国家或地方权力机关通过立法途径，授予政府行政管理部门对一定领域、一定范围内各项事务进行监督管理的权力。管理职责不但体现着享有该项权力的行政管理部门的权力范围，而且也表示着该行政管理部门在管理职权范围内应承担的义务和责任。"

政策依据：《内蒙古大兴安岭重点国有林区改革总体方案》提出，建立精简高效的重点国有林管理机构。按照"人员只出不进、机构只减不增、社会和谐稳定"和精简高效的原则，撤销内蒙古大兴安岭林业管理局，重新组建内蒙古大兴安岭重点国有林管理局为自治区人民政府直属单位。主要职责为：保护管理重点国有林区的森林、湿地、自然保护区和野生动植物资源；开展森林防火、林业有害生物防治、造林、森林抚育、森林管护、森林资源监测和林业科学研究；组织编制实施森林经营方案；指导林业产业发展；配合地方政府做好林区经济发展、基础设施和公共服务建设、防汛等方面的协调及维护社会稳定工作。

法律依据：（1）《自然保护区条例》第二十二条规定，自然保护区管理机构的主要职责是："（一）贯彻执行国家有关自然保护的法律、法规和方针、政策；（二）制定自然保护区的各项管理制度，统一管理自然保护区；（三）调查自然资源并建立档案，组织环境监测，保护自然保护区内的自然环境和自然资源；（四）组织或者协助有关部门开展自然保护区的科学研究工作；（五）进行自然保护的宣传教育；（六）在不影响保护自然保护区的自然环境和自然资源的前提下，组织开展参观、旅游等活动。"

（2）《湿地保护管理规定》第四条规定，国家林业局负责全国湿地保护工作的组织、协调、指导和监督，并组织、协调有关国际湿地公约的履约工作。第五条规定，县级以上人民政府林业主管部门及有关湿地保护管理机构应当加强湿地保护宣传教育和培训，结合世界湿地日、爱鸟周和保护野生动物宣传月等开展宣传教育活动，提高公众湿地保护意识。县级以上人民政府林业主管部门应当组织开展湿地保护管理的科学研究，应用推广研究成果，提高湿地保护管理水平。第十六条规定，国家湿地公园管理机构应当定期组织开展湿地资源调查和动态监测，建立档案，并根据监测情况采取相应的保护管理措施。县级以上地方人民政府林业主管部门按照有关规定负责本行政区域内的湿地保护管理工作。

（3）《国家湿地公园管理办法》第十六条规定，国家湿地公园管理机构应当定期组织开展湿地资源调查和动态监测，建立档案，并根据监测情况采取相应的保护管理措施。

国外立法参考：（1）乌干达《国家环境（湿地、河岸和湖滨管理）条例》规定，区域环境委员会应对湿地资源管理的所有方面与区议会的协商、监督和咨询负责。地方环境委员会应在其管辖区域内成为湿地资源保护与管理的实施机构。下级地方政府委员会的特殊职责包括：确保在湿地集水区范围内从事的任何活动不能影响湿地的水位；管制包括家庭目的的供水、捕鱼、沼泽园林、放牧、纸莎草的收割等活动，确保湿地资源的可持续利用；在地方委员会事先批准之后，建议国家环境管理局根据本条例宣布某个区域为"保护区"；授权保护区内的研究活动；为更好地执行本条例的规定，并确保湿地的明智利用，发布地方指南和指令；伴随地方环境官员的批准，指导涉及湿地利用的项目或一个湿地边缘10米范围内的区域的项目环境影响评价的执行；为达到重建目的，宣布湿地对某些活动或所有活动封闭；制定地方和下级政府有关湿地适当管理的法规；履行由执行主任根据法律指派的任何其他职责。地方委员会的职责：当正在发生可能使环境、河岸或湖滨退化活动时，其管辖范围内的地方环境委员会应：书面通知区域环境官员采取适当行动；确保所有河岸和湖滨的保护。环境官员的职责：当正在发生可能使环境、河岸或湖滨退化活动时，其管辖范围内的环境官员应确保生活在湿地附近的社区参与湿地保护并帮助环境委员会实施保护湿地的条例和任何其他法律。

（2）韩国《湿地保护法》规定，在环境部部长的监督下，成立国家湿地审议委员会审议以下有关湿地保护事项：①总体规划的编制和修订；②实施公约缔约方一般会议通过的决定和建议；③环境部部长或国土、交通与海洋事务部部长提交审议的有关湿地保护政策的其他重要事项。委员会组成人员应不多于 30 人，其中包括 1 名主席和 2 名副主席。环境部副部长应担任委员会主席，环境部中负责湿地政策的隶属于高级文官制度中的公务员和国土、交通与海洋事务部中负责海岸湿地政策的隶属于高级文官制度中的公务员应担任委员会的副主席。委员应由环境部部长依据以下条款的规定委任，在此情况下，国防部部长，文化、体育和观光部部长，食品、农业、林业和渔业部部长，环境部部长，国土、交通与海洋事务部部长以及韩国森林管理局的负责人指定的公务员应成为委员会的当然成员：a. 由相关中央行政部门负责人指定的隶属于高级文官制度中的公务员；b. 二级或三级公务员，或由市/道知事指定的对湿地有管辖权的同级别的公务员；c. 环境部部长或国土、交通与海洋事务部部长推荐的，具有丰富的湿地保护知识和经验的人员。委员会的组成和运作以及其他必要事项应由总统令规定。

第十六条【湿地生态旅游管理】

严格控制湿地公园旅游服务设施的数量。旅游设施、服务网点应当统一规划、合理布局、规范设置，并符合湿地保护的要求。

在湿地公园从事经营、服务的公民、法人和其他组织，其经营场所和经营范围应当符合服务网点布局的规划，不得乱搭乱盖设施、乱摆卖。

因生态旅游等开发利用活动产生的固体废弃物应依法分类收集、运输、处理与处置。

【说明】理论基础：湿地公园由于其自然景观适宜、生态系统完整、生态特征显著、历史和文化价值独特等特点，成为生态旅游的热门景点。生态旅游作为一种新兴的绿色旅游方式，受到越来越多的环保爱好者的青睐。在生态旅游开发中，应避免大兴土木等有损自然景观的做法，旅游交通以步行为主，旅游接待设施小巧，掩映在树丛中，住宿多为帐篷露营，尽一切可能将旅游对生态的影响降至最低。湿地公园开展旅游服务，一方面，可以为湿地公园的保护获取资金；另一方面，可以通过旅游活动让游客在愉悦中增强环境意识，使湿地公园成为提高人们环保意识的天然大课堂。但是，湿地公园管理机构需要认识到湿地公园旅游服务也会给湿地公园的自然生态系统带来诸如固体废物等污染危害。

政策依据：（1）《中国湿地保护行动计划》提出，湿地具有自然观光、旅游、娱乐等美学方面的功能，中国有许多重要的旅游风景区都分布在湿地区域。滨海的沙滩、海水是重要的旅游资源，还有不少湖泊因自然景色壮观秀丽而吸引人们向往，辟为旅游和疗养胜地。尤其是城市中的水体，在美化环境、调节气候、为居民提供休憩空间方面有着重要的社会效益。

（2）《关于加强湿地保护管理的通知》指出，要强化对自然湿地开发利用的管理。对涉及向自然湿地区域排污或改变湿地自然状态，以及建设项目占用自然湿地的，行政审批部门要会同相关部门按照《中华人民共和国环境影响评价法》等法律法规进行环境影响评价和严格审批。

法律依据：（1）《自然保护区条例》第二十二条规定，自然保护区管理机构的主要职责是：制定自然保护区的各项管理制度，统一管理自然保护区；在不影响保护自然保护区的自然环境和自然资源的前提下，组织开展参观、旅游等活动。

（2）《湿地保护管理规定》第二十条规定，以保护湿地生态系统、合理利用湿地资源、开展湿地宣传教育和科学研究为目的，并可供开展生态旅游等活动的湿地，可以设立湿地公园。第二十八条规定，县级以上人民政府林业主管部门应当对开展生态旅游等利用湿地资源的活动进行指导和监督。

（3）《国家湿地公园管理办法》第十四条规定，国家湿地公园应当设置宣教设施，建立和完善解说系统，宣传湿地功能和价值，普及湿地知识，提高公众湿地保护意识。

(4)《内蒙古自治区湿地保护条例》第十五条规定，旗县级以上人民政府环境保护行政主管部门应当对湿地及周边地区排放废水、倾倒固体废物等行为进行监督。

国外立法参考：乌干达《国家环境（湿地、河岸和湖滨管理）条例》规定，本条例的目标是确保为所有公民的共同利益的生态和旅游目的可持续利用湿地。宣告湿地因其生物多样性、生态重要性、风景、自然遗产或旅游目的应成为任何国际和国家的重要区域。

第十七条【许可事项】

公民、法人或其他组织在湿地公园从事植物和林副产品采集活动，应向国有林管理机构提出申请，取得采集证。

公民、法人或其他组织在湿地公园从事与生态旅游和休闲养生相关的服务活动，应向国有林管理机构提出申请，取得同意后，依照湿地公园管理机构的统一安排开展服务活动。

【说明】理论基础：许可，通常是指国家行政机关根据当事人的申请，准许其从事某种活动的一种行政行为。行政许可是指行政机关根据公民、法人或者其他组织的申请，经依法审查，准予其从事特定活动的行为。许可证，也称执照、特许证、批准书等，既是国家对行政管理相对人从事某种活动的一种法律上的认可，又是行政管理相对人得到法律保护的凭证。许可证制度是指一切对湿地公园有不良影响的各种规划、开发、建设项目、排污设施或经营活动，其建设者或经营者需要事先提出申请，经主管部门审查批准，颁发许可证后才能从事该项活动的制度。

法律依据：(1)《中华人民共和国行政许可法》第二条规定，行政许可是指行政机关根据公民、法人或者其他组织的申请，经依法审查，准予其从事特定活动的行为。

(2)《湿地公园管理办法》第六条规定，申请晋升为国家湿地公园的，可由省级林业主管部门向国家林业局提出申请。国家林业局对申请材料进行审查，组织专家实地考察，召开专家评审会，并在所在地进行公示，经审核后符合晋升条件的设立为国家湿地公园。

(3)《内蒙古自治区湿地保护条例》第十八条规定，任何单位和个人不得擅自占用或者改变天然湿地用途。因重要建设项目确需改变天然湿地用途的，应当按照有关法律、法规的规定办理相关审批手续。

国外立法参考：（1）澳大利亚《环境和生物多样性保护法》规定，在接到有关受控行动的评估文件或从事有关受控行动质询任务的报告后，部长可为控制采取行动规定目的许可采取行动。如果采取行动的建议包括涉及第72（3）小节任何问题的供选择的方案，为达到第（1）小节目的，部长可以许可有关采取行动的供选择方案中的一个或多个许可内容。许可必须是书面的，指定可以采取的行动（包括第（1）小节许可的任何供选择方案），许可授予人的姓名，列举第3部分许可生效的每条规定、指定许可生效的期间，确定隶属于许可的条件。依照本节授予的许可是在许可中指定由以下任何人采取行动的批准：许可证持有人，由许可证持有人或其同意，或协议的任何其他人授权、允许或请求采取行动的人。部长必须依照第133（2）（c）款的规定向许可证指名的人提交许可证副本；向要求许可证的人提供许可证副本（或者免费或者由部长决定合理的费用）。

（2）乌干达《国家环境（湿地、河岸和湖滨管理）条例》规定，意图从事第二个计划列出的任何管制活动，或者从湿地提取湿地产品的人，应根据本条例第一计划中的表格A提出申请。尽管有第（1）款的规定，湿地资源的下列传统利用也不适用本条例的申请：纸莎草、药用植物、树木和芦苇的收割；耕地面积不超过湿地总面积的25%的任何耕作；使用圈套、长矛和篮子或其他非鱼梁方法捕鱼；家庭利用的取水；符合野生动物法规定的狩猎。执行主任可在任何时间通过命令在政府公报中发布从限制到禁止，或这些传统活动危及湿地资源的明智利用时，宣告与第（2）款规定的任何传统活动相关的开发季节和禁止季节。任何人违反执行主任依照规定发布的命令均构成犯罪。

第三章　规划与分区

第十八条【湿地公园总体规划制度】

重点国有林管理机构应组织编制湿地公园总体规划，报自治区人民政府林草行政主管部门批准，并报国家林草局备案。

湿地公园总体规划应当包括下列内容：

（一）湿地公园资源分布情况、类型特点、生态功能、水资源、生物多样性状况；

（二）保护和利用的指导思想、原则、目标和任务；

（三）湿地公园保护区划与建设布局；

（四）生态、社会、经济效益分析和评价；

（五）保障措施；

（六）其他相关事项。

经批准的湿地公园总体规划必须严格执行；未经原批准机关批准，不得调整或者修改。

【说明】理论基础：湿地公园总体规划是指湿地主管机关，根据湿地资源和环境的特征、存量，湿地社会、经济、生态学意义，以及社会、经济、生态、环境不同阶段的发展要求，通过制定湿地保护规划的方式，限定湿地资源的利用方向和对湿地环境提供保护的制度。在湿地保护中，规划有着重要作用，是贯彻预防原则、防止污染从而改变被动治理的根本措施。《湿地保护管理规定》只是规定了湿地保护规划编制、审核主体与规划的主要内容，虽然提及了湿地公园总体规划，但并没有对湿地公园总体规划的编制、审核主体与规划的主要内容做出规定。因此，我们只能根据《湿地保护管理规定》的规定，对湿地公园总体规划做出相应的规范。

政策依据：（1）《国务院办公厅关于加强湿地保护管理的通知》提出，各地要抓紧编制本地区的湿地保护规划，明确奋斗目标、建设布局、重点项目和政策措施，并纳入本地区经济和社会发展计划，认真组织实施。

（2）《国务院办公厅关于加强湿地保护管理的通知》提出，抓好规划编制工作，促进湿地保护事业健康发展。湿地保护是一项长期而艰巨的任务，国务院已原则同意《全国湿地保护工程规划（2002—2030 年）》作为今后湿地保护的指导意见，林业局要尽快会同有关部门编制 2004—2010 年全国湿地保护工程实施规划，明确建设目标任务和具体措施。

法律依据：（1）《环境保护法》第十三条规定，县级以上人民政府应当将环境保护工作纳入国民经济和社会发展规划。国务院环境保护主管部门会同有关部门，根据国民经济和社会发展规划编制国家环境保护规划，报国务院批准并公布实施。县级以上地方人民政府环境保护主管部门会同有关部门，根据国家环境保护规划的要求，编制本行政区域的环境保护规划，报同级人民政府批准并公布实施。

（2）《湿地保护管理规定》第七条规定，国家林草局会同国务院有关部门编制全国和区域性湿地保护规划，报国务院或者其授权的部门批准。县级以上地方人民政府林业主管部门会同同级人民政府有关部门，按照有关规定编制本行政区域内的湿地保护规划，报同级人民政府或者其授权的部门批准。第八条规定，湿地保护规划应当包括下列内容："（一）湿地资源分布情况、类型及特点及水资源、野生生物资源状况；（二）保护和合理利用的指导思想、原则、目标和任务；（三）湿地生态保护重点建设项目与建设布局；（四）投资估算和效益分析；（五）保障措施。"第九条规定经批准的湿地保护规划必须严格执行；未经原批准机关批准，不得调整或者修改。

（3）《国家湿地公园管理办法》第十三条规定，国家湿地公园管理机构应当具体负责国家湿地公园的保护管理工作，制定并实施湿地公园总体规划和管理计划，完善保护管理制度。

（4）《内蒙古自治区湿地管理条例》第九条规定，自治区人民政府林业行政主管部门会同发展改革委、农牧业、水利、国土资源、环境保护、建设等有关行政主管部门，依据全国湿地保护规划，编制自治区湿地保护规划，由自治区人民政府批准后组织实施。自治区湿地保护规划应当纳入自治区国民经济和社会发展规划。旗县级以上人民政府组织林业等有关行政主管部门，依据上一级人民政府湿地保护规划，编制本行政区域湿地保护规划，报上一级人民政府备案。各级人民政府应当保障用于湿地保护的资金投入。

国外立法参考：韩国《湿地保护法》第 5 条规定，环境部部长，国土、交通与海洋事务部部长应在第 4 条规定的调查结果基础上，每五年各自编制湿地保护基本规划。与国土、交通与海洋事务部部长协商后，环境部应根据基本规划编制湿地保护总体规划。在此情况下，依据其他法律编制的湿地保护规划应获得最大限度的考虑。总体规划应包括以下事项：

①湿地保护的政策导向；②湿地调查事项；③湿地的分布、面积和生物多样性保护状况事项；④与有关湿地保护的其他国家总体规划相协调事项；⑤有关湿地保护国际合作事项；⑥由总统令规定的湿地保护相关其他事项。编制基本规划或总体规划，环境部部长，国土、交通与海洋事务部部长应与有关中央行政部门负责人协商，并可要求有关中央行政部门负责人和市/道知事在必要时提供相关数据。环境部部长和国土、交通与海洋事务部部长准备修订基本规划或总体规划，应适用上述规定。环境部部长编制完成总体规划，他/她应通知有关中央行政部门负责人以及市/道知事。环境部长修订完总体规划，应适用上述规定。需要实施总体规划时，环境部部长和国土、交通与海洋事务部部长应要求有关中央行政部门负责人以及市/道知事采取必要措施。在此情况下，有关中央行政部门负责人以及市/道知事应采取必要措施，特殊情况除外。基本规划或总体规划编制的必需事项由总统令规定。在此情况下，本条第 1~6 款的规定应参照适用，本条第 3~5 款中提到的“有关中央行政部门负责人”以及“市/道知事”应认为是“有关中央行政部门负责人”以及“市/道/府负责人”。

第十九条【湿地公园开发利用规划】

湿地公园建设应当按照湿地公园总体规划和开发利用规划进行，保持湿地公园生态系统结构和功能的完整性，维护生物多样性。

国有林管理机构应会同湿地公园管理机构组织编制湿地公园开发利用规划，报重点国有林管理机构批准，并报自治区人民政府林草行政主管部门备案。

湿地公园开发利用规划应当包括下列内容：

（一）湿地资源分布情况、类型特点、生态功能、水资源、生物多样性状况；

（二）开发利用的指导思想、原则、目标和任务；

（三）开发利用项目及管理规定；

（四）开发利用项目的生态、社会、经济效益评估；

（五）其他相关事项。

经批准的湿地公园开发利用规划必须严格执行；未经原批准机关批

准，不得调整或者修改。

【说明】理论基础：湿地保护与合理利用关系国民经济的发展，要想最佳地发挥湿地多功能效益，就必须采取有力措施，切实加强湿地的保护管理工作，特别要制止目前普遍存在的掠夺性开发湿地资源的行为，以保证湿地资源的可持续利用。湿地公园的开发利用规划就基于湿地保护的合理利用原则提出，我国现行有关湿地保护的法律、法规对于湿地公园的开发利用规划并没有做出具体的规定。湿地公园开发利用规划是指湿地主管机关，根据湿地公园的生态特征、生态功能和社会、经济、生态、环境不同阶段的发展要求，通过制定湿地公园开发利用的模式，限定其湿地资源的利用方向和对湿地公园生态环境提供保护等活动所做的总体规划和部属。

政策依据：《中国湿地保护行动计划》指出，湿地的生态效益为维持生物多样性、调蓄洪水、防止自然灾害；湿地的经济效益为提供丰富的动植物产品、提供水资源；湿地的社会效益为观光与旅游、教育与科研价值。湿地保护近期目标为编制中国湿地自然保护区建设发展规划和湿地合理利用示范建设规划，并与土地利用总体规划相协调；建设10处国家级的湿地保护与合理利用试验示范区；扩大湿地自然保护区面积，基本形成中国湿地生物多样性就地保护网络体系。

法律依据：（1）《土地管理法》第二十二条规定，江河、湖泊综合治理和开发利用规划，应当与土地利用总体规划相衔接。在江河、湖泊、水库的管理和保护范围以及蓄洪滞洪区内，土地利用应当符合江河、湖泊综合治理和开发利用规划，符合河道、湖泊行洪、蓄洪和输水的要求。

（2）《国家湿地公园管理办法》第十三条规定，国家湿地公园管理机构应当具体负责国家湿地公园的保护管理工作，制定并实施湿地公园总体规划和管理计划，完善保护管理制度。

（3）《内蒙古自治区湿地保护条例》第十七条规定，开发利用天然湿地应当按照湿地保护规划进行，不得破坏湿地生态系统的基本功能，不得破坏野生动植物栖息和生长环境。

国外立法参考：（1）韩国《湿地保护法》第5条规定，编制基本规划或总体规划时，环境部部长，国土、交通与海洋事务部部长应与有关中央行政部门负责人协商，并可以要求有关中央行政部门负责人和市/道知事在必要时提供相关数据。环境部部长和国土、交通与海洋事务部部长准备修订基本规划或总体规划时，应适用上述规定。环境部部长编制完成总体规划，他/她应通知有关中央行政部门负责人以及市/道知事。环境部部长修订完总体规划，应适用上述规定。

（2）美国明尼苏达州《湿地保护法》第103G. 2243节第5条规定，完成原规划要求的相同程序后，规划的修正生效。

第二十条【规划衔接和调整】

湿地公园总体规划和湿地公园开发利用规划应当与根河市土地利用总体规划相衔接，与根河市城乡建设规划、水资源规划、渔业水域滩涂规划、主体功能区划相协调。

【说明】理论基础：湿地公园总体规划与湿地公园的开发利用规划是由不同的规划编制主体和审核主体根据湿地公园保护与开发利用的各自需要编制的。湿地公园总体规划的法律效力要高于湿地公园地开发利用规划，所以湿地公园开发利用规划不得与湿地公园总体规划确立的原则相违背。例如，《内蒙古自治区湿地保护条例》第十七条规定，开发利用天然湿地应当按照湿地保护规划进行，不得破坏湿地生态系统的基本功能，不得破坏野生动植物栖息和生长环境。这两个规定之间不仅需要保持一致，而且需要同其他的湿地保护规划、开发利用规划以及城乡建设规划等相衔接，并应当保持协调一致。

政策依据：《国务院办公厅关于加强湿地保护管理的通知》提出，各地编制和修订湿地保护规划时，必须加强相关部门的协调，做好与土地利用总体规划、海洋功能区划的衔接，确保自然湿地能够得到有效保护和恢复。

法律依据：（1）《土地管理法》第二十二条规定，江河、湖泊综合治理和开发利用规划，应当与土地利用总体规划相衔接。在江河、湖泊、水库的管理和保护范围以及蓄洪滞洪区内，土地利用应当符合江河、湖泊综合治理和开发利用规划，符合河道、湖泊行洪、蓄洪和输水的要求。

（2）《环境保护法》第十三条规定，环境保护规划的内容应当包括生态保护和污染防治的目标、任务、保障措施等，并与主体功能区规划、土地利用总体规划和城乡规划等相衔接。

（3）《内蒙古自治区湿地保护条例》第十七条规定，开发利用天然湿地应当按照湿地保护规划进行，不得破坏湿地生态系统的基本功能，不得破坏野生动植物栖息和生长环境。

国外立法参考：（1）韩国《湿地保护法》第5条规定，编制基本规划或总体规划，环境部部长、国土、交通与海洋事务部部长应与有关中央行政部门负责人协商，并可要求有关中央行政部门负责人和市/道知事在必要时提供相关数据。环境部部长和国土、交通与海洋事务部部长准备修订基本规划或总体规划时，应适用上述规定。环境部部长编制完成总体规划时，他/她应通知有关中央行政部门负责人以及市/道知事。环境部部长修订完总体规划，应适用上述规定。

（2）美国明尼苏达州《湿地保护法》第103G.2243节第5条规定，完成原规划要求的相同程序后，规划的修正生效。

第二十一条【湿地公园分区保护管理】

国家湿地公园应划定保育区。根据自然条件和管理需要，可划分恢复重建区、合理利用区，实行分区管理。

保育区除开展保护、监测、科学研究等必需的保护管理活动外，不得进行任何与湿地生态系统保护和管理无关的活动。恢复重建区应当开展培育和恢复湿地的相关活动。合理利用区应当开展以生态展示、科普教育为主的宣教活动，可开展不损害湿地生态系统功能的生态体验及管理服务等活动。其他区可以根据资源现状，结合自然条件，开展不得污染环境、破坏资源或者景观的活动。

保育区、恢复重建区的面积之和应大于湿地公园总面积、湿地公园湿地总面积的60%。

【说明】理论依据：湿地公园是指以湿地良好生态环境和多样化湿地景观资源为基础，以湿地的科普宣教、湿地功能利用、弘扬湿地文化等为主题，并建有一定规模的旅游观光、休闲娱乐的生态型主题公园。湿地公园又可分为湿地保育区、恢复重建区、宣教展示区、合理利用区和管理服务区等，实行分区保护管理。

政策依据：《国家湿地公园建设规范》：湿地公园指拥有一定规模和范围，以湿地景观为主体，以湿地生态系统保护为核心，兼顾湿地生态系统服务功能展示、科普宣教和湿地合理利用示范，蕴含一定文化或美学价值，可供人们进行科学研究和生态旅游，予以特殊保护和管理的湿地区域。

法律依据：（1）《湿地保护管理规定》第二十条规定，以保护湿地生态系统、合理利用湿地资源、开展湿地宣传教育和科学研究为目的，并可供开展生态旅游等活动的湿地，可以建立湿地公园。

（2）《国家湿地公园管理办法》第十一条规定，国家湿地公园应划定保育区。根据自然条件和管理需要，可划分恢复重建区、合理利用区，实行分区管理。保育区除开展保护、监测、科学研究等必需的保护管理活动外，不得进行任何与湿地生态系统保护和管理无关的其他活动。恢复重建区应当开展培育和恢复湿地的相关活动。合理利用区应当开展以生态展示、科普教育为主的宣教活动，可开展不损害湿地生态系统功能的生态体验及管理服务等活动。保育区、恢复重建区的面积之和及其湿地面积之和应分别大于湿地公园总面积、湿地公园湿地总面积的60%。

（3）《内蒙古自治区湿地保护条例》第十二条规定，在自然景观适宜、生态系统完整、生态特征显著、历史和文化价值独特、便于开展科普宣传教育活动的湿地，可以建立湿地公园。湿地公园的建立和管理办法，由自治区人民政府制定。

（4）《北京市湿地公园管理办法》第十二条规定，湿地公园分为保育区、生态功能展示体验区、服务管理区和其他区。保育区只能开展保护、监测等必需的保护活动。生态功能展示体验区可以开展生态旅游、科普教育等活动。服务管理区可以开展管理、接待和服务等活动。其他区可以根据资源现状，结合自然条件，开展不得污染环境、破坏资源或者景观的活动。

第四章　保护与利用

第二十二条【湿地公园环境影响评价】

编制湿地公园总体规划和开发利用规划，建设对湿地公园有影响的项目，应当依法进行环境影响评价。

未依法进行环境影响评价的湿地公园总体规划和开发利用规划，不得组织实施；未依法进行环境影响评价的建设项目，不得开工建设。

【说明】理论依据：环境影响评价是指对规划和建设项目实施后可能造成的环境影响进行分析、预测和评估，提出预防或者减轻不良环境影响的对策和措施，并进行跟踪监测的方法与制度。本条规定编制湿地公园总体规划和开发利用规划，建设对湿地有影响的项目，都应当依法进行环境影响评价，未进行环境影响评价的不得组织实施，不得开工建设。

政策依据：（1）《中国湿地保护行动计划》提出，建立对天然湿地开发以及用途变更的生态影响评估、审批管理程序，实施湿地开发环境影响评价制度，在涉及湿地开发利用的重大问题方面，通过部门间的联合行动，采取协调一致的保护行动，严格依法论证、审批并监督实施。

（2）《国务院办公厅关于做好自然保护区管理有关工作的通知》提出，加强涉及自然保护区开发建设项目管理：涉及自然保护区的开发建设项目的环境影响评价文件，应对项目可能造成的对自然保护区功能和保护对象的影响做出预测，提出保护与恢复治理方案。

（3）环保部《关于加强湿地生态保护工作的通知》提出，加强湿地开发的环境管理，组织制定湿地保护的法规。对于以湿地为对象进行经济开发，涉及湿地丧失或湿地功能受影响的在建项目，凡未做环境影响评价的应当责成补做；凡经评价或科学论证属于不合理利用的项目，应向主管部门或当地政府提出意见。

法律依据：（1）《环境保护法》第十九条规定，编制有关开发利用规划，建设对环境有影响的项目，应当依法进行环境影响评价。未依法进行环境影响评价的开发利用规划，不得组织实施；未依法进行环境影响评价的建设项目，不得开工建设。

（2）《中华人民共和国环境影响评价法》是专门针对规划和建设项目环境影响评价的法律。该法对于规划和建设项目环境影响评价的主体、对象和程序等都做出了明确详细的规定。

（3）《建设项目环境保护管理条例》是专门针对建设项目环境影响评价的行政法规。该条例对于建设项目环境影响评价的主体、对象和程序等都做出了明确详细的规定。

（4）《规划环境影响评价条例》是专门针对规划环境影响评价的行政法规。该条例对于规划，包括综合规划和专项规划，环境影响评价的主体、对象和程序等都做出了明确详细的规定。

（5）《国家级自然保护区监督检查办法》涉及国家级自然保护区且其环境影响评价文件依法由地方环境保护行政主管部门审批的建设项目，其环境影响评价文件在审批前是否征得国务院环境保护行政主管部门的同意。

国外立法参考：（1）乌干达《国家环境（湿地、河岸和湖滨管理）条例》规定，可能对湿地、河岸或湖滨有重大影响的项目开发者，应根据《环境管理法》第 19、第 20 和第 21 节的要求进行环境影响评价。开发者应对这样的活动进行年度审计和监督，并应根据《环境管理法》第 22 节和第 23 节向执行主任和主管部门提交报告。

（2）美国明尼苏达州《湿地保护法》规定，环境质量监督委员会应举行有关在受影响的湿地保护区，或容易进入的湿地保护区从事拟议活动的公众听证会。本法规定的审查程序，可与环境质量委员会的任何其他环境影响评估共同进行。

第二十三条【湿地自然生态和生物多样性保护】

湿地公园内的水体、地形地貌、野生动物、植物植被等生态环境，应当保持生态原状，严格保护。确需进行整修或者利用的，应当经国有林管理机构同意。

湿地公园管理机构应针对候鸟季节性迁徙、野生动物保护与繁殖等对生态保护影响较大的事件制订专项保护方案。

【说明】理论基础：本条是关于湿地公园的自然生态环境和生物多样性保护的规定。

政策依据：《中国湿地保护行动计划》提出，根据中国湿地资源保护的现状，多方采取有效措施，尽可能地恢复已退化的湿地，减缓人为因素对湿地的负面影响，开展一批重点湿地的恢复治理工程，有计划地恢复五大淡水湖泊面积，湿地点源污染基本得到控制，开展治山与治水结合进行的综合治理，促进湿地的综合保护与治理，有效地减缓湿地的退化，遏制人为活动导致的天然湿地数量下降趋势。

法律依据：（1）《环境保护法》第二十九条规定，各级人民政府对具有代表性的各种类型的自然生态系统区域，珍稀、濒危的野生动植物自然分布区域，重要的水源涵养区域，具有重大科学文化价值的地质构造、著名溶洞和化石分布区、冰川、火山、温泉等自然遗迹，以及人文遗迹、古树名木，应当采取措施予以保护，严禁破坏。第三十条规定，开发利用自然资源，应当合理开发，保护生物多样性，保障生态安全，依法制订有关生态保护和恢复治理方案并予以实施。

（2）《湿地保护管理规定》第二十三条规定，省级以上人民政府林业主管部门应当对国家湿地公园的建设和管理进行监督检查和评估。

（3）《国家湿地公园管理办法》第二十一条规定，因自然因素造成国家湿地公园生态特征退化的，省级林业主管部门应当进行调查，指导国家湿地公园管理机构制订实施补救方案，并向国家林业局报告。经监督评估发现存在问题的国家湿地公园，省级以上林业主管部门通知其限期整改。限期整改的国家湿地公园应当在整改期满后 15 日内向下达整改通知的林业主管部门报送书面整改报告。

（4）《内蒙古自治区湿地保护条例》第十七条规定，开发利用天然湿地应当按照湿地保护规划进行，不得破坏湿地生态系统的基本功能，不得破坏野生动植物栖息和生长环境。

国外立法参考：乌干达《国家环境（湿地、河岸和湖滨管理）条例》规定，一个人开垦或排干湿地，安装、建设、放置、改变、扩展、移动或拆除固定在湿地之中、之下或之上的任何设施，以已经或可能对湿地造成不利影响方式挖掘或钻探而干扰湿地，以已经或可能对湿地产生不利影响的方式在任何湿地之中、之下或之上沉积物质，以已经或可能对任何植物或动物，或其栖息地造成不利影响的方式毁坏、损害或干扰任何湿地，在湿地引入或种植任何植物无论外来的还是本地的，在湿地进行移动土壤或焚烧任何湿地资源，在受保护湿地从事任何未经授权的活动，没有许可证从事第 24 号条例规定的活动，根据本条例的规定未能、疏忽或拒绝保护湖滨，违反构成犯罪行为的任何规定的，构成犯罪。

第二十四条【外来物种的监管】

向湿地公园引进外来物种，引入外来物种前应按照国家有关规定实行严格的申报和实验审查评价程序，并按照有关技术规范进行试验。

国有林管理机构应对引进湿地的外来物种进行动态监测，发现有害的，及时报告重点国有林管理机构，并采取措施，消除危害。

湿地公园管理机构应按照职责分工开展湿地有害生物防治工作。

【说明】理论基础：本条规定了湿地公园引进外来物种必须经过审批手续，并按照有关技术规范进行试验。对于大兴安岭国有林区，特别是其中还有相当一部分是次生天然林区，一般是不希望有外来物种引入的。但是，如果确实基于湿地生态系统与食物链的需要，可以在合法合规的情况下，通过法定程序予以引进。

重点国有林管理机构承担及时报告、防止危害的责任。外来物种是指出现在其过去或现在的自然分布范围及潜在扩散范围以外的物种。引进外来物种虽可能在经济、生态、社会等方面带来收益，但失败的引进也可能产生很多危害，因此对于引进外来物种必须加强监管。

政策依据：《内蒙古大兴安岭重点国有林区改革总体方案》指出，基本原则：坚持生态为本、保护优先。尊重自然规律，加大统筹治理力度，确保内蒙古大兴安岭国家重点生态功能区的森林、湿地等自然生态系统得到有效保护，确保森林资源总量持续增加、森林资源质量持续提高、生态产品生产能力持续提升、生态功能持续增强，充分发挥其维护生态安全、淡水安全、物种安全、国土安全、气候安全等作用。

法律依据：（1）《环境保护法》第三十条规定，引进外来物种以及研究、开发和利用生物技术，应当采取措施，防止对生物多样性的破坏。

（2）《野生动物保护法》第三十七条规定，从境外引进野生动物物种的，应当经国务院野生动物保护主管部门批准。从境外引进列入本法第三十五条第一款名录的野生动物，还应当依法取得允许进出口证明书。依法实施进境检疫。海关凭进口批准文件或者允许进出口证明书以及检疫证明按照规定办理通关手续。从境外引进野生动物物种的，应当采取安全可靠的防范措施，防止其进入野外环境，避免对生态系统造成危害。确需将其放归野外的，按照国家有关规定执行。

(3)《中华人民共和国陆生野生动物保护实施条例》第二十三条规定，从国外或者外省、自治区、直辖市引进野生动物进行驯养繁殖的，应当采取适当措施，防止其逃至野外；需要将其放生于野外的，放生单位应当向所在省、自治区、直辖市人民政府林业行政主管部门提出申请，经省级以上人民政府林业行政主管部门指定的科研机构进行科学论证后，报国务院林业行政主管部门或者其授权的单位批准。擅自将引进的野生动物放生于野外或者因管理不当使其逃至野外的，由野生动物行政主管部门责令限期捕回或者采取其他补救措施。

(4)《内蒙古自治区湿地保护条例》第十六条规定，向湿地引进外来物种，必须按照国家有关规定进行审批和试验。旗县级以上人民政府林业、农牧业等有关行政主管部门对引进湿地的外来物种进行动态监测，发现有害的，及时报告本级人民政府和上一级行政主管部门，并采取措施，消除危害。

国外立法参考：(1)《湿地公约》规定，审议所有有关联邦机构向澳大利亚引进动植物的检查程序，以确保预防原则在可能影响澳大利亚湿地的决策中得以实施；支持对特殊用途湿地的研究，并鼓励根据本政策的指导原则应用这一技术。

(2) 乌干达《国家环境（湿地、河岸和湖滨管理）条例》规定，河岸和湖滨利用者意图实施以下活动的任何人应向执行主任提交第一计划制定的表格 A 的申请：在河岸或湖滨引入或种植任何植物，无论外来的还是本地的；引入任何动物或微生物进入河岸或湖滨，无论外来的或本地的。

(3) 美国明尼苏达州《湿地保护实施条例》规定，永久或半永久滞洪区内的 3、4 或 5 类型湿地，如果总挖掘和沉积面积未超过湿地面积的 5% 或者 1.5 公顷，两者中以更少者为准，且土壤能稳定地防御侵蚀，并确立本地非入侵植被。项目不会对任何根据州或者联邦法律被划归为濒危或者受威胁的物种造成不利影响。

第二十五条【湿地公园污染防治】

国有林管理机构应编制湿地公园污染防治规划，严格控制工业污染物的排放，合理控制化肥和农药使用量，并定期开展湿地公园污染调查和评估。

【说明】理论基础：污染防治是指运用技术、经济、法律及其他管理手段和措施，对污染源的污染物排放量进行监督和控制。湿地公园污染防控制度是指对湿地公园环境污染进行预防和治理，将污染物的排放控制在不超出湿地公园生态系统自净能力标准内的制度。政府有关部门需要根据职责和权限，依法制定污染防控规划和污染控制标准。湿地公园污染防控制度是保证湿地公园生态用水健康和湿地生物多样性的前提和基础，对维系湿地公园生态系统安全具有重大意义。

政策依据：（1）《中共中央、国务院关于加快推进生态文明建设的意见》提出，全面推进污染防治，按照以人为本、防治结合、标本兼治、综合施策的原则，建立以保障人体健康为核心、以改善环境质量为目标、以防控环境风险为基线的环境管理体系，健全跨区域污染防治协调机制，加快解决人民群众反映强烈的大气、水、土壤污染等突出环境问题。

（2）《中国湿地保护行动计划》提出，通过停止采伐天然林、开展封山植树、退耕还林和加大山水综合治理等措施，治理生态环境，防治水土流失。同时在严格控制工业企业“三废”排放，减轻农药和化肥对湿地的危害；减少矿山尾矿、矿渣、废石、废水的乱排放，防治地质、海洋灾害对湿地造成的污染和危害，以及防治船舶废弃物污染等方面都做了许多探索性工作。

（3）《关于加强湿地保护管理的通知》提出，要强化对自然湿地开发利用的管理。对涉及向自然湿地区域排污或改变湿地自然状态，以及建设项目占用自然湿地的，行政审批部门要会同相关部门按照《中华人民共和国环境影响评价法》等法律法规进行环境影响评价和严格审批。

法律依据：（1）《环境保护法》第四条规定，保护环境是国家的基本国策。国家采取有利于节约和循环利用资源、保护和改善环境、促进人与自然和谐的经济、技术政策和措施，使经济社会发展与环境保护相协调。

（2）《湿地保护管理规定》第二十三条规定，省级以上人民政府林业主管部门应当对国家湿地公园的建设和管理进行监督检查和评估。因自然因素或者管理不善导致国家湿地公园条件丧失的，或者对存在问题拒不整改或者整改不符合要求的，国家林业局应当撤销国家湿地公园的命名，并向社会公布。第二十九条规定，除法律法规有特别规定的以外，在湿地内禁止从事下列活动：倾倒有毒有害物质、废弃物、垃圾；擅自放牧、捕捞、取土、取水、排污、放生；其他破坏湿地及其生态功能的活动。第三十四条规定，县级以上人民政府林业主管部门应当会同同级人民政府有关部门开展湿地保护执法活动，对破坏湿地的违法行为依法予以处理。

（3）《国家湿地公园管理办法》第十九条规定，除国家另有规定外，国家湿地公园内禁止下列行为：倾倒有毒有害物质、废弃物、垃圾。

（4）《内蒙古自治区湿地保护条例》第十五条规定，旗县级以上人民政府环境保护行政主管部门应当对湿地及周边地区排放废水、倾倒固体废物等行为进行监督。农用薄膜、农药容器、捕捞网具等不可降解或者难以腐烂的废弃物，其使用者应当回收。造成湿地环境污染的，按照谁污染、谁治理的原则，依法采取治理措施。

国外立法参考：（1）韩国《湿地保护法》第4条规定，环境部部长，国土、交通与海洋事务部部长和市/道知事应进行湿地的社会和经济功能普查，如湿地的生态环境条件、污染状况、湿地受影响区域及周边地区土地利用的实际状况等。

（2）乌干达《国家环境（湿地、河岸和湖滨管理）条例》规定，本条例的目标是最小化和控制污染；预防河岸和湖滨的淤积，并控制污染或退化活动；河岸和湖滨保护的特定措施，如预防土壤侵蚀、淤积和水污染，是至关重要的；当湖滨或湖岸根据条例被开发时，为促进旅游或其他美学利用之目的，开发者应确保来自设备的污水或废物能够进行预处理或充分处理，预防水污染；以符合最佳环境的方式清理和处置垃圾。

（3）明尼苏达州《湿地保护实施条例》规定，一个人要在湿地上进行活动，必须确保，采取适当侵蚀控制措施，防止湿地或任何受纳水域的沉积；为达到所需的目的和防止水质恶化的目的，有必要限制挖掘区域的最小面积。对目前被用作雨水管理盆地的挖掘和去除污染基底的挖掘，仅限于去除沉积的沉积物；地方政府部门必须对在废物处置场发现的废物类型和数量进行评估。涉及已知或潜在的危险废物或污染物的活动，必须根据可适用的联邦和州的标准开展。

第二十六条【湿地恢复、修复】

重建区的湿地恢复、修复工作应依照湿地公园总体规划的要求进行。

因气候变化、自然灾害等造成湿地生态特征和功能退化的，国有林管理机构应进行调查，指导湿地公园管理机构制订湿地恢复、修复方案，并向重点国有林管理机构报告。

因建设项目等造成湿地生态特征和功能退化甚至消失的，湿地公园管理机构应要求建设单位限期恢复、修复，或以其他方式补偿，并向国有林管理机构报告。

对逾期不予恢复、修复或者确实无法恢复、修复的，由国有林管理机构应会商根河市人民政府后，按照有关规定处理。

【说明】理论基础：湿地恢复、修复是指通过生态技术或生态工程对退化或消失的湿地进行修复或重建，再现干扰前的结构和功能，以及相关的物理、化学和生物学特征，使其发挥应有的作用。重点国有林管理机构对湿地公园的恢复、修复负有责任，并向自治区人民政府和国家林草局报告。

政策依据：《中国湿地保护行动计划》提出，根据中国湿地资源保护的现状，多方采取有效措施，尽可能地恢复已退化的湿地，减缓人为因素对湿地的负面影响，开展一批重点湿地的恢复治理工程，有计划地恢复五大淡水湖泊面积，湿地点源污染基本得到控制，开展治山与治水结合进行的综合治理，促进湿地的综合保护与治理，有效地减缓湿地的退化，遏制人为活动导致的天然湿地数量下降趋势。

法律依据：（1）《环境保护法》第六十一条规定，建设单位未依法提交建设项目环境影响评价文件或者环境影响评价文件未经批准，擅自开工建设的，由负有环境保护监督管理职责的部门责令停止建设，处以罚款，并可以责令恢复原状。

（2）《湿地保护管理规定》第十八条规定，因气候变化、自然灾害等造成国际重要湿地生态特征退化的，省、自治区、直辖市人民政府林业主管部门应当会同同级人民政府有关部门进行调查，指导国际重要湿地保护管理机构制订实施补救方案，并向同级人民政府和国家林草局报告。因工程建设等造成国际重要湿地生态特征退化甚至消失的，省、自治区、直辖市人民政府林业主管部门应当会同同级人民政府有关部门督促、指导项目建设单位限期恢复，并向同级人民政府和国家林草局报告；对逾期不予恢复或者确实无法恢复的，由国家林草局会商所在地省、自治区、直辖市人民政府和国务院有关部门后，按照有关规定处理。第二十六条规定，县级以上人民政府林业主管部门及有关湿地保护管理机构应当组织开展退化湿地修复工作，恢复湿地功能或者扩大湿地面积。

（3）《国家湿地公园管理办法》第二十一条规定，因自然因素造成国家湿地公园生态特征退化的，省级林业主管部门应当进行调查，指导国家湿地公园管理机构制订实施补救方案，并向国家林业局报告。

国外立法参考：（1）美国《清洁水法》第404款法律条文规定，依轻重缓急顺序来缓解这些不良影响。首先，避免不必要的影响；其次，最低限度地减小对环境的影响；最后，通过湿地恢复或重建等举措来补救无法避免的破坏性影响。

（2）美国马萨诸塞州《湿地保护法》规定，凡通过购买、继承或其他方式获得土地的人，如已经在该土地上实施违反按照本法令发布的任何规则的行为，则应立即按照上述规则纠正违规行为或将该土地恢复到违规行为实施之前的状态。

（3）乌干达《国家环境（湿地、河岸和湖滨管理）条例》规定，执行主任可要求已经退化的湿地、河岸和湖滨允许重建，或者根据《环境管理法》第67、第68、第69、第70和第71节的规定发布一个恢复令。

第二十七条【湿地公园界标、保护设施保护】

湿地公园应按照总体规划确定的范围进行标桩定界。任何公民、法人和其他组织不得擅自改变和挪动界标。

湿地公园管理机构应加强湿地公园界标、标志、标牌、监测设施设备、防火设施设备，以及其他湿地保护设施的保护，禁止任何人破坏。

【说明】本条是关于湿地公园保护标志设立及管理的相关规定。

政策依据：《全国生态保护“十三五”规划纲要》提出，提高自然保护区管理水平，强化自然保护区管护能力建设，完善自然保护区范围和功能区界限核准以及勘界立标工作，推进自然保护区开展综合科考和本底调查。

法律依据：（1）《森林法》第二十三条规定，禁止毁林开垦和毁林采石、采砂、采土以及其他毁林行为。禁止在幼林地和特种用途林内砍柴、放牧。进入森林和森林边缘地区的人员，不得擅自移动或者损坏为林业服务的标志。

（2）《野生植物保护条例》第十一条规定，禁止破坏国家重点保护野生植物和地方重点保护野生植物的保护点的保护设施和保护标志。

（3）《自然保护区条例》第十四条规定，自然保护区的范围和界线由批准建立自然保护区的人民政府确定，并标明区界，予以公告。

（4）《国家湿地公园管理办法》第十条规定，国家湿地公园应当按照总体规划确定的范围进行标桩定界，任何单位和个人不得擅自改变和挪动界标。

（5）《北京市湿地保护条例》第十六条规定，湿地公园应当按照总体规划确定的范围进行标桩定界。任何单位和个人不得擅自改变和挪动界标。

第二十八条【利用方式】

湿地公园开发利用应当符合湿地公园保护规划和湿地公园开发利用规划，不得破坏湿地生态特征和功能，并体现湿地资源的不同功能定位，可以采取生态旅游、休闲度假、湿地动植物产品生产、碳金融等方式对湿地公园进行开发利用。

【说明】理论基础：本条对湿地公园的自然资源与非物质文化资源的利用方式做出了规定。首先，应当符合湿地保护规划和湿地开发利用规划；其次，不得破坏湿地生态特征和功能；最后，体现湿地资源的不同功能定位。

政策依据：（1）《中共中央、国务院关于加快推进生态文明建设的意见》提出，加大自然生态系统和环境保护力度，切实改善生态环境质量，健全自然资源资产产权制度和用途管制制度。完善自然资源资产用途管制制度，明确各类国土空间开发、利用、保护边界，实现能源、水资源、矿产资源按质量分级、梯级利用。

（2）《中国湿地保护行动计划》提出，湿地的经济效益为提供丰富的动植物产品、提供水资源，湿地的社会效益为观光与旅游、教育与科研价值。

法律依据：（1）《环境保护法》第三十条规定，开发利用自然资源，应当合理开发，保护生物多样性，保障生态安全，依法制订有关生态保护和恢复治理方案并予以实施。

（2）《湿地保护管理规定》第二十八条规定，县级以上人民政府林业主管部门应当对开展生态旅游等利用湿地资源的活动进行指导和监督。

（3）《内蒙古自治区湿地保护条例》第十七条规定，开发利用天然湿地应当按照湿地保护规划进行，不得破坏湿地生态系统的基本功能，不得破坏野生动植物栖息和生长环境。

国外立法参考：乌干达《国家环境（湿地、河岸和湖滨管理）条例》规定，本条例的目标是为乌干达人民和生活在该区域的社区利益，实现河岸和湖滨资源的可持续利用和保护；促进河岸和湖滨资源的明智利用与地方和国家社会经济发展的自然资源管理相结合；提供河岸和湖滨受管制的公共利用和享受。河岸和湖滨管理与保护应遵守以下原则：河岸和湖滨资源应以可持续的方式利用。

第二十九条【禁止行为】

除法律法规有特别规定外，禁止在湿地公园范围内从事下列活动：

（一）填埋、排干湿地或者擅自改变湿地用途；

（二）取用或者截断湿地水源；

（三）砍伐、放牧、狩猎、捕捞、放生、捡拾鸟蛋（卵）、开垦、烧荒、葬坟、开矿、采石、挖沙、取土等活动；

（四）破坏野生动植物栖息地、鱼类洄游通道；

（五）非法采集植物和林副产品；

（六）非法引进外来物种；

（七）非法建设生产经营设施；

（八）非法排放污水或者有毒有害气体，倾倒固体废弃物；

（九）非法移动、破坏界标、标志、标牌及其他湿地公园保护设施、设备；

（十）其他破坏湿地及其生态功能的活动。

【说明】理论基础：本条是关于湿地公园范围内禁止性行为的规定。管制措施可用于对损害湿地活动的控制和设立标准。在许可制度下，主管部门虽然可禁止一个拟议的活动，或无条件批准，或服从减缓，或恢复的条件，但管制措施的实施和执行会施加一个严重的行政负担，并可引起公众的反对。为使管制措施更可行，立法需要确立一个不需要许可的标准和与湿地保护和明智利用相适应的活动的一般豁免。为保护湿地生态系统及其功能而对在湿地从事的活动进行禁限是各国通行的做法。

政策依据：（1）《中共中央、国务院关于加强湿地保护管理的通知》提出，从维护可持续发展的长远利益出发，必须坚持保护优先的原则，对现有自然湿地资源实行普遍保护，坚决制止随意侵占和破坏湿地的行为。要严格控制开发占用自然湿地，凡是列入国际重要湿地和国家重要湿地名录，以及位于自然保护区内的自然湿地，一律禁止开垦占用或随意改变用途。对开垦占用或改变湿地用途的，应责令停止违法行为，采取各种补救措施，努力恢复湿地的自然特性和生态特征，并严格按照有关法律、法规予以处罚。要依法做好湿地登记、确权、发证等基础工作，为湿地保护和管理提供依据。

（2）《关于印发湿地保护修复制度方案》提出，建立湿地用途管控机制，按照主体功能定位确定各类湿地功能，实施负面清单管理。禁止擅自征收、占用国家和地方重要湿地，在保护的前提下合理利用一般湿地，禁止侵占自然湿地等水源涵养空间，已侵占的要限期予以恢复，禁止开（围）垦、填埋、排干湿地，禁止永久性截断湿地水源，禁止向湿地超标排放污染物，禁止对湿地野生动物栖息地和鱼类洄游通道造成破坏，禁止破坏湿地及其生态功能的其他活动。

法律依据：（1）《自然保护区条例》第二十六条规定，禁止在自然保护区内进行砍伐、放牧、狩猎、捕捞、采药、开垦、烧荒、开矿、采石、挖沙等活动；但是，法律、行政法规另有规定的除外。

（2）《湿地保护管理规定》第二十九条规定，除法律法规有特别规定的以外，在湿地内禁止从事下列活动：①开（围）垦、填埋或者排干湿地；②永久性截断湿地水源；③挖沙、采矿；④倾倒有毒有害物质、废弃物、垃圾；⑤破坏野生动物栖息地和迁徙通道、鱼类洄游通道，滥采滥捕野生动植物；⑥引进外来物种；⑦擅自放牧、捕捞、取土、取水、排污、放生；⑧其他破坏湿地及其生态功能的活动。

（3）《国家湿地公园管理办法》第十九条规定，除国家另有规定外，国家湿地公园内禁止下列行为：①开（围）垦、填埋或者排干湿地；②截断湿地水源；③挖沙、采矿；④倾倒有毒有害物质、废弃物、垃圾；⑤从事房地产、度假村、高尔夫球场、风力发电、光伏发电等任何不符合主体功能定位的建设项目和开发活动；⑥破坏野生动物栖息地和迁徙通道、鱼类洄游通道，滥采滥捕野生动植物；⑦引入外来物种；⑧擅自放牧、捕捞、取土、取水、排污、放生；⑨其他破坏湿地及其生态功能的活动。

（4）《内蒙古自治区湿地保护条例》第十三条规定，在天然湿地内从事割芦苇、割草、放牧、捕鱼等活动，应当在旗县级人民政府公布的时限和范围内进行。旗县级人民政府在规定上述时限和范围时，应当遵循候鸟迁徙和湿地植物生长规律，妥善安排当地居民的生产生活。禁止在湿地范围内捡拾鸟卵、采用灭绝性方式捕捞鱼类及其他水生生物，禁止非法猎捕野生动物。第十七条规定，开发利用天然湿地应当按照湿地保护规划进行，不得破坏湿地生态系统的基本功能，不得破坏野生动植物栖息和生长环境。禁止在天然湿地内擅自进行采砂、采石、采矿、挖塘、砍伐林木和开垦活动。

国外立法参考：乌干达《国家环境（湿地、河岸和湖滨管理）条例》规定，湿地管制活动包括制砖；娱乐活动，如钓鱼；绿地维护；种植；排水；湿地资源商业利用；污水过滤；用鱼齿轮和堰捕鱼、渔业养殖和其他水产养殖；交通和通信设施建设，如道路、铁路、电话线；焚烧；商业或贸易性质的任何开发活动，如商业目的的纸莎草收割。

第三十条【突发事件应急制度】

湿地公园发生火灾、洪涝、泥石流等突发性事件，造成或者可能造成湿地破坏或毁损事故的，湿地公园管理机构应当立即启动应急方案，采取扑灭、隔离、疏导等应急措施，防止火势蔓延、水土流失、山体崩塌等事故发生，并向国有林管理机构报告。国有林管理机构接到报告后，应依法及时向重点国有林管理机构报告。

湿地保护管理机构应依照《中华人民共和国突发事件应对法》的规定，做好湿地公园防火、防汛等突发事件的应急预案、应急准备、应急处置和事后恢复等工作，并定期进行演练。

【说明】理论基础：突发事件应急预案是指面对突发事件如自然灾害、事故、环境公害及人为破坏的应急管理、指挥、救援计划等。应急方案的制定、实施主体是各企事业单位。本条规定湿地公园发生突发事件的应急预案、风险控制、应急准备、应急处置和事后恢复等工作参照《中华人民共和国突发事件应对法》的规定。突发环境事件应急制度的内容包括应急预案、应急机构、计划、体系、措施等，它不是单一的制度，而是一个内容丰富的制度集合。在突发环境事件发生之前，其作为一种机制，表现为静态；当突发环境事件发生时，突发环境应急制度才会根据现实的具体需要，快速整合社会资源，并转化为现实的状态，用以消除突发环境事件的危害；而当突发环境发生事件消除之后，应急制度会迅速归于静态。

政策依据：《中共中央、国务院关于加快推进生态文明建设的意见》提出，加快灾害调查评价、监测预警、防治和应急等防灾减灾体系建设。建立健全化学品、持久性有机污染物、危险废物等环境风险防范与应急管理工作机制。切实加强核设施运行监管，确保核安全万无一失。

法律依据：（1）《突发事件应对法》对突发事件的预防与应急准备、监测与预警、应急处置与救援、事后恢复与重建等应对活动都做出了规定。本法所称突发事件，是指突然发生，造成或者可能造成严重社会危害，需要采取应急处置措施予以应对的自然灾害、事故灾难、公共卫生事件和社会安全事件。按照社会危害程度、影响范围等因素，自然灾害、事故灾难、公共卫生事件分为特别重大、重大、较大和一般四级。法律、行政法规或者国务院另有规定的，从其规定。

（2）《环境保护法》第四十七条规定，各级人民政府及其有关部门和企事业单位，应当依照《中华人民共和国突发事件应对法》的规定，做好突发环境事件的风险控制、应急准备、应急处置和事后恢复等工作。县级以上人民政府应当建立环境污染公共监测预警机制，组织制订预警方案；环境受到污染，可能影响公众健康和环境安全时，依法及时公布预警信息，启动应急措施。

（3）《国家级森林公园管理办法》第二十四条规定，国家级森林公园经营管理机构应当在危险地段设置安全防护设施和安全警示标识，制订突发事件应急预案。没有安全保障的区域，不得对公众开放。国家鼓励国家级森林公园采取购买责任保险的方式，提高旅游安全事故的应对能力。

（4）《内蒙古自治区旅游条例》第二十八条规定，旅游经营者对旅游设备设施和游览地可能存在的危险，应当向旅游者做出说明和明确警示，并采取措施，防止危害的发生。旅游经营者应当制订旅游安全应急预案，并配备必要的旅游安全设备设施。旅游者在旅游过程中人身、财产受到损害时，旅游经营者应当及时向有关部门报告，并采取有效救护及其他相应措施。

国外立法参考：（1）美国明尼苏达州《湿地保护法》规定，应急特征所必需的工作和任何排干或填补活动应都在应急工作完成后，由地方政府部门处理。

（2）美国明尼苏达州《湿地保护法实施条例》规定，紧急性质的工作也有必要进行，应急工作完成后，地方政府部门必须解决任何遗留的影响。

（3）韩国《自然灾害防治法》第2条第2款规定，为防范、应急和恢复自然灾害，应采取如救援等必要措施。

第五章　法律责任

第三十一条【湿地公园管理机构的法律责任】

湿地公园管理机构违反本办法规定，有下列行为之一的，由国有林管理机构责令停止违法行为，限期改正；对直接负责的主管人员和其他直接责任人员给予记过、记大过或者降级处分；造成严重后果的，给予撤职或者开除处分，其主要负责人应当引咎辞职：

（一）未经批准在湿地开展参观、旅游活动的；

（二）开设与湿地保护方向不一致的参观、旅游项目的；

（三）不按照批准的方案开展参观、旅游活动的；

（四）法律法规规定的其他违法行为。

【说明】理论基础：行政责任是指因为违反行政法或因行政法规定而应承担的法律责任，行政法律规范国家行政机关及其公务人员在行政活动中应履行和承担的义务。本条规定了湿地公园管理机构未依法履行监管职责，给湿地公园的生态环境造成损害所需承担的相应的行政责任。

法律依据：《环境保护法》第六十八条规定，地方各级人民政府、县级以上人民政府环境保护主管部门和其他负有环境保护监督管理职责的部门有下列行为之一的，对直接负责的主管人员和其他直接责任人员给予记过、记大过或者降级处分；造成严重后果的，给予撤职或者开除处分，其主要负责人应当引咎辞职：“（一）不符合行政许可条件准予行政许可的；（二）对环境违法行为进行包庇的……（九）法律法规规定的其他违法行为。”

第三十二条【湿地重大损害事故的法律责任】

违反本办法规定，造成湿地重大损害事故，导致公私财产重大损失或者人身伤亡的严重后果，构成犯罪的，对直接负责的主管人员和其他直接责任人员依法追究刑事责任。

【说明】理论基础：法律责任是指因违反了法定义务或契约义务，或不当行使法律权利、权力所产生的，由行为人承担的不利后果。就其性质而言，法律关系可以分为法律上的功利关系和法律上的道义关系，与此相应，法律责任方式也可以分为补偿性方式和制裁性方式。本条规定了由于湿地公园直接负责的主管人员和其他直接责任人员没用尽到监管职责，导致湿地公园发生湿地重大损害事故所需承担的法律责任。

政策依据：《关于划定并严守生态保护红线的若干意见》提出，对违反生态保护红线管控要求、造成生态破坏的部门、地方、单位和有关责任人员，按照有关法律法规和《党政领导干部生态环境损害责任追究办法（试行）》等规定实行责任追究。对推动生态保护红线工作不力的，区分情节轻重，予以诫勉、责令公开道歉、组织处理或党纪政纪处分，构成犯罪的依法追究刑事责任。

法律依据：（1）《环境保护法》第六十九条规定，违反本法规定，构成犯罪的，依法追究刑事责任。

（2）《野生动物保护法》第四十二条规定，野生动物保护主管部门或者其他有关部门、机关不依法做出行政许可决定，发现违法行为或者接到对违法行为的举报不予查处或者不依法查处，或者有滥用职权等其他不依法履行职责的行为的，由本级人民政府或者上级人民政府有关部门、机关责令改正，对负有责任的主管人员和其他直接责任人员依法给予记过、记大过或者降级处分；造成严重后果的，给予撤职或者开除处分，其主要负责人应当引咎辞职；构成犯罪的，依法追究刑事责任。

第三十三条【行政责任】

湿地公园管理人员滥用职权、玩忽职守、徇私舞弊，构成犯罪的，依法追究刑事责任；情节轻微，尚不构成犯罪的，由湿地保护管理机构给予行政处分。

【说明】理论基础：行政责任是指因为违反行政法或行政法规定应承担的法律责任，行政法律规范要求国家行政机关及其公务人员在行政活动中履行和承担的义务。本条规定了湿地公园管理人员滥用职权、玩忽职守、徇私舞弊所要承担相应的行政责任；构成犯罪的，承担刑事责任。

政策依据：《生态环境损害赔偿制度改革试点方案》提出，建立对生态环境损害索赔行为的监督机制，赔偿权利人及其指定的相关部门或机构的负责人、工作人员在索赔工作中存在滥用职权、玩忽职守、徇私舞弊的，依纪依法追究责任；涉嫌犯罪的，应当移送司法机关。

法律依据：（1）《野生动物保护法》第四十二条规定，野生动物保护主管部门或者其他有关部门、机关不依法做出行政许可决定，发现违法行为或者接到对违法行为的举报不予查处或者不依法查处，或者有滥用职权等其他不依法履行职责的行为的，由本级人民政府或者上级人民政府有关部门、机关责令改正，对负有责任的主管人员和其他直接责任人员依法给予记过、记大过或者降级处分；造成严重后果的，给予撤职或者开除处分，其主要负责人应当引咎辞职；构成犯罪的，依法追究刑事责任。

（2）《森林法》第七十条规定，县级以上人民政府林业主管部门或者其他有关国家机关未依照本法规定履行职责的，对直接负责的主管人员和其他直接责任人员依法给予处分。依照本法规定应当做出行政处罚决定而未做出的，上级主管部门有权责令下级主管部门做出行政处罚决定或者直接给予行政处罚。

（3）《自然保护区条例》第四十一条规定，自然保护区管理人员滥用职权、玩忽职守、徇私舞弊，构成犯罪的，依法追究刑事责任；情节轻微，尚不构成犯罪的，由其所在单位或者上级机关给予行政处分。

第三十四条【妨碍公务的法律责任】

任何公民、法人或其他组织妨碍湿地公园管理人员执行保护管理职责的，由湿地公园管理机构依照《中华人民共和国行政处罚法》和《中华人民共和国行政强制法》的规定给予处罚；情节严重，构成犯罪的，依法追究刑事责任。

【说明】理论基础：本条规定公民、法人或其他组织妨碍湿地公园管理人员执行保护管理职责的，依照《中华人民共和国行政处罚法》的规定给予处罚；情节严重，构成犯罪的，依法追究刑事责任。

法律依据：（1）《森林法》第八十条规定，违反本法规定，拒绝、阻碍县级以上人民政府林业主管部门依法实施监督检查的，可以处 5 万元以下的罚款，情节严重的，可以责令停产停业整顿。

（2）《自然保护区条例》第三十九条规定，妨碍自然保护区管理人员执行公务的，由公安机关依照《中华人民共和国治安管理处罚法》的规定给予处罚；情节严重，构成犯罪的，依法追究刑事责任。

第三十五条【非法改变湿地用途】

违反办法规定，未经批准，擅自改变湿地用途的，由国有林管理机构责令限期恢复原状，并处非法改变湿地每平方米 30~100 元的罚款。

在规定的期限内无法恢复原状或不采取任何恢复措施的，由国有林管理机构指定的单位采取措施恢复原状，所需费用由破坏者承担。

【说明】理论基础：本条规定了非法改变湿地公园的资源用途要承担的责任，由重点国有林管理机构做出，限期恢复并处罚款，罚款标准是每平方米 10~30 元。在规定期限内无法恢复或不履行的，重点国有林管理机构指定的单位采取措施恢复原状，所需费用由破坏者承担。

政策依据：《关于印发湿地保护修复制度方案》：严厉查处违法利用湿地的行为，造成湿地生态系统破坏的，由湿地保护管理相关部门责令限期恢复原状，情节严重或逾期未恢复原状的，依法给予相应处罚，涉嫌犯罪的，移送司法机关严肃处理。

法律依据：（1）《土地管理法》第七十五条规定，违反本法规定，占用耕地建窑、建坟或者擅自在耕地上建房、挖砂、采石、采矿、取土等，破坏种植条件的，或者因开发土地造成土地荒漠化、盐渍化的，由县级以上人民政府自然资源主管部门、农业农村主管部门等按照职责责令限期改正或者治理，可以并处罚款；构成犯罪的，依法追究刑事责任。

（2）《森林法》第八十一条规定，违反本法规定，有下列情形之一的，由县级以上人民政府林业主管部门依法组织代为履行，代为履行所需费用由违法者承担：①拒不恢复植被和林业生产条件，或者恢复植被和林业生产条件不符合国家有关规定；②拒不补种树木，或者补种不符合国家有关规定。恢复植被和林业生产条件、树木补种的标准，由省级以上人民政府林业主管部门制定。

（3）《安徽省湿地保护条例》第三十五条规定，违反本条例第二十一条第一项规定，擅自开垦、围垦、填埋等改变湿地用途的，由县级以上人民政府国土资源行政主管部门或者林业行政主管部门责令停止违法行为，没收违法所得；限期恢复，并处非法所得的 10%以上 50%以下的罚款。

（4）《湿地保护条例（送审稿）》第三十二条规定，违反本条例规定，未经批准，擅自改变湿地用途的，由国土资源、海洋等部门责令限期恢复原状，并处非法改变湿地每平方米 10~30 元的罚款。

国外立法参考：美国马萨诸塞州《湿地保护法令》规定，任何人在本法令所保护的任何区域内实施平整、填埋、挖掘或改变湿地用途的行为，都必须获得授权，这种违规行为每持续一天，就可看作构成一次触犯法律。

第三十六条【行政法律责任】

违反本办法规定，有下列行为之一的公民、法人或其他组织，由湿地公园管理机构责令其改正，并可以根据不同情节处以 100 元以上 5000 元以下的罚款：

（一）非法移动或者破坏湿地界标或保护设施的；

（二）未经批准进入湿地公园或者在湿地公园内不服从湿地公园管理机构管理的；

（三）经批准在湿地公园内从事科学研究、教学实习和标本采集的公民、法人或其他组织，不向国有林管理机构提交活动成果副本的。

【说明】理论基础：行政法律责任是指行政主体对行政相对人因违反行政法规而依法强制其承担的法律责任，它主要是行政违法引起的法律后果。

政策依据：《国务院办公厅关于加强湿地保护管理的通知》：地方各级人民政府要加强对自然湿地保护的监管，组织力量对违法占用、开垦、填埋以及污染自然湿地的情况进行检查，依法制止、打击各种破坏湿地的违法行为，对造成湿地生态严重破坏的责任单位和个人要依法追究责任。

法律依据：（1）《自然保护区条例》第三十四条规定，违反本条例规定，有下列行为之一的单位和个人，由自然保护区管理机构责令其改正，并可以根据不同情节处以 100 元以上 5000 元以下的罚款：①擅自移动或者破坏自然保护区界标的；②未经批准进入自然保护区或者在自然保护区内不服从管理机构管理的；③经批准在自然保护区的缓冲区内从事科学研究、教学实习和标本采集的单位和个人，不向自然保护区管理机构提交活动成果副本的。

（2）《内蒙古大兴安岭汗马国家级自然保护区条例》第十七条规定，违反本条例规定，有下列行为之一的单位和个人，由保护区管理机构责令其停止违法行为，并处罚款，可以查封、扣押有关设施、设备、物品；造成损失的，依法承担赔偿责任；构成犯罪的，依法追究刑事责任：①未经批准进入核心区的，处以 500 元以上 1000 元以下的罚款；②未经批准进入缓冲区的，处以 300 元以上 500 元以下的罚款；③未经批准进入实验区的，处以 100 元以上 300 元以下的罚款；④经批准进入保护区，不遵守有关规定或者不服从保护区管理机构管理的，处以 100 元以上 500 元以下的罚款；⑤在保护区内从事科学研究、教学实习、标本采集等活动不按规定提交成果副本的，处以1000元以上5000元以下的罚款；⑥擅自移动或者破坏保护区界标、标牌及其他设施、设备的，处以500元以上2000以下的罚款。

国外立法参考：（1）美国马萨诸塞州《湿地保护法令》规定，任何人在本法令所保护的任何区域内实施平整、填埋、挖掘或改变湿地用途的行为，都必须获得授权……这种违规行为每持续一天，就可看作构成一次触犯法律……法令规定，对于违反本法令之规定的任何人，处以2.5万美元以下罚金，或处以两年以下徒刑，或并处与以上相等的罚金和徒刑；对每一项违规行为均处以2.5万美元以下的民事罚款。

（2）美国明尼苏达州《湿地保护法》规定，公民违反依照第103G.127节许可证规定的条件或限制，并违反行政专员依照第（a）款发布的命令，应处以每一违法行为每天不超过2.5万美元的民事罚款。

（3）德国《自然保护法》指定了一些具有高生态价值的系统，如泥炭地、沼泽、池塘等。对于这些地区，该法要求禁止可能破坏或严重损害这些地区的活动；对不顾及公众利益措施，采取替代措施或要求赔偿。

第三十七条【违反禁止行为的法律责任】

违反本办法规定，在湿地从事砍伐、放牧、狩猎、捕捞、放生、捡拾鸟蛋（卵）、采药、采集植物和林副产品、开垦、烧荒、葬坟、开矿、采石、挖沙、取土等活动的，由湿地公园管理机构责令停止违法行为，没收违法所得，并处50元以上1万元以下的罚款；对湿地造成破坏的，限期恢复原状或者采取其他补救措施。

【说明】理论基础：除法律、法规另有规定外，在湿地公园从事的禁止行为包括砍伐、放牧、狩猎、捕捞、放生、捡拾鸟蛋（卵）、采药、采集植物和林副产品、开垦、烧荒、葬坟、开矿、采石、挖沙、取土等活动。违反禁止行为的，由湿地保护管理机构没收违法所得，责令停止违法行为，限期恢复原状或者采取其他补救措施，也可处以罚款。

政策依据：《国务院办公厅关于加强湿地保护管理的通知》提出，采取有效措施，坚决制止随意侵占和破坏湿地的行为。从维护可持续发展的长远利益出发，必须坚持保护优先的原则，对现有自然湿地资源实行普遍保护，坚决制止随意侵占和破坏湿地的行为。要严格控制开发占用自然湿地，凡是列入国际重要湿地和国家重要湿地名录，以及位于自然保护区内的自然湿地，一律禁止开垦占用或随意改变用途。对开垦占用或改变湿地用途的，应责令停止违法行为，采取各种补救措施，努力恢复湿地的自然特性和生态特征，并严格按照有关法律、法规予以处罚。要依法做好湿地登记、确权、发证等基础工作，为湿地保护和管理提供依据。要强化对自然湿地开发利用的管理。对涉及向自然湿地区域排污或改变湿地自然状态，以及建设项目占用自然湿地的，行政审批部门要会同相关部门按照《中华人民共和国环境影响评价法》等法律法规进行环境影响评价和严格审批。地方各级人民政府要加强对自然湿地保护的监管，组织力量对违法占用、开垦、填埋以及污染自然湿地的情况进行检查，依法制止、打击各种破坏湿地的违法行为，对造成湿地生态严重破坏的责任单位和个人要依法追究责任。

法律依据：（1）《森林法》第七十四条规定，违反本法规定，进行开垦、采石、采砂、采土或者其他活动，造成林木毁坏的，由县级以上人民政府林业主管部门责令停止违法行为，限期在原地或者异地补种毁坏株数 1 倍以上 3 倍以下的树木，可以处毁坏林木价值五倍以下的罚款；造成林地毁坏的，由县级以上人民政府林业主管部门责令停止违法行为，限期恢复植被和林业生产条件，可以处恢复植被和林业生产条件所需费用 3 倍以下的罚款。

（2）《自然保护区条例》第三十五条规定，违反本条例规定，在自然保护区进行砍伐、放牧、狩猎、捕捞、采药、开垦、烧荒、开矿、采石、挖沙等活动的单位和个人，除可以依照有关法律、行政法规规定给予处罚的以外，由县级以上人民政府有关自然保护区行政主管部门或者其授权的自然保护区管理机构没收违法所得，责令停止违法行为，限期恢复原状或者采取其他补救措施；对自然保护区造成破坏的，可以处以 300 元以上 1 万元以下的罚款。

（3）《内蒙古大兴安岭汗马国家级自然保护区条例》第十八条规定，违反本条例规定，在保护区内进行砍伐、放牧、狩猎、捕捞、放生、采药、烧荒、葬坟、打拉烧柴、采集林副产品等活动的单位和个人，由保护区管理机构责令其停止违法行为，没收违法所得，可以查封、扣押有关设施、设备、物品；对保护区造成破坏的，依法承担赔偿责任，并对个人处以 300 元以上 2000 元以下的罚款，对单位处以 5000 元以上 1 万元以下的罚款。违反本条例规定，在保护区内进行开垦、开矿、采石、挖沙、取土等活动的单位和个人，由保护区管理机构责令其停止违法行为，查封、扣押实施违法行为的工具及施工机械、设备，没收违法所得，限期恢复原状，并对个人处以 2000 元以上 5000 元以下的罚款，对单位处以 5000 元以上 1 万元以下的罚款。

国外立法参考：（1）美国马萨诸塞州《湿地保护法令》责令任何违反本法令规定的人恢复土地原状，并采取其他有效措施纠正其违规行为。

（2）加拿大安大略省的《公共土地法案》禁止在未获许可前提下清理或填埋公共土地，或是在海岸地带实施挖掘或填埋活动。此外，该法案还授权法院判令对受破坏海岸土地或公共土地采取复原行动。

（3）德国《自然保护法》指定了一些具有高生态价值的系统，如泥炭地、沼泽、池塘等。对于这些地区，该法要求禁止可能破坏或严重损害这些地区的活动；对不顾及公众利益的措施，采取替代措施或要求赔偿。

第六章　附则

第三十八条【生效】

本办法自××××年××月××日起生效。

【说明】理论基础：附则，是附在法律、法规后面的规则，是在法的整体中作为总则和分则辅助性内容存在的组成部分。在我国，法律性文件的附则部分，主要是规定文件的生效时间，解释权、修改权的归属等问题。本条规定的是本管理办法的生效时间，即本办法被根河源市人大通过的日期。